L'Art

de Reconnaître les

Meubles anciens

OUVRAGES DU MÊME AUTEUR

L'Art de Reconnaître les Dentelles, Guipures, etc.
L'Art de Reconnaître la Céramique.
L'Art de Reconnaître les Fraudes en Art.
L'Art de Reconnaître les Styles.
Le Style Renaissance.
Le Style Louis XIII.
Le Style Louis XIV.
Les Styles Régence et Louis XV.
Le Style Louis XVI.
Le Style Empire.
Le Style Moderne.
L'Illustration et les illustrateurs. Préface de H. Havard.
La Caricature et les Caricaturistes. Préface de Ch. Léandre.
Les Arts de la Femme.
Les Arts et leur Technique (épuisé).
L'éducation artistique par l'Image et l'Anecdote.
L'Histoire de l'Art en Images (épuisé).
L'Art en Anecdotes.
Les Connaissances essentielles de l'Art.
Plantes et Fleurs. Préface de Mme Madeleine Lemaire (épuisé).
Les Animaux d'après nature. Préface de Gardet (épuisé).
L'Art de la Gravure simplifiée.
L'Art du Bois sculpté.
L'Art du Métal. Préface de J. Baffier.
Les Grands Maîtres de l'Art.
L'Art du Goût.
    Etc.

GUIDES PRATIQUES DE L'AMATEUR ET DU COLLECTIONNEUR D'ART

ÉMILE-BAYARD

INSPECTEUR AU MINISTÈRE DES BEAUX-ARTS
SECRÉTAIRE DE LA COMMISSION DE L'ENSEIGNEMENT
DU COMITÉ CENTRAL TECHNIQUE DES ARTS APPLIQUÉS

L'Art de Reconnaître les Meubles anciens

OUVRAGE ORNÉ DE 200 GRAVURES

PARIS
R. ROGER ET F. CHERNOVIZ
Libraires-Éditeurs
95, BOULEVARD RASPAIL, 95
—
1920

OUVRAGES DU MÊME AUTEUR

L'Art de Reconnaître les Dentelles, Guipures, etc.
L'Art de Reconnaître la Céramique.
L'Art de Reconnaître les Fraudes en Art.
L'Art de Reconnaître les Styles.
Le Style Renaissance.
Le Style Louis XIII.
Le Style Louis XIV.
Les Styles Régence et Louis XV.
Le Style Louis XVI.
Le Style Empire.
Le Style Moderne.
L'Illustration et les illustrateurs. Préface de H. Havard.
La Caricature et les Caricaturistes. Préface de Ch. Léandre.
Les Arts de la Femme.
Les Arts et leur Technique (épuisé).
L'éducation artistique par l'Image et l'Anecdote.
L'Histoire de l'Art en Images (épuisé).
L'Art en Anecdotes.
Les Connaissances essentielles de l'Art.
Plantes et Fleurs. Préface de Mme Madeleine Lemaire (épuisé).
Les Animaux d'après nature. Préface de Gardet (épuisé).
L'Art de la Gravure simplifiée.
L'Art du Bois sculpté.
L'Art du Métal. Préface de J. Baffier.
Les Grands Maîtres de l'Art.
L'Art du Goût.
    Etc.

GUIDES PRATIQUES DE L'AMATEUR ET DU COLLECTIONNEUR D'ART

ÉMILE-BAYARD
INSPECTEUR AU MINISTÈRE DES BEAUX-ARTS
SECRÉTAIRE DE LA COMMISSION DE L'ENSEIGNEMENT
DU COMITÉ CENTRAL TECHNIQUE DES ARTS APPLIQUÉS

L'Art de Reconnaître les Meubles anciens

OUVRAGE ORNÉ DE 200 GRAVURES

PARIS
R. ROGER ET F. CHERNOVIZ
Libraires-Éditeurs
95, BOULEVARD RASPAIL, 95
—
1920

En hommage cordial

à M. LOUIS MARTIN, SÉNATEUR.

E.-B.

L'Art de reconnaître les Meubles anciens

CHAPITRE I

Autour de l'Architecture et du Meuble.

L'histoire du meuble est inséparable de celle de l'architecture : le meuble étant un petit monument d'architecture. Et le meuble reflète la civilisation, à travers les alternatives de l'utilité et de la futilité, aux diverses étapes du confort qui marquent le progrès.

Aux premiers âges on campait et, l'idée du meuble ne naquit que dans l'esprit sédentaire. Aux premiers âges la vie était troublée et, c'est dans la paix que l'homme s'installa, créant la maison, le foyer.

Aussi bien les meubles initiaux sont plutôt des bagages dont on redoute l'encombrement à travers les pérégrinations de la vie nomade.

Tout est sacrifié au besoin strict, sous la tente, dans la caverne ou la grotte et, le siège est une pierre, un tronc d'arbre, un crâne d'aurochs ; le lit est une litière de feuilles sèches ou des peaux de bêtes. Le soin de dormir se manifeste aussi primitif que celui de s'asseoir ; on se nourrit sans plus de délicatesse qu'on ne se vêt ; il faut d'abord soulager des besoins avant que de les parer. Le travail chez les premiers hommes fut préalablement normal, car ce n'est que dans la quiétude que l'intellect s'exalte. La pensée exaltée nous montre les sources de la poésie, de l'art, qui sont autant de délicatesses engendrées par la civilisation.

Du meuble fixe au meuble portatif ou volant, se résume toute l'histoire du foyer dans la sobriété ou la profusion des meubles, selon que le luxe fut plus ou moins raffiné, la coquetterie plus ou moins flattée, le goût plus ou moins dominant.

Le xviii° siècle répandit à l'excès le petit meuble que le xvii° siècle avait dédaigné, et le moyen âge ne se fit pas idée qu'un lourd coffre, qu'un bahut massif, pussent donner naissance à tant d'élégances et de légèretés dérivées.

Naguère le meuble était pittoresque, de ce pittoresque inséparable du lieu qu'il ornait. A la hutte appartenaient les conceptions rudimentaires, et, c'est dans les églises, dans les abbayes, que l'on plaçait les grands et beaux meubles comme les armoires.

L'idée du luxe ne devait fleurir les besoins et l'utilité que sous l'impulsion d'un idéal. C'est ce même ressort, qu'il soit piété ou amour, qui guidera artistiquement le couteau qui taille ou le pinceau qui peint; c'est ce besoin d'expansion de l'être, dans l'enthousiasme des sens, qui conseillera l'art dont la Nature, instinctivement, a dicté l'harmonie.

Mais le besoin physique initialement agit. Ce n'est que lorsque le premier homme sera rationnellement assis qu'il songera à orner les quatre pieds de son banc duquel il ne recherchera tout d'abord que l'équilibre.

L'harmonie, l'équilibre, marchent de pair avec la symétrie ou balancement équitable des volumes. Par ces vertus essentielles, nous revenons à l'architecture dont, nous le répétons, le meuble est inséparable.

D'ailleurs, il est intéressant de noter que la symétrie et l'équilibre sont en nous, physiquement, si l'on peut dire. Nous possédons deux yeux, deux oreilles, deux jambes, deux bras disposés sur un axe déterminé par le nez, la bouche, le menton, le nombril. De cette symétrie dérive la beauté du corps qui, au surplus, ne peut se mouvoir que grâce à un équilibre dérivant, en somme, de cette symétrie, de cette pondération des volumes, de ce rythme.

Or, les dessins préhistoriques ne s'inspirent que de

cette symétrie. Ils n'interprètent pas la nature, ils expriment des points, des lignes, des signes, en équilibre dans des formes. Ces graphiques enfin, semblent marquer le goût instinctif de l'être pour la symétrie dont il reflète physiquement l'image.

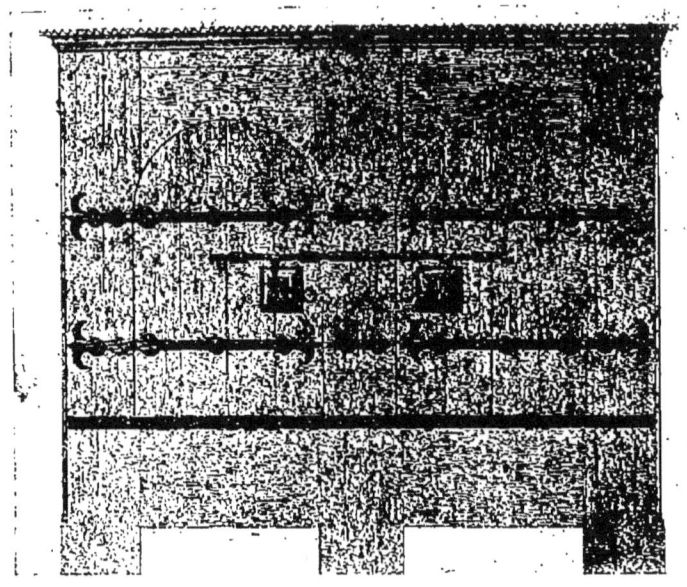

FIG. 1. — *Armoire du XIII° siècle* [Église d'Obazines (Corrèze)].

Les premiers peintres, écrit Barberot, ne connaissaient guère qu'une disposition : la symétrie, et il y avait plusieurs causes au choix de cette ordonnance naïve : d'abord la timide ignorance des premiers peintres qui eussent été embarrassés d'une composition compliquée; ensuite une sorte d'ingénuité pieuse et de respect pour les sujets sacrés, car il y a dans la symétrie quelque chose de sacramentel et de religieux parce qu'elle répond à un sentiment d'immobilité, de recueillement et de silence. Ce n'est pas d'ailleurs par le mouvement et par la vie que les arts ont commencé. Les premiers tableaux, comme les premières statues, ont un caractère de raideur, un aspect tranquille, grave et solennel. »

En dehors des exigences constructives qui régissent un balancement de surfaces horizontales coupées de lignes verticales, en dehors du bâti inflexible devant les lois de l'équilibre, le décor intérieur d'un monument, d'un meuble, autorise seulement des fantaisies, encore que symétriques.

C'est ainsi que les traits d'un visage peuvent faillir à la régularité sans jamais que la silhouette de la tête n'y succombe. On accorde même un certain charme à l'asymétrie des traits pourvu, naturellement, que cette asymétrie ne résulte pas malencontreusement d'un vice ou d'une déformation du contour normal, du bâti, du cadre enfin, dans lequel joue cette anomalie des traits.

Pourtant, l'asymétrie, qu'elle soit physionomique ou architecturale, ne peut se départir d'une pondération, d'un équilibre exprimé par une juste répartition des volumes.

On peut jouer sur des axes ornementaux, on peut même chavirer ces axes ainsi que procéda la décoration sous la Régence et Louis XV, mais ce chavirement doit demeurer symétrique en son chavirement. D'où une règle absolue de la symétrie et des volumes pour réaliser l'harmonie.

Un paysage n'est jamais symétrique, mais il est toujours harmonieux et, la musique la plus dissonante entre des mains expertes, ne perd jamais de vue les lois de l'accord parfait, de la tonalité.

La vue comme l'ouïe, restituent mentalement l'harmonie, la reconstituent en pensée. C'est *en couleurs* que nous « voyons » l'image projetée *en noir* cependant. sur l'écran du cinématographe. Malgré nous, encore, la ruine d'un château se restaure en notre imagination. Ce ne sont pas des pierres que nous contemplons, c'est une architecture que nous rebâtissons, c'est sur un passé que nous brodons et, la beauté réelle de ce château jaillit de la poésie de notre intellect.

L'architecture donc, pour en revenir au meuble, son expression réduite, ne peut point non plus s'évader du sentiment de la proportion. Elle doit donner l'impression d'un tout nettement ordonné, d'une harmonie.

« Un édifice sans symétrie, sans ordre ni proportion, ressemble à de la musique écrite sans plan, de même que dans un monument on ne saurait, sans nuire à son équilibre, ajouter une fenêtre ni en retrancher une, et, M. Ch. Widor, de qui nous tenons cette déclaration, ajoute : « Lorsque j'explique à mes élèves, au Conservatoire, l'ordonnance d'une symphonie, je dessine au tableau noir un palais, un monument, parce que tout premier morceau : allegro de symphonie, ouverture, adagio de sonate, etc., se construit comme un monument. »

Fig. 2. — *Crosse* ou *Chou* (style ogival).

Mais nous n'insisterons pas davantage sur les analogies frappantes de la musique avec l'architecture que Novalis qualifie de « musique pétrifiée » et Gœthe de « musique muette ».

Aussi bien c'est par l'aspect que l'architecture comme le meuble, en impose. La silhouette ou forme extérieure, représente un silence impressionnant suivant l'intensité de la beauté placide, et, sur ce schéma de la forme, le décor chante.

L'architecture ne procède pas de la Nature, elle n'en traduit que l'émotion séculaire, que la grandeur cristallisée ; elle écrase de sa superbe, impersonnellement.

Et pourtant, tout dans le décor d'alentour lui fait fête. La végétation, les ciels, semblent la mettre en valeur, en harmonie. En un mot, l'architecture ancienne n'est jamais dépaysée dans son cadre, point davantage que le mobilier ancien qui, lui, au lieu de la poussière des ans, en guise de vétusté, connaît le miracle de la patine.

L'ombre du menhir dans la lande bretonne, est immense : son caractère est fruste ; mais ce monolithe parle le langage des Celtes. La découpure d'une cathédrale, trapue dans le style roman ou bien élancée dans le style ogival, évoque les moines artistes et les troubadours : l'imagination dore le passé de tous les souvenirs qui s'y rattachent et que l'on porte comme un trésor, en soi.

Voilà le secret de l'affection que nous vouons aux vieux meubles, en dehors de leur beauté propre! Voilà le mirage de la cathédrale qui représente des siècles de foi! Voilà la fiction avantageuse des châteaux de la Renaissance où tant d'amour rôda !

Les meubles anciens sont des ancêtres, des vieux amis ; les meubles modernes sont de nouvelles connaissances. Il faut se faire à ces derniers tandis que les autres nous sont déjà familiers. Ayant défié la mode, les meubles anciens ne seront jamais démodés alors que les meubles modernes ont tout à apprendre de l'usage, de nos caprices et de l'expérience.

Nous disions précédemment que l'architecture ne procédait pas de la nature et, cependant, les observations suivantes sont à retenir sur l'influence, par exemple, du carrosse sur le mobilier et les formes de l'architecture! Nous allons voir ainsi le corps humain inspirer singulièrement le meuble et la décoration, ni plus ni moins que les fleurs, les plantes et les animaux.

Écoutons plutôt M. H. Havard.« Tout d'abord, les hommes qui, depuis deux siècles, avaient pris l'habitude d'être constamment bottés, n'étant plus obligés de patanger dans la boue ni d'être toujours prêts à monter à cheval, grâce aux carrosses, se dépouillèrent de leurs bottes... » D'autre part, « ceux d'entre nous qui avons vu le commencement du règne de Sa Majesté, écrit un contemporain de Louis XIV, se souviennent que les rues étaient si remplies de fange, que leur malpropreté avait introduit l'usage de ne sortir qu'en bottes... »

FIG. 3. — *Stalles* (xv° siècle), le siège de la seconde stalle découvre une « miséricorde » (musée des Arts Décoratifs).

Cette révolution eut une répercussion assez rapide et j'ajouterai : quelque peu imprévue, sur le mobilier. Avec les bottes, la jambe se présentait tout d'une venue, assez semblable — qu'on me pardonne la comparaison — à un fût de colonne... Avec les carrosses, cette mode prit fin. Les hommes se montrèrent en « jarretier », comme dit Brienne. La jambe apparut alors avec ses rondeurs suggestives, ses fines attaches, ses renflements harmonieux, et il est à croire que cette vue impressionna très fort les regards, car, partout dans le mobilier, la colonne droite et rigide, mise en vogue par l'architecture classique, fut remplacée par des formes « à mollet ». Les piètements de chaises, de tables, les quenouilles des lits, furent gratifiés de renflements significatifs, applications d'autant plus naturelles qu'on avait déjà pris l'habitude d'identifier les principaux meubles à bâtis avec ceux du corps humain.

« On disait les pieds, le dos, le siège d'une chaise, les pieds et l'entre-jambe d'une table, etc..

« Ce nom de mollet fut, même, appliqué au balustre « petit pilastre renflé vers son milieu et composé de quatre parties : le *piédouche* qui sert de base; la *poire*, nom qu'on donne à la partie renflée; le *col* qui va en s'amincissant; et le *chapiteau* qui couronne le tout », si bien que balustre et mollet étant devenus quasi-synonymes, on appela les meubles à pieds renflés « des meubles à balustre ».

On sait, termine l'auteur de *Histoire et Physionomie des Styles*, que l'intervention du balustre à mollet ne se borna pas à l'ameublement. Il commence, dès le XVIIe siècle, à jouer dans l'architecture un rôle considérable qui, même de nos jours, est demeuré important... »

E. de Goncourt observe une autre source d'emprunt de l'architecture à la nature lorsqu'il regarde un cèdre *déodora*. « ... Devant ses étages de branches déchiquetées allant en diminuant jusqu'à son sommet, j'ai comme une révélation que la pagode, la construction chinoise, a été inspirée par l'architecture de cet arbre; ainsi que l'ogive, dit-on, le fut aussi par le rapprochement, en haut, d'une allée de grands arbres. »

Et puis, voici l'origine des cariatides, des atlantes, empruntés encore à la figure humaine. Les cariatides condamnées par l'architecture (en souvenir de l'esclavage imposé aux femmes des citoyens de Caryæ, ville du Péloponèse, pour s'être liguées contre les Grecs avec les Perses) à faire l'office de colonnes et contraintes à gémir en effigie, sous le poids des architraves. Les atlantes, emblèmes des Carthaginois vaincus, « portant la corniche en s'aidant de leurs bras et semblant faire un effort pour ne pas plier sous le fardeau, mais avec un sourire bestial ».

Aussi bien l'appellation de fronton couronnant l'entrée d'un édifice, se rattache à la désignation du

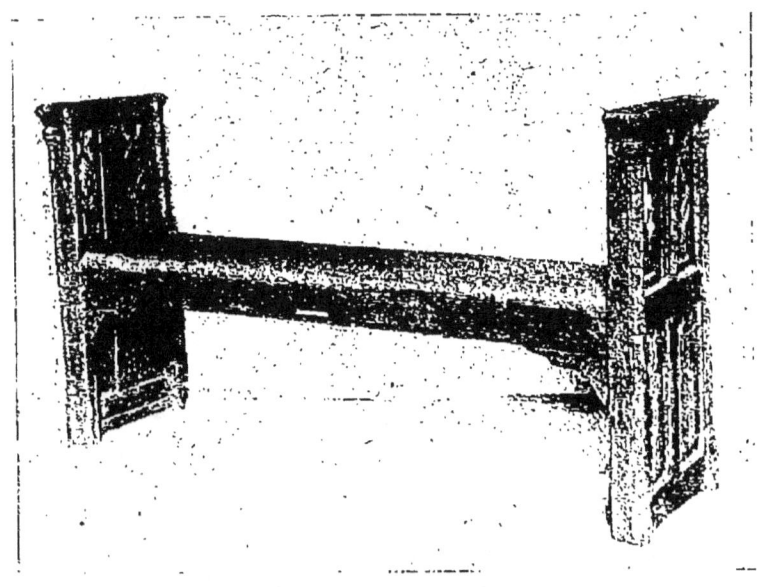

Fig. 1. — *Banc* (XVᵉ siècle) (musée des Arts Décoratifs).

visage humain et l'on dit le corps d'un bâtiment, d'un meuble.

On pourrait multiplier ces exemples, sans démontrer autre chose qu'un principe éternel d'harmonie entre l'être et son décor, principe sur lequel nous sommes d'accord à travers les âges. Harmonie qui, cependant, ne fera que croître au fur et à mesure que naîtront les aises et les délicatesses de la civilisation, à travers les fantaisies des modes ou des régimes.

Le fauteuil Louis XIV et la bergère Louis XVI nous fourniront, à ce propos, un intéressant contraste.

Le fauteuil Louis XIV appartient nettement au grand Siècle. Il est vaste, carré, sans rondeurs ni capiton. Ses dorures en imposent ainsi que son décor aux grands ramages. Ses pieds comme ses bras sont rigides. Il est malaisément portatif et, s'il invite à s'asseoir, c'est sans aménité.

Le xviie siècle a, là, le fauteuil qui sied à l'Homme dont la perruque ample enfle la majesté, magnifie l'aspect. C'est bien dans ce fauteuil, presqu'un trône, que dut s'asseoir le roi Soleil, dictateur des Arts et des Lettres.

Avec la bergère, au xviiie siècle, quel contraste! Elle est menue, douillette, profonde et aimable. Ses bras ont des caresses, ses pieds font des révérences. Voici le siège de la Femme! Il orne le boudoir. Il entend des fadaises. En place des grands dessins en tapisserie, ce sont des fleurettes qui piquent la soie de sa garniture. Il fait le dos rond, abat ses angles, et les hommes sont aux genoux de la grâce à laquelle la bergère — encore un nom cher à François Boucher — est dédiée avec un sourire.

Et puis, cette bergère débordante de joie sous la Régence, sous Louis XV, sera moins souriante sous Louis XVI. La frivolité s'effarouche de la Révolution. Un peu de gravité tempère la forme, la couleur, l'esprit. On a rappelé à soi la rigidité du classique, fâcheux symptôme de régression artistique au nom d'un modèle éprouvé. Le style classique joue une manière de croquemitaine dans l'histoire de l'art, il met un frein aux débordements comme il barre, hélas! la route aux manifestations du génie ou supplée à son absence.

Bref, la bergère d'une époque insouciante, de qui les axes décoratifs marivaudaient dans la sarabande, ne pouvait pas frayer avec la bergère de Marie-Antoinette, encore douillette certes, mais dans un cadre plus rigide, au décor assagi dans une couleur grise.

Chaque siècle, chaque époque, chaque heure même —

voyez plutôt le style du Directoire, si spécial sous Napoléon 1er — a sa marque que le décor, que le meuble reflète. Ces caractéristiques, ces empreintes, viennent s'ajouter à celles que nous relevons aux temps rudi-

FIG. 5. — *Chaise couronnée d'un dais* (xve siècle)
(musée des Arts Décoratifs).

mentaires, mais davantage expressives lorsque les civilisations se sont affinées, parce qu'alors l'art est survenu et s'est développé dans la douceur de la paix et du luxe.

Nous avons dit que la beauté, au moyen âge (et il en fut de même aux temps préhistoriques dont les monuments mégalithiques, pour être sommaires, n'en constituent pas moins un geste d'esthétique) était réservée aux églises et aux abbayes, en raison de son exception vouée pieusement à la divinité, il faut attendre maintenant la Renaissance pour que cette beauté devienne moins égoïste. Cela ne sera point le confort où le mobilier se développera définitivement, mais c'est une étape vers l'hôtel dont le château nous sépare encore.

Le château fort maussade, belliqueux, aux murs crénelés, a cédé le pas au château tout court. Des seigneurs y hantent et leurs armures sont des panoplies. La guerre, du moins, laisse quelque loisir à l'art comme à la vie, et les étoffes riches ont des chatoiements de ciel serein.

Et puis nous verrons naître les hôtels, les faubourgs, les quartiers, la cité enfin ! La propriété égoïste des seigneurs cédera le pas à la maison bourgeoise. L'intimité naîtra, non point encore dans l'hygiène qui est la manifestation typique de nos jours, mais dans l'esprit de la famille. Le mobilier commencera à s'entasser, à se différencier, à se spécialiser. On se léguera des mobiliers, de père en fils, et ces mobiliers seront conservés, d'abord par économie et tradition, ensuite par goût, à cause de leur qualité d'art ou du prix de leur matière.

Ils émigreront enfin au musée, ces meubles du passé, chez le bric-à-brac, chez l'amateur. Meubles de collections, où, modèles ressassés, ils succomberont à la camelote, au démarquage.

Mais c'est là la dernière étape du meuble, son débit en série, sa disqualification artistique dans l'économie. Aussi bien il ne s'agit pas de déposer éternellement des couronnes laudatives au pied des pièces rares qui figurent dans nos musées-cimetières. Cela contredirait au talent de nos artistes en bornant leur génie inventif à la plate copie, et il faut songer que la grandeur esthétique du passé — ce que nous avons appelé les styles — n'est point un patrimoine exclusif ni définitif et que nous nous devons à la personnification de notre époque.

Personnification qu'il serait fastidieux d'improviser mais dont l'acheminement doit être la pensée de tous ceux qui, violentant l'admiration stagnante et rétrograde du chef-d'œuvre d'hier, sont soucieux de l'avenir artistique de demain.

Fig. 6. — *Stalle* (xve siècle) (musée des Arts Décoratifs).

A considérer les deux snobismes, celui qui n'affectionne que les vieux meubles parce qu'ils sont vieux et celui qui ne veut entendre parler que des meubles modernes parce qu'ils sont modernes, cette dernière manifestation de la prétention ingénue nous apparaît préférable, en tant qu'elle encourage les recherches nouvelles et, par contre, stimule les arts au lieu d'enrichir la brocante. Il est vrai que la mesure idéale serait celle qui fait la juste part de l'ancien et du moderne...

Mais nous toucherions alors au connaisseur qui ne nous lira point, tandis qu'il importe d'éclairer ici la lanterne du prétendu connaisseur dont il faut combattre initialement ce fond de vénération, latente en lui, qui s'attache fatalement aux choses vermoulues, coûteuses, parce qu'elles sont vermoulues et coûtent cher.

Il importe enfin de convertir l'âge avancé qui s'entête à n'admirer que ce que l'on faisait autrefois, par égoïsme, et de faire entendre raison à la jeunesse intempestive qui verse sans discernement dans le moderne, par originalité.

Le miracle de la beauté doit être approfondi si l'on désire lui rendre un juste hommage, et c'est là le but de notre travail : renseigner, comparer, déduire.

CHAPITRE II

Le Meuble aux temps les plus reculés :
en Egypte, en Grèce, à Rome, etc.

Avant de rentrer dans la voie pratique qui est le but essentiel auquel nous tendons, il faut déblayer les éléments parasitaires qui se présentent à notre esprit comme à notre plume, sous forme d'érudition. Il importe, d'ailleurs, d'amener le lecteur à ce qui l'intéresse spécialement, par le chemin aride du passé archaïque ; c'est retarder son plaisir pour mieux le lui faire goûter après une documentation préalable de tout ce qu'il sait ou croit savoir.

Aussi bien le lecteur auquel nous nous adressons, borne l'horizon de ses investigations au moyen âge — tout au plus — afin d'en arriver rapidement à la Renaissance qui est l'aube radieuse du meuble et déclanchera ses manifestations les plus variées jusqu'à nos jours.

Accordons donc quelques lignes aux ancêtres du meuble pour leur témoigner notre vénération.

Nous n'insisterons pas sur la rusticité du mobilier préhistorique, inexistant parce que de fortune et simplement pittoresque. Ce n'était d'ailleurs pas un mobilier à proprement parler, puisqu'il était sans appropriation fixe et qu'au surplus le manque de confort, la grossièreté des mœurs jointe à la vie nomade, n'eussent encouragé ni goûté une harmonie au foyer en dehors de celle que réalisait, à portée de la main, la nature agreste.

Il faut remonter aux sources de l'art pour compter les éléments d'un mobilier, et l'art, nous le savons, est le fruit d'une civilisation. Connaître les emplois du bois, du fer, de la pierre est indispensable à l'exercice de l'art qui ne s'exerce que dans la matière plus ou moins exactement choisie et adaptée. La matière correspond à la nature du sol exploité que l'art choisit et dont il dégage ethniquement la caractéristique, l'emploi judicieux.

Il est d'usage de commencer avec les anciens Egyptiens toute histoire de l'art, et cela s'explique autant par l'agrément palpable des témoignages qui nous restent de cette première expression que par l'harmonie réalisée au plus loin que l'idéal mis en œuvre, remonte. Effectivement, l'origine d'une société constituée, d'une civilisation et d'une tradition, s'atteste premièrement chez ce grand peuple qui, dans la vallée du Nil, a laissé des preuves irrécusables d'une maîtrise exemplaire.

Pour nous renfermer dans notre sujet, nous dirons l'habileté des Egyptiens à tailler le bois, et c'est dans la maison égyptienne que nous verrons les premiers meubles, du moins tels que nous sommes accoutumés de les désigner et de les distinguer de nos jours. Voici des chaises, des fauteuils, des tabourets, des lits, des guéridons, des tables, des consoles, coffres, coffrets, etc.

Tous ces meubles, naturellement, s'inspirent des données linéaires de l'architecture et de la faune et de la flore stylisées de la statuaire.

Des pattes de lions expriment les pieds des sièges, ou bien ces pieds sont simplement tournés. L'abandon de la mode orientale qui consistait à s'accroupir, a décidé de la création de ces sièges, de ces tabourets en X, de ces fauteuils à accoudoirs et munis d'un dossier incurvé.

Des personnages hiératiques, des sphinx, des animaux stylisés, servent aussi de bâti à ces meubles à bandeaux plutôt plats que moulurés et peints d'hiéroglyphes mêlés à des bucranes, scarabées, lotus, etc.

Et ces sièges comme ces lits doivent leur moelleux à des lacis de courroies en cuir, de cordes, de fibres de palmier. Le lit commun repose sur des pieds bas et arrondis sans décor. Le lit de luxe, de même que

Fig. 7. — *Chaise* (xvᵉ siècle) (musée des Arts Décoratifs).

toutes les riches boiseries des tables, chaises, etc., s'ornait d'incrustations d'ivoire et de nacre, de plaques de métal précieux et de jambes d'animaux reposant sur des chevilles coniques, en forme de fleurs de lotus, tandis que jaillissaient des mufles de lions, des têtes de gazelles, par exemple, à la partie supérieure.

Jetez sur ces sièges, sur ces couches, des coussins

aux couleurs éclatantes, évoquez le chatoiement de peintures curieusement multicolores où des ornements géométriques se mêlent à des figurines schématiques, à ces dessins symboliques que nous montrent les obélisques, les tombeaux, le socle des sphinx, les pylônes, et vous aurez une impression d'un mobilier aussi bien reconstitué que réel.

Mobilier que mettent en valeur des nattes, des peaux de bêtes, des voiles tissés, des tissus peints, etc., pour le plus grand éclat de cette chaise longue (témoin celle du musée du Caire), de cette table à coffret (même musée) qui détaillent avec plus de complaisance leur intérêt déjà singulièrement confortable, leur fine silhouette quasi-moderne.

Les chaises conservées au musée du Caire, encore, le siège à dossier incliné du musée du Louvre, ainsi que le siège pliant et le tabouret reconstitué, nous renseignent sur cette époque, tant sur les moyens de sculpture et de décor — l'usage du meuble souvent sacrifié au décor, contrairement à la logique — que sur le mode d'assemblage des bois.

Ces meubles, généralement, affectent la forme consacrée des nôtres. Ils semblent en avoir découvert la stabilité. D'aucuns que la marqueterie orne, concurremment avec la peinture, les incrustations d'ivoire, de faïence et d'émail, la dorure, témoignent d'une recherche décorative plus luxueuse que soucieuse de sobriété. Mais il faut supposer que ces derniers vestiges de l'art égyptien se rangent parmi les meubles rares qui particulièrement ont survécu aux siècles. Meubles de palais et non meubles de maisons privées, trônes en bois précieux venus d'Abyssinie et d'Ethiopie. Meubles d'apparat dont des becs d'oie du Nil, des têtes de gazelles ou de bouquetins, des figures de lions, trahissent, dans des sculptures plutôt d'ordre statuaire, une origine dynastique, tandis que les coffres de ce temps, fidèles aux modèles de l'architecture, empruntent aux temples religieux (naos) ou à la maison.

Au surplus, nous sommes en Orient où la couleur comme l'ornementation aiment à s'étoffer sous un chaud soleil avide de silhouettes et de masses vigoureuses pour la flatterie de son ombre.

Fig. 8. — *Banc* (xve siècle) (musée des Arts Décoratifs).

Mais poursuivons notre excursion à travers la Chaldée, la Phénicie et l'Assyrie. Il n'y a guère de changement, pour les deux premiers peuples, avec l'Egypte, le même luxe y préside dans une lourdeur, une massiveté, cependant supérieures. L'originalité ornementale les distingue naturellement du style des Pharaons, parce que leur faune et leur flore les inspirent différemment ainsi que les formes de l'architecture. On rétablit plutôt par conjecture le mobilier propre à cette antiquité, et celui des Assyriens est autrement tangible.

Le mobilier assyrien, autant qu'on en peut juger, s'affranchit de l'hiératisme égyptien. Il est plus pittoresque et moins délicat.

On cite des trônes, des brûle-parfums et des tables reposant sur des pieds coniques en forme de toupie, ni plus ni moins que nos meubles modernes. Leurs bâtis sont massifs, peints ou sommairement moulurés ; leurs chaises, pliants, tabourets et fauteuils, ces derniers très élevés et munis d'un petit banc ainsi que les lits, affectionnent les figurines, les griffes et les mufles d'animaux ; ils devaient être richement recouverts. Les lits, plutôt des divans élevés, n'étaient pas moins revêtus de toiles peintes et tissus brodés, à glands et à franges.

Mais il faut noter surtout la magnificence de ces intérieurs assyriens dont Hérodote décrit les lits, les trônes avec leurs escabeaux, les tables en or ainsi que les statues environnantes.

Et ces meubles et ces orfèvreries étaient ornés de pierres précieuses, de revêtements de bronze, d'argent, d'ivoire sculpté, avec une profusion qui rapproche plutôt ces créations de l'œuvre d'art, du bibelot et de la curiosité.

D'ailleurs, c'est au décor des personnages assyriens qu'il faudra plutôt s'en rapporter — de même en ce qui concerne les meubles égyptiens — pour déterminer plus exactement la nature de ces meubles construits sans règles absolues et qui ne constituent pas, dans leur fantaisie disparate, un style à proprement parler.

Nous dirons ensuite quelques mots des non moins irrégulières conceptions mobilières dues aux Syriens et aux Juifs.

Les fouilles de Ninive ont quelque peu départagé l'art égyptien de l'art sémite, et ce dernier ressemblait plutôt à l'art assyrien.

Néanmoins, étant donné les influences que l'art des

Fig. 9. — *Dressoir* (fin du xve siècle) (musée des Arts Décoratifs).

Juifs subit dans ses rapports fréquents, égyptiens, assyriens et syriens, il n'y a guère d'originalité à lui restituer en propre. Nous en dirons autant des Mèdes et des Perses dont les monuments n'offrent que du déjà vu.

Le temple de Salomon et ses palais, construits en bois de cèdre, n'ont pas démontré — non plus que les trônes qui s'y trouvaient — une utilisation typiquement sémitique, d'autant qu'ils usèrent aussi volontiers de l'ébène, du bois de rose et autres essences précieuses venues de l'Inde. Il y eut à ces époques, des emprunts, des échanges qui tournent à la confusion des archéologues et des artistes. Il ne s'agit point, d'ailleurs, de déterminer un style dans cet intéressant pittoresque. On ne peut y constater que des ingéniosités de forme, que des richesses de matière, que des naïvetés constructives ou des beautés singulières. Il faut attendre la mise au point de l'art grec qui, après le canon hiératique des Egyptiens, sorte de style, inventera le style proprement dit.

On a pu dire cependant, que, d'une manière générale, les traditions de l'Attique étaient d'essence ionienne et asiatique, mais les Grecs devaient dégager de ces bases, de ce trésor, un art supérieur qui se développa surtout au temps d'Alexandre, après les guerres médiques.

D'ailleurs, les peuples modernes doivent fatalement aux peuples anciens la base de leurs créations. Les précurseurs avaient beau jeu et leurs successeurs s'ils profitèrent du génie passé, n'eurent pas un mérite moindre à innover. Nous verrons, au reste, quelle étonnante variété d'invention, quelle éclatante personnalité fut le fait du mobilier après même les chefs-d'œuvre antérieurs !

Et cette fertilité n'est point purement décorative, elle est architecturale, statique même. Peu à peu les meubles se grouperont « en famille » ; peu à peu ils constitueront la chaîne du confort, mais nous n'en

Fig. 10. — *Chaises couronnées de leur dais* (fin du xve siècle) musée des Arts Décoratifs).

sommes point encore là dans notre étude rétrospective. Pour l'instant, les bas-reliefs, les peintures, se rassemblent épars, au musée. Nous examinons des ruines, des débris et rêvons plutôt sur l'authenticité d'un ensemble de décor où l'histoire achève de broder savamment ses puissantes conjectures.

Au seuil de l'art grec (et de l'art romain si inspiré de celui-ci), de même que précédemment chez les Assyriens, nous signalerons l'anomalie du métal massif employé dans la construction du mobilier. En manière de réalisation décorative, l'emploi judicieux de la matière est impératif. Telles formes et expressions doivent être réservées au bois, telles autres au bronze, telles autres au marbre.

Michel-Ange prétendait qu'une statue de marbre devait pouvoir rouler du haut en bas d'une montagne sans se broyer.

Il entendait par là qu'une statue de marbre doit comporter des masses et non les découpures fragiles plutôt réservées au bronze. Or, les Grecs qui avaient pourtant des bois à leur disposition, ne reculèrent pas devant les procédés de la fonte pour la confection de leurs meubles, et les Romains, même, taillèrent dans le marbre et l'ivoire nombre de leurs sièges.

Sièges d'apparat, certes, meubles honorifiques, nous n'y contredisons pas, mais qui surprennent par leur pesanteur et autres défauts d'appropriation : manque de moelleux, froideur. La richesse de la matière, donc, triompha chez les Grecs et ensuite chez les Romains, de l'adaptation logique. Il est vrai que si les trônes, lits[1], tables étaient au dire d'Homère uniformé-

---

1. Ulysse décrit son lit à Pénélope de la manière suivante : « Je l'ai construit moi-même, seul et sans secours... Dans l'intérieur des cours s'élevait un florissant olivier, verdoyant et plein de sève. Son énorme tronc n'était pas moins gros qu'une colonne. J'amassai d'énormes pierres, je bâtis tout autour, jusqu'à ce qu'il y fût enfermé, les murs de la chambre nuptiale ; je la couvris d'un toit et la fermai de portes épaisses solidement adaptées. Alors je fis tomber les rameaux touffus de l'arbre ; je tranchai, à

ment d'airain ciselé, au ɪxᵉ siècle avant notre ère, il en fut autrement par la suite, et le métal façonné fut surtout employé à la confection mieux appropriée de délicieux trépieds, brûle-parfums, lampadaires, etc.

Nous verrons plus tard, sous le règne de Napoléon Iᵉʳ, avec quelle faveur on démarqua ces créations gréco-romaines qui connurent alors l'acajou, empruntant ainsi non moins étrangement au bois (pour les trépieds notamment) les formes propres au métal...

Ces aberrations étonnent moins chez les Grecs que chez les Romains, leurs habiles pasticheurs, et l'on peut dire à leur excuse que les meubles grecs visèrent longtemps à un luxe réservé exclusivement à la décoration des temples. De telle sorte que ces meubles n'étaient que des œuvres d'art.

De toute façon, le goût qui préside à ces créations, quelles qu'elles

Fɪɢ. 11. — *Dessin d'une fenêtre de style ogival* (flamboyant).

soient — en dehors d'une critique de détail — est charmant jusque dans le moindre ustensile. Il ne faut pas oublier que l'idée d'un mobilier portatif n'est pas entrée encore — loin de là — dans la pensée des peuples anciens que nous examinons. Leurs meubles

---

partir des racines, la surface du tronc, puis, m'aidant habilement de la hache d'airain et du cordeau, je le polis, j'en fis les pieds du lit et le trouai à l'aide d'une tarière. Sur ce pied, je construisis entièrement ma couche que j'incrustai d'or, d'argent et d'ivoire et dont je fermai le fond avec des courroies prises sur des dépouilles de taureaux, teintes d'une pourpre éclatante (Homère).

honorifiques (la *sella curulis* des Romains, entre autres, dérivant des sièges similaires grecs) ont des aspects monumentaux, avec leurs sculptures, leur matière, leur pesanteur. Le désir d'ennoblir le moindre meuble ou objet, dirige ces conceptions dont l'art et la juste proportion dominent avec grandeur la commodité.

Cependant, à côté de ces meubles de parade, les Grecs, tout comme les Egyptiens, connurent l'agrément moins imposant mais plus pratique, des lits pliants et sièges en bois.

Leurs lits n'étaient, à proprement parler, que des sièges allongés. Ils convenaient à la fois au repos de la nuit et du jour et l'on y prenait les repas. Lits délicatement sculptés, de forme rectangulaire, portant sur des pieds accouplés — sortes de colonnettes tournées — incrustés d'or, d'argent, d'ivoire.

Tables en bois rares et exotiques dont les plateaux reposaient sur des supports en métal, ainsi que des coffres, coffrets et bahuts, aussi gracieusement dessinés que parfaitement construits.

« Parmi les tables découvertes à Pompéi, écrit A. de Champeaux (*le Meuble*), celle qui nous paraît la plus remarquable par sa simplicité harmonieuse, repose sur une statuette de la Victoire du meilleur style surmontant un globe, que l'on croirait exécutée sur le modèle de nos habiles ornemanistes Clodion et Gouthière... »

Aussi bien les vases grecs représentent à l'envi certaines chaises dont le dossier en forme de *pelle* évoque curieusement certaine chaise *étrusque* éclose sous la Révolution française et qui poursuivit sa vogue sous le Directoire et plus...

Nous verrons d'ailleurs, combien l'art grec ou gréco-romain influença l'art du mobilier français, l'art du monde entier même, dans ses multiples manifestations ramenées à l'esprit classique qu'il personnifie avec une persévérance dans l'exemple, en vérité lassante et pernicieuse, jusqu'à nos jours mêmes. Qui nous libèrera des oves et rais de cœurs! Des godrons et denticules! Des chapiteaux corinthiens, ioniques et doriques!

Bref, pour rentrer essentiellement dans notre sujet, il nous faut prononcer le mot d'ébénisterie en présence

Fig. 12. — *Lutrin* (fin du xv° siècle) (musée des Arts Décoratifs).

de l'une des plus belles expressions de cet art dans l'antiquité : un grand cercueil datant du iv° siècle avant notre ère, et extrait du tombeau de Koul-Oba.

Bel ouvrage que l'on nous décrit orné de bois d'if, plaqué et borduré de marqueterie ; ornements où alternent dans de fines sculptures, oves, rinceaux de palmettes et de campanules avec des figures qu'une feuille d'or devait recouvrir, tandis que la peinture jouait d'autre part, son rôle d'embellissement.

On cite encore, parmi les chefs-d'œuvre d'ébénisterie de l'art grec ancien, le coffre de Cypselos, en bois de cèdre sculpté et décoré de figures et de bas-reliefs en ivoire et en or, avec des incrustations d'or et d'ivoire doré. Ce précieux meuble, qu'on voyait à Olympie, ornait le temple de Héra.

Mais il faut imaginer la grandeur harmonieuse et simple des édifices grecs, semés de statues magnifiques, pour que ces conceptions mobilières prennent leur véritable importance. L'unité, la sobriété, le rythme de cette esthétique est inséparable dans ses moindres réalisations, et nous verrons les Romains hériter de cette opulence créatrice avec un goût d'appropriation réellement intéressant.

Les Romains furent d'ailleurs plutôt des ingénieurs et des adaptateurs remarquables que des créateurs. Leurs ouvrages d'art (ponts, tunnels, viaducs, etc.) surtout, en imposent.

Leur mobilier d'ailleurs, sera, à part quelques variantes, celui des Grecs, avec néanmoins cette recherche de l'effet, ce souci du brio dont les Grecs, prestigieux chercheurs d'équilibre et de grandes lignes, n'eurent cure. Ce mobilier aussi sera plus lourd, plus surchargé d'ornements ainsi qu'il convient chez un « parvenu ».

Nous avons vu la *sella curulis*. Sous le nom de *sella*, les Romains entendaient tous leurs sièges quels qu'ils fussent et, devant ces divers sièges, on remarquait le *scabellum* ou tabouret bas pour supporter les pieds. Si les sièges anciens fondus en bronze ajoutaient à la singularité de leur matière l'inconvénient d'être démunis de dossier, on appelait *cathedra* les sièges à dossier, presque des fauteuils. Sur le *solium* ou *thronus* — trône de marbre, de bronze ou de bois — prenaient seulement place les membres de la maison ou une divinité, tandis que les magistrats de la République usaient d'un *so-*

lium d'une incommodité particulière, sans bras ni dos

Fig. 13. — *Coffre* (fin du xvᵉ siècle) (musée des Arts Décoratifs).

sier. Quant au *bisellium*, voué aux magistrats d'ordre inférieur, il était en bronze ou revêtu d'ivoire, sans dossier. Le secret de toutes ces différences, du manque de confort à l'inconfortable, ne nous est pas parvenu. On sait seulement que sur le *bisellium* deux personnages pouvaient s'asseoir côte à côte, et nous citerons enfin, pour l'agrément divers de ses pieds droits alors que la chaise curule avait des pieds courbés, la *sella cartrensis*.

Pour clore ce chapitre du siège, voici la *sella curulis* sous la forme d'une chaise à porteurs à l'usage des sénateurs et des magistrats qui se rendaient à la Curie ou au Forum, en ivoire ou en métal, sans dossier, qui s'ornait de pieds en X. Voici le *tronos*, tout en métal, comportant un tabouret de pied, un coussin sur le siège, le tout recouvert d'une housse.

La *sedia gestatoria*, dont se servent les Papes pour aller du Vatican à la basilique de Saint-Pierre, n'est qu'un souvenir de la chaise à porteurs romaine.

L'époque de Napoléon Ier rééditera, nous l'avons dit la plupart de ces tabourets en X, la plupart de ces trônes...

Du côté des lits, même utilisation diverse que chez les Grecs. On dort dans le lit cubiculaire et l'on mange couché sur le lit tricliniaire. Lits garnis somptueusement de riches coussins brodés, de fourrures, ou modestement rembourrés de foin sur lequel on jetait des peaux de chèvres, de moutons.

Les lits de table sont généralement à trois places, plus hauts du côté de la table. Autour des tables rondes on voit le lit semi-circulaire appelé *sigma*. Les peintures de Pompéi nous démontrent que les Romains connaissaient l'usage de l'armoire, fixe ou mobile, ainsi que celui de la bibliothèque et les boîtes et les coffres, chez eux, étaient aussi nombreux que les guéridons en métal ou en bois, que les trépieds de bronze, provenant des fonderies d'Herculanum, où brûlaient les brasiers destinés à chauffer leurs appartements, car les cheminées ne paraîtront que vers les xie ou xiie siècles.

C'est d'ailleurs dans ces derniers ustensiles, répétons-le, ustensiles auxquels vient se joindre une multi-

Fig. 14. — *Lit* (fin du xv⁰ siècle) (musée des Arts Décoratifs).

tude de petites lampes, de lampadaires, de vases,

réchauds, etc., aux formes élégantes et d'une diversité étonnante, que les Romains, après les Grecs, ont surtout brillé.

Si nous étudions ensuite le mobilier à l'époque byzantine où se manifeste l'expression orientale de l'art chrétien, nous relevons les traces des arts grec, romain et arabe accommodés à un goût oriental typique. C'est dans le luxe et l'éclat des matières, dans l'abondance et la complication décoratives, dans le brio et le heurté de la couleur, que ce goût s'exprime avec une originalité d'inspiration frappante, inséparable néanmoins des modèles de l'Inde ancienne.

On n'emprunte plus guère à la nature. Des motifs irréels s'enchevêtrent savamment avec des fleurs inventées, avec des animaux fantastiques, avec des entrelacs compliqués de perles, de motifs géométriques, de disques (à « roë » ou à roue) superposés. Les personnages, sous la menace des Iconoclastes, sont figés pendant deux cents ans (depuis le viiie siècle) dans un mode schématique contredisant à la vérité naturelle, dans un système de stylisation roide et sèche qui est la caractéristique de la décoration byzantine.

Le mobilier oriental, conforme au nôtre, est pour ainsi dire inexistant. Quelques coffres, cabinets, coffrets et reliquaires, d'ailleurs somptueusement plaqués d'ivoire sculpté, d'émaux, d'or et d'argent, représentent le meuble, avec des sortes de trônes qui sont les sièges et des lits, simples bâtis tendus de courroies, à la mode arabe.

Trônes, lits, coffres, cabinets de petite dimension, rutilants de peintures et d'ornements, où la symétrie domine dans une construction monumentale. Il y a des sièges en forme d'oiseaux, à extrémités animales, des X alourdis d'ornements, à lourdes bases et carrures ; il y a des tables basses et massives.

Mais le mobilier proprement dit est exceptionnel ; il orne le palais des rois. Nous glisserons maintenant sur la richesse des tissus, coussins, tentures, etc., qui avantagent merveilleusement ces rudiments de confort, ces éléments stricts d'utilité domestique dont nous ne pouvons guère juger aujourd'hui que par la gravure, en dehors du fauteuil dit « chaire de Saint-Pierre » conservé en Italie, dans la basilique de ce nom et de quelques autres sièges comme la cathédra

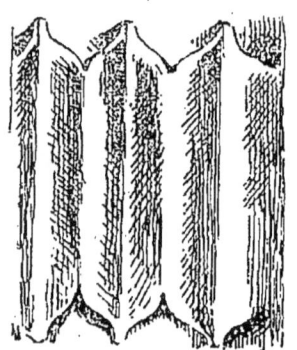 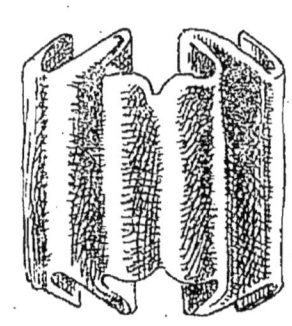

Fig. 15. — *Motifs dits « parchemins roulés » ou « servicties ».*

de Saint-Maximien (à Ravenne), comme la chaire du trésor de Saint-Marc, dont les restaurations ont dérouté jusqu'à l'authenticité même. Et c'est à Constantinople, c'est à Ravenne, c'est en Russie, dans l'église orthodoxe toute imprégnée de Byzance, que l'art du Bas-Empire en son atmosphère excentrique, luxueuse et « barbare », se vérifie le mieux.

Au chapitre suivant, nous progresserons dans le but pratique auquel nous tendons essentiellement, à travers les étapes fatales de la documentation préliminaire. Nous verrons naître alors les ancêtres de nos meubles actuels sur des bases somptueuses autant qu'inconfortables, sacrifiées à l'art avant que de servir les besoins. Mais, toujours, au fur et à mesure des civilisations rassérénées, goûterons-nous des progrès sur lesquels nous nous empresserons de retenir l'attention du lecteur pour mieux lui faire apprécier ce dont il est avide.

CHAPITRE III

Le Meuble du Moyen Age

Nous voici arrivés, à travers les pérégrinations et acheminements des débuts, au meuble du moyen âge. Il a fallu déblayer le terrain fatalement nébuleux qui nous séparait de la lumière encore diffuse provenant des vestiges conservés au musée. Nous allons maintenant commencer à nous appuyer sur des précisions irrévocables et nous reconstituerons, avec davantage de véracité, autour d'un témoin, ce qui manque à notre édification pratique.

Nous avons accordé à l'Egypte les honneurs incontestables de la plus vénérable civilisation et nous rendrons justice aux Phéniciens d'être demeurés, dans le plus lointain souvenir, les agents de liaison commerciaux comme les producteurs d'objets ouvrés, les plus dignes de la gratitude artistique. Pour mieux dire, les Phéniciens furent « les voituriers de tous les produits manufacturés qui venaient de la région de l'Indus à destination de l'Asie Mineure, et qu'ils transportaient jusqu'aux limites alors connues de la terre... »

Et nous situerons, selon les auteurs, le centre de création de l'ébénisterie et de la marqueterie dans la région indo-perse, d'où ces spécialités de l'art du bois, par la voie de Venise et de l'extrême occident de l'Europe (Espagne), par les Musulmans, sous l'influence aussi, de l'art sicilo-normand, n'ont pas cessé de propager et de répandre leurs bienfaits sur l'Europe orientale, jusqu'à la Renaissance. Grâces soient donc rendues à l'érudition et, après avoir satisfait rapidement à ce préambule, nous aborderons l'examen de nos meubles ancestraux.

Jusque vers le milieu du xve siècle, le mobilier suivait « le corps » de son seigneur et maître. Il était conçu surtout en vue de déplacements rapides et se résumait en un *coffre* (*fig.* 13 et 17) de forme pratique et de dimension restreinte. Les armoires, sœurs dudit coffre, n'étaient pas moins sommaires, plutôt légères et peu encombrantes, afin d'être aisément chargées sur le bât des *sommiers* ou *bêtes de somme*.

Mais il faut dire les diverses transformations du coffre ou ses multiples appellations avant d'en arriver à l'intérêt spécial que nous visons. Il est entendu que le coffre est d'ordre essentiellement nomade et que chaque déplacement équivalait à un déménagement de la part de son propriétaire qui, par défiance, justifiée en ces temps incertains durant tout le moyen âge, ne saurait se séparer un instant de son coffre, de ses coffres. Car il y a un coffre pour toutes choses, argenterie, vêtements, livres, tentures, titres, etc.

Et de même, suivant la qualité ou la fortune de leur propriétaire, ces coffres sont plus ou moins riches, plus ou moins embellis et surchargés de peintures, de sculptures, de pentures de fer forgé ou d'argent, de décors de clous, etc. Il y eut des coffres en bois simples ou précieux, des coffres en bois ou en osier recouverts de cuir.

Ces coffres, dont souvent on se plut à dissimuler soit le contenu, soit la beauté extérieure, de crainte du vol, ou même la simplicité, par vanité, connurent, aussi, en dehors de la variété des formes ou du décor, la fantaisie plus ou moins riante des housses, des *banquiers* (housses pour les bancs, les chaires, utilisées jusqu'au xvie siècle), des tapis, etc., assortis aux tentures d'ameublement.

De la famille des coffres, voici l'*arche* qui dut son nom à son couvercle bombé, en forme d'arc. Il y eut des arches à tiroirs que l'on appelait vulgairement *commodes*, acheminement vers la désignation spéciale du meuble de ce nom qu'il importe de retenir, et d'ores et déjà nous pouvons rapprocher le coffre de jadis de notre malle moderne dont il remplissait souvent l'office, sous le même nom.

FIG. 16. — *Crédence* (fin du xvᵉ siècle) (musée des Arts Décoratifs).

On distinguait dans l'arche : l'arche *de mariage*, gracieuse et moelleuse, équivalant à la corbeille de nos jours, qui renfermait les présents du futur époux, et l'arche *marine*, renforcée d'armatures métalliques, propre aux voyages lointains.

Une sorte d'arche, d'où dériva le mot « archives », était destinée à abriter les papiers et les titres importants, ainsi que des bijoux et autres choses précieuses. Ces sortes de coffres s'appelaient des *archives*.

Quant à *l'archebanc*, c'était un coffre qui, rabattu, servait de banc, et *l'archelit* désignait simplement un bois de lit, sans doute en forme d'arche ou d'armoire.

Le nom d'arche a été conservé encore aujourd'hui au coffre à avoine, et c'est dans l'*archon* limousin que l'on pétrit le pain.

Parente de ces coffres, voici la *huche* qui était une sorte de coffre plutôt réservé à ranger les vêtements. Meuble lourd et volumineux tout d'abord (au xiv° siècle), il s'orna de sculptures plus ou moins en relief, plus ou moins à jours au fur et à mesure que sa destination s'affirmait sédentaire. Les bas-reliefs, fortement accusés, les dais, les niches et autres délicatesses décoratives dont la huche fut l'objet à partir du xvi° siècle, en même temps que sa légèreté et son élégance la transformaient, marquèrent la déchéance de l'ancienne huche massive, simplement peinte ou à peine sculptée, ornée de solides pentures, sacrifiée, en somme, au voyage.

Dès le xvi° siècle, l'ancienne huche fut reléguée de la chambre à l'office, voire à la cuisine et, c'est l'armoire à deux corps, le *garde-robe* et le *cabinet* qui lui succédèrent.

Il importe donc, pour juger de l'époque d'une huche autant que pour donner aux meubles issus d'elle leur âge initial, de retenir et de vérifier ces étapes de l'ornementation et de l'élégance, tant du décor que de la forme. En fin de chapitre, nous donnerons les signes distinctifs de l'art du moyen âge, qui compléteront, avec l'examen de nos gravures, les moyens de reconnaître les meubles.

Au xvii° siècle, la huche fut dédaigneusement entendue comme coffre en bois où l'on pétrissait le pain, surtout en province. Et, cependant, il ne faut pas confondre la huche avec le *pétrin* ou *maie* dans certaine acception fâcheusement généralisée.

La *maie* est encore une sorte de coffre et de huche, mais elle servit essentiellement à pétrir le pain depuis les temps les plus éloignés, dans les campagnes. Il y eut des maies à deux fins, c'est-à-dire remplissant aussi

Fig. 17. — *Coffre* (fin du xve siècle) (musée des Arts Décoratifs).

le rôle d'une petite armoire, grâce à deux battants situés dans la partie inférieure du meuble

Les maies, dont il exista des modèles si charmants en Normandie, au xviii° siècle, sont fort recherchées de nos jours pour la décoration des salles à manger, harmonieusement couronnées qu'elles sont par des *panetières* (nous reviendrons sur ces deux meubles lorsque nous traiterons du meuble normand dans l'ordre des styles).

Passons ensuite au *bahut*, qui appartient aussi à la grande famille des coffres du moyen âge, avant de désigner comme aujourd'hui nos buffets et armoires. Le bahut était un coffre à couvercle rond, voûté, recouvert de cuir et de petits clous rangés agréablement. Aux xvi° et xvii° siècles, on distinguait une sorte de bahut dit de Flandre dont le cuir et les petits clous décoratifs étaient remplacés par de solides ferrures. Quelques auteurs estiment, avec vraisemblance, que le bahut constituait plutôt, au début, un compartiment léger du coffre proprement dit, lequel compartiment renfermait des vêtements d'utilité immédiate, à la portée de la main sur le bât de l'animal qui portait les bagages. Le bahut dut aussi servir de siège à ces époques où le mobilier était si restreint et, même, au xvii° siècle il demeure ce dérivé du coffre jusqu'au xviii° siècle où il disparaît.

Il n'y a guère qu'une cinquantaine d'années que le bahut désigne le meuble meublant que nous savons.

Autres meubles dérivés du coffre dans sa faculté portative : la *bouge*, l'*écrin*, le *panier*, la *layette*.

La bouge désignait une sorte de valise en cuir. Il y eut aussi des bougettes (petites valises) tout comme des mallettes (petites malles) et leur usage persista jusqu'au xviii° siècle.

Quant à l'écrin, il était, au moyen âge, plutôt une cassette qu'un coffre, et le panier demeura jusqu'au xvii° siècle une sorte de coffre qui, devenu sédentaire, n'en continua pas moins ses excellents services sous les formes et pour les usages les plus variés après n'avoir été qu'un coffre léger au moyen âge.

La layette, enfin, clôture ce chapitre du coffre. Les layettes étaient des coffres de petite dimension; elles en avaient la destination; on y enfermait les vêtements et le linge. Le nom de layette s'étendit aux tiroirs des meubles remplissant le même office et l'on appela plus

Fig. 18. — *Crédence* (fin du xve siècle) (musée des Arts Décoratifs).

tard ainsi les planchettes qui s'inséraient dans l'épaisseur des cabinets, des bureaux, et se tiraient à volonté.

Avant d'aborder l'étude des autres meubles du moyen âge — meubles d'usage si peu, encore — nous indiquerons que la plupart d'entre eux relevaient chacun d'une corporation particulière. Les menuisiers-charpentiers étaient tout indiqués pour l'exécution du mobilier monumental en question, mais ils avaient leurs spécialistes : les huchiers, les archiers, coffretiers, écriniers, layetiers, etc.

Il ne s'agissait point encore des *ébénistes*, célèbres sous ce nom impropre, mais inséparable du meuble à partir du xviie siècle, alors que les menuisiers ou les marqueteurs employant le bois d'ébène, étaient connus antérieurement même au xive siècle.

Les huchiers-menuisiers, charpentiers-huchiers du moyen âge, devaient collaborer étroitement avec les sculpteurs. Au plein bois devaient se limiter leurs créations. Le souci d'élégance, l'esprit de la variété des bois jouant avec l'idée de la couleur, l'emploi des vernis, la parure légère du métal et tant d'autres agréments de pure ébénisterie, ne pouvaient rentrer dans leurs conceptions d'un mobilier nomade. Aussi bien ce fut à ces époques le triomphe de la sculpture, du décor sur la forme, de la solidité sur la grâce et la légèreté.

Après les coffres, malles, etc., passons au *dressoir* (*fig.* 9).

Dès le xiiie siècle, tandis que les bourgeois et la petite noblesse prenaient leur repas à la cuisine, les grands personnages inauguraient, à cet effet, des chambres d'apparat, la *salle*, et plus tard vinrent les repas, les soupers, dans des antichambres luxueusement décorées.

Le dressoir de cuisine n'était qu'une sorte de table à tréteaux et le dressoir de salle, destiné à faire parade de l'argenterie de son seigneur et maître, atteignit autant à une rare magnificence qu'à des proportions imposantes.

Magnificence de forme et de sculpture qui ne fit que croître sous la Renaissance, magnificence qu'augmentaient encore les luxueux reflets de la vaisselle plate ou montée, dorée et blanche.

Notons que le dressoir, à partir du xvie siècle, réduisit ses proportions, annonçant la naissance prochaine du *cabinet*.

Indépendamment de l'expression des sculptures qu'indiqueront son époque (de même que tous les autres meubles très anciens), le dressoir pourra guider aussi dans cette recherche, grâce aux délicatesses de sa structure.

Fig. 19. — *Armoire Renaissance* (musée des Arts Décoratifs).

Il est entendu que les sculptures, moulures, etc., acquièrent de la finesse au fur et à mesure des âges, dont la Renaissance est l'aboutissant supérieur, mais on devra tenir compte aussi des progrès du meuble en son dégagement de l'idée exclusivement architecturale pour constituer de plus en plus le meuble proprement dit. Ces étapes peuvent se vérifier déjà dans le meuble ogival, du XIIe siècle au début du XVIe.

Peu à peu, le dressoir, les chaises, etc., perfectionnent leur utilité en calmant l'impétuosité des ornements. On sent venir la miraculeuse Renaissance au bout de l'expression ogivale, comme à l'horizon du roman poignit l'élan de l'ogive.

Mais revenons au dressoir. Très souvent le dressoir a été confondu avec le buffet dont il a surtout l'aspect, lorsque, composé de tablettes superposées soutenues par des colonnes, il se termine par une sorte de dais. Mais le buffet est typique avec le coffre qui lui est adjoint, supporté par des colonnettes et servant lui-même de point de départ à des étages successifs dressés en pyramide. Il constitue alors le « buffet avec armoires » et remplit l'office du dressoir, jusque dans la chambre à coucher, même, car il sait se plier aussi bien à l'étalage de la vaisselle de prix qu'à toute autre exigence.

Nous aborderons maintenant le court chapitre des tables. Elles sont toutes à tréteaux au moyen âge. On saisit ainsi l'agrément de leur improvisation comme celui de leur déménagement. Une nappe jetée sur cette table, et l'effet était à deux fins, table à manger alors ou dressoir commun ; la nappe ôtée, elle constituait une table à écrire. Et, pour le voyage, aucun embarras. Chanfreinés, les tréteaux n'ont pas d'autre décor. La table du moyen âge est donc volante et sans intérêt artistique ni objet spécial. La table à manger ignore encore la salle à manger proprement dite, de même que le coffre se plie à de multiples offices : malle ou banc, lit parfois, lorsqu'il est recouvert de moelleux coussins, armoire quand on l'orne de ventaux et que des pieds le supportent.

En somme, le dressoir, l'armoire, le buffet, la crédence, sont nés du coffre exhaussé. Le dressoir se distinguant du buffet, si l'on veut, par sa partie inférieure vide alors qu'elle est pleine dans le buffet, coiffé au surplus d'une étagère.

L'ensemble de ces meubles est lourd, en raison même

de leur naissance roturière. Leurs panneaux sont très décorés, et souvent on les rencontre encastrés dans des boiseries avec lesquelles ils font corps. Nous renvoyons le lecteur à la seconde partie de ce chapitre pour l'étude esthétique, mais déjà il faut nous appuyer

Fig. 20. — *Dressoir Renaissance* (musée des Arts Décoratifs).

sur les étapes de la grossièreté à la délicatesse de la sculpture, de la taille du bois et de son assemblage, pour déterminer les époques.

Tous les meubles du moyen âge sont en bois et, jusqu'à l'avènement des huchiers, archiers, etc., au XIIIe siècle, les charpentiers ou les menuisiers du bâtiment exécutent ces meubles. Ils sont alors assemblés grossièrement, leurs bois sont mal équarris, trop épais et ornés seulement de moulures et de panneaux taillés en plein bois.

Ils sont à pans coupés ; des colonnes placées dans le plan accusant ces pans coupés. Point de courbes ni de rondeurs et, lorsqu'au début, les meubles étaient peints, les panneaux, assemblés « à languettes », recevaient la peinture sur un enduit calcaire semblable à celui sur lequel on applique aujourd'hui la dorure. D'autres fois aussi on peignait sur de la toile ou de la peau de vache.

Procédés longs et coûteux que la sculpture mit avantageusement au second plan.

Deux mots maintenant du *lit* (*fig.* 14), en dehors du coffre souvent affecté, ainsi que nous l'avons dit, à cette destination, lorsque le plancher même, sur lequel on jetait des « couettes » (matelas, oreillers) ne suffisait pas au dormeur.

Les lits, au début du moyen âge, sont placés parallèlement au mur — ni plus ni moins que les nôtres. Toutefois un intervalle assez grand, pour permettre de circuler autour, les sépare de la cloison. Des rideaux ou *courtines*, suspendus à des tiges de fers scellées dans le mur, encadrent ce lit — d'aspect semblable encore, au nôtre — et qui s'éclaire souvent d'une lanterne « pour écarter les mauvais esprits ».

Il y a aussi des lits placés dans des sortes d'alcôves closes à l'aide de courtines. Et les colonnettes, de même que les dais de ces couches, plus ou moins compliquées et riches, présentent une délicatesse de sculptures à divers degrés de beauté plus ou moins évidente, qui exprime leur époque et leur âge.

De même faut-il s'efforcer de déchiffrer d'une manière générale, sur les meubles de ces temps lointains, les étapes progressives de leur construction.

Les premiers huchiers, huissiers, charpentiers, fabriquaient d'abord leurs coffres « avec des planches taillées tout d'une venue, jointées bout à bout et consolidées par une armature de fer ». Puis, dans la suite, ils adoptèrent pour la structure générale de ces meubles « des ais solidement assemblés à tenons et mortaises, constituant une suite de cadres, et remplirent l'intérieur de ces cadres par des panneaux de faible épaisseur, embrevés dans ces bâtis résistants ».

C'est là l'avènement du type de nos meubles actuels, variés à l'aide de la sculpture qui agrémenta, vers le xiv° siècle, les surfaces autrefois monotones.

Autres caractéristiques à vérifier, complémentaires de l'esprit et du fini de la sculpture : la manière dont est dispensé le bois et l'aspect même de ce bois. Nous avons signalé précédemment le façonnage rudimentaire des planches, voici maintenant leur forte épaisseur et leur aspect nettement plane. La camelote, de nos jours, a économiquement mesuré et la qualité et l'épaisseur de la matière, de telle sorte que le bois joue et que les joints, assemblés « à la diable », se disloquent.

Fig. 21. — *Chaise Renaissance*
(musée des Arts Décoratifs).

Autrefois les bois étaient *flottés*, c'est-à-dire qu'ils acquéraient une complète dessiccation et une dureté, soit au cours de leur voyage par la voie des eaux, soit grâce à une immersion volontaire. Les bois, de la sorte, ne « jouaient » plus, leurs joints ne bougeaient jamais, et, débités « de fil », d'autre part, ne gondolaient pas.

Or, la hâte avec laquelle sont exécutés nos meubles de pacotille, le peu d'épaisseur de leurs bâtis et surtout des panneaux, les joints collés, etc., ignorent la solidité, l'aspect de robustesse, la sécurité des joints (*chevillés*) des meubles de naguère. D'où un élément de brève appréciation.

Mais nous différerons encore l'heure de nous étendre sur ce mode de discernement des meubles, d'ailleurs en dehors de l'esthétique, et, au chapitre des fraudes s'accentuera l'art de reconnaître les meubles anciens par les signes extérieurs matériels.

Pour en revenir au lit, celui-ci, à partir du xv° siècle, prendra un grand développement. Il deviendra un meuble sédentaire. Il ne sera plus désormais le lit de camp, la couche improvisée d'auparavant.

Le voici à dais supporté par des colonnettes, entouré de courtines, le chevet plein, dressé contre la muraille. Très larges au xv° siècle, et presque carrés, les lits occupent maintenant une place fixe et reposent sur des ais spéciaux, non plus exclusivement démontables.

Pour terminer l'énumération des meubles du moyen âge, nous parlerons du siège. A côté des malles, des coffres sur lesquels on s'asseyait, on relève des *formes*, des *placets*, des *chaires* ou *chaises*, des *stalles*, (*fig.* 3), etc.

Les formes sont des bancs (*fig.* 4 et 8), des sortes de banquettes à quatre pieds; les placets tiennent du tabouret. Tous ces sièges sont en bois sculpté dans le goût de leur époque; ils sont massifs et leur base, souvent, se découpe comme leur fronton s'ajoure dans l'esprit décoratif d'une cathédrale (du xiii° au xv° siècle où domine l'art de la sculpture sur bois dans nos églises).

Quant aux chaires, elles se différencient des stalles, en ce qu'elles sont volantes (ce qui ne signifie pas qu'elles sont légères!). Car, chaires comme stalles, sont à dossier plus ou moins monumental, surmonté ou non, d'un dais (*fig.* 7 et 10), à une ou plusieurs places, et elles offrent pareil aspect monumental, tandis que les formes, à une et plusieurs places également, ignoraient les dossiers et les accoudoirs.

Les stalles aussi bien, figuraient dans les églises, disposées en gradins, sortes de chaires accolées, limi-

FIG. 22. — *Table Renaissance* (musée des Arts Décoratifs).

tées par deux accoudoirs, à plusieurs rangs, et dont le siège à couvercle recélait souvent un coffre. Mais on garnissait généralement de coussins ce siège ainsi que celui des chaires ou chayères, chaises, enfin, lorsque renonçant à leur aspect de trônes, à leur destination honorifique, elles condescendirent à devenir les meubles familiers de ce nom.

A remarquer sur les stalles, la console dite *miséricorde* (*fig.* 3) fixée généralement sous le couvercle du siège et qui, le couvercle relevé, permettait à la personne assistant à l'office de s'asseoir légèrement, sans quitter, en apparence, la position verticale.

Mais ce que diront nos gravures, avec une éloquence plus persuasive, c'est l'art admirable qui présida, tant à la forme qu'à l'ornementation de ces stalles, de ces chaires dont la beauté inséparable de la statuaire, voire de l'architecture, n'a point été dépassée.

Il en est, hélas! des stalles, des chaires, des *lutrins* (*fig.* 12) comme des *scriptionaux* dont nous allons maintenant parler, que les civilisations différentes, que le progrès ont classés dans la beauté d'autrefois. On les contemple dans les églises et les musées, on n'en refait plus guère que pour renouveler le cadre ancien ou le remémorer.

Le scriptional, donc, nous reporte au scribe d'antan. Alors que l'imprimerie était inconnue, il fallait bien que des meubles fussent affectés spécialement à la resserre et au maniement des livres manuscrits plus ou moins rares et volumineux. Et, de ce besoin naquirent des pupitres, lutrins ou lectrins, plus particulièrement réservés aux églises pour porter les livres lorsqu'on chantait l'office, des tables-bibliothèques, des scriptionaux.

Ces derniers complétaient la chaire par une tablette mobile servant de table. A droite, dans un coin, se trouvait l'encrier et, à gauche, un lutrin pivotait, afin d'offrir au scribe, tour à tour, les documents qu'il désirait.

Certains casiers, sortes de lutrins portatifs, se plaçaient sur des tables; d'autres, fixes, surgissaient de meubles octogonaux, témoin le modèle du musée de Cluny.

Ici pourrait s'arrêter la nomenclature générale des meubles du moyen âge dont nous avons indiqué les raisons de restriction et de rareté. Au fur et à mesure de notre étude, ils se répandront davantage, mais il faut faire ressortir ici, avant de quitter l'époque qui nous retient, une originalité purement française. Le moyen âge n'a rien emprunté à l'antique; même on notera que, malgré les tendances fatales d'inspiration architecturale chez les premiers constructeurs, nous

Fig. 23. — *Coffre Renaissance (première moitié du XVIe siècle) (musée du Louvre).*

sommes loin d'être entrés dans cette voie au moyen âge comme sous la Renaissance.

Nous verrons d'autre part, que la Renaissance malgré sa beauté miraculeuse, se soucia moins de l'adaptation du meuble que le moyen âge. Ainsi, va l'erreur de certain progrès qui substitue à l'utilité même naïve, la complication de certain perfectionnement, pour le plaisir de flatter le décor, de s'en griser.

Nous renverrons enfin le lecteur à la connaissance des diverses expressions décoratives de l'art ogival ou gothique pour qu'il les discerne ainsi qu'il convient, d'après leurs caractéristiques aux différents siècles, à travers les étapes, tant de l'ornementation que de la finesse de cette ornementation, tant du progrès de la charpente que de ceux de la menuiserie en ses formes plus audacieusement découpées, plus délicatement ouvrées.

CHAPITRE IV

Notions d'histoire et d'esthétique relatives au moyen âge.

Dans ce chapitre, nous achèverons de documenter la vision et de fortifier le jugement du lecteur, en lui fournissant des données historiques et esthétiques.

Le moyen âge est la période historique qui s'écoule de l'avènement à l'empire des deux fils de Théodose le Grand, jusqu'à la prise de Constantinople par Mahomet II. Entre 395 et 1453.

Dans l'ordre de l'histoire de l'Art, le moyen âge succède à l'antiquité. Il marque l'aurore du Christianisme et l'avènement d'un art nouveau peu à peu dégagé de l'art antique et indiqué tout d'abord par les Catacombes. Art plutôt symbolique et naïf qui se transforme en un art néo-grec, art grec du Bas-Empire, dit art Byzantin. L'art byzantin continue au début l'art antique, dans un goût « barbare et monstrueux », puisqu'il n'en est que la corruption ; cependant, après en avoir sauvé la tradition, il en prépara la glorieuse renaissance lorsque, réfugié dans notre Occident, au XVe siècle, il échappa à la théocratie musulmane. La dernière phase de l'art byzantin est celle où il étendit encore l'influence de l'art antique sur tout l'ancien continent, même en Russie, en Syrie, en Afrique, dans ces deux dernières régions par l'intermédiaire des Arabes, et jusqu'aux confins de l'Asie.

L'art byzantin, bénéficiant à la fois de l'admirable civilisation romaine et du luxe raffiné de l'Orient, eut son siège à Constantinople, Byzance transformée, qui fut une autre Rome. Le règne de Justinien donna à l'art byzantin sa forme définitive et Charlemagne l'introduisit en France et dans tout l'Occident.

Quant à l'art roman, issu de cette dernière importation, il naquit au XIe siècle, succédant au style latin.

Dans le domaine de l'esthétique, nous nous arrêterons à l'art roman qui, de même que l'art ogival improprement appelé gothique, est inséparable de l'architecture.

Nous savons combien le meuble en général a de rapports avec les formes constructives et le décor de l'édifice ; cette évidence se vérifie au moyen âge (moins que sous la renaissance) où le meuble rudimentaire n'est à proprement parler qu'un monument en réduction (malgré la logique, déjà, de son utilité).

On en pourrait dire sans doute autant des meubles antiques mais, si peu de témoins nous sont demeurés de ce lointain passé, que nous les abandonnerons à leur obscurité.

Pour bien se pénétrer de l'époque d'un meuble, il faut tout d'abord en examiner la structure et l'ornementation.

La structure est d'ordre architectural, l'ornementation d'ordre statuaire.

Il importe donc de vérifier soigneusement sur un meuble, l'expression de ces deux arts : l'architecture et la sculpture. On enveloppera cet examen de connaissances historiques pour situer exactement le mode d'interprétation de la sculpture, plus ou moins délicate, plus ou moins dégagée du hiératisme, de la convention ou de la naïveté. Et, lorsqu'il s'agira de personnages vêtus, le caractère des draperies ou de la coiffure, le détail du costume, renseigneront d'autre part, avec le secours de l'histoire.

Reste le déchiffrage des inscriptions — s'il y en a — mais ce dernier soin relève d'une érudition particulière. L'archéologie qui tient plutôt à la science qu'à l'art, est ici invoquée et cela ne nous concerne point.

Le lecteur trouvera enfin, au dernier chapitre, des renseignements spéciaux sur les moyens les plus

Fig. 24. — *Cabinet Renaissance*, dans le style de Du Cerceau (deuxième moitié du XVIe siècle) (musée des Arts Décoratifs).

infaillibles de reconnaître l'authenticité d'un vieux meuble.

Ces renseignements sur l'ordonnance de notre travail avaient leur raison d'être et leur utilité au seuil du mobilier ancien et nous reviendrons maintenant à l'art roman.

Comme il nous reste peu ou point de meubles de

cette époque, leur intérêt nous échappe ici, en dehors de quelques indications chronologiques et de certains modèles de décor qu'il importe de désigner.

Aussi bien il faut que le lecteur puisse suivre sur un meuble la transition d'un style à un autre. Et, s'il n'existe pour ainsi dire pas de mobilier de pur style roman, on commence à en rencontrer (plutôt dans les musées) qui sont marqués du style romano-ogival ou roman *de transition*.

Le style *roman* date du xie siècle et de la première moitié du xiie.

Le style *romano-ogival* ou *roman de transition*, se réclame de la seconde moitié du xiie siècle.

Nous passerons sur l'expression romane que l'on pourrait appeler primaire, et renverrons le lecteur aux images suivantes, plus typiques, de l'art roman essentiel (à partir du xie siècle).

Ces images parleront davantage à sa vision, à son intellect, que les mots les mieux intentionnés et l'on ne s'étonnera pas de ne point les trouver dans ce livre qui doit se borner strictement à son objet.

EXEMPLES D'ARCHITECTURE ROMANE EN FRANCE : *Église Saint-Germain-des-Prés*, à Paris ; *Notre-Dame-du-Puy*, (Haute-Loire) ; *églises Notre-Dame-la-Grande* et *Saint-Porchaire*, à Poitiers (Vienne) ; *église Saint-Trophime*, à Arles (Bouches-du-Rhône), et de la *Trinité*, à Caen (Calvados) ; *église Saint-Austremoine*, à Issoire ; *Notre-Dame-du-Port*, à Clermont-Ferrand (Puy-de-Dôme) ; *cathédrale Saint-Pierre*, à Angoulême (Charente) ; *Hôtel de ville de Saint-Antonin* (Tarn-et-Garonne) ; *église de la Madeleine*, à Vézelay (Yonne) ; *cathédrale de Saint-Front*, à Périgueux (Dordogne) etc., etc.

EXEMPLES DE SCULPTURE ROMANE, EN FRANCE : les tympans des églises de *Vézelay* (Yonne), et de *Saint-Pierre* ; *Moissac* (Tarn-et-Garonne) ; le porche central de l'*église de Saint-Gilles* (Gard) ; le pilier d'angle du clocher de *Saint-Trophime*, à Arles (B.-du-R.), les colonnes, chapiteaux, moulures, de ces églises, etc.

Fig. 25. — *Fauteuil Renaissance* (François 1er) (musée des Arts Décoratifs).

En outre des documents photographiques abondants

sur cette époque, on admirera avec profit, indépendamment des beaux moulages du musée du Trocadéro, des pièces remarquables conservées aux musées de Cluny et du Louvre.

Le symbole ou l'allégorie de la sculpture romane, d'autre part, ne doit pas échapper au lecteur. Nous en donnerons à cet effet la clé, en choisissant nos exemples au xiie siècle, époque de plus réelle perfection.

Les vertus sont représentées par le bœuf, le cerf, l'abeille, l'agneau, la colombe, la cigogne, le dauphin, le pélican, la fourmi ; tandis que le crocodile, la grenouille, le crapaud, le hibou, le loup, le serpent, le vautour, la taupe, signifient le vice, les démons. Et nous passons sur la licence de certaines autres expressions monstrueuses qui, malicieusement, transparaissent sous les fleurs d'une pudique répression...

Singulièrement, le poisson, l'*ichtys* des Grecs, où se rencontrent, dans leur langue, les six lettres initiales des mots : Jésus fils de Dieu Sauveur, désigne le Christ, et la Salamandre est le symbole de la Vierge. Autres symboles : le chardon pour la vengeance, la citrouille pour l'orgueil.

Mais les végétaux, arbres et plantes, ne sont pas moins dotés d'une intelligence mystérieuse : le rosier représente aussi la Vierge ; le lys : la chasteté ; l'épi et la vigne : l'Eucharistie ; le laurier : la victoire et les fruits en général signifient les bonnes œuvres.

Voici l'arbre de Jessé ou arbre généalogique de Jésus-Christ ; voici le pommier, le figuier, arbres de la science du Bien et du Mal, avec leurs acteurs Adam et Eve ; l'arbre de la Vie et celui de la Mort, attributs de l'hiver, etc.

Les croyances religieuses encore, sont l'objet de toutes sortes d'interprétations souvent nébuleuses et dont l'allégorie n'offre guère de signification en dehors du sourire ou de la grimace qui aiguillent sur la représentation des sentiments et des personnages, vertus ou vices, saints ou damnés.

NOTIONS D'HISTOIRE ET D'ESTHÉTIQUE 59

Après cette digression d'ordre sculptural, voici maintenant l'énumération de quelques meubles à examiner, parmi ceux très rares que l'on a conservés de la plus lointaine époque du moyen âge : le fauteuil de Dagobert,

Fig. 26. — *Coffre Renaissance* (xvıe siècle) (musée des Arts Décoratifs).

en bronze doré, aux quatre pieds sculptés en forme de têtes et de griffes de lion, dont il existe une copie, à Saint-Denis ; l'armoire de l'église d'Obazines (Corrèze) (XIIIe siècle), en bois de chêne orné de pentures en fer forgé, aux côtés composés d'arcades en plein cintre (*fig.* 1); l'armoire de la cathédrale de Bayeux (même époque et même système décoratif — on suppose que ces deux derniers meubles étaient aussi agrémentés de peintures); l'armoire de la cathédrale de Noyon (Oise), décorée de peintures intérieures et extérieures (XIIIe siècle), avec couronnement crénelé, aux bases à arcatures déjà ogivales ; les coffrets qui se trouvent dans la même cathédrale et ceux des musées Carnavalet (XIIIe siècle) et des Arts Décoratifs, à Paris, même époque, tous ornés de pentures en fer.

Nous verrons qu'à partir du XVe siècle notre richesse en meubles est plus démonstrative, et, en attendant des exemples nombreux et plus frappants, on pourra les imaginer, composés de lourds et rigides bâtis ainsi que les colonnes d'architecture (cylindres pleins ou demi-colonnes réunies entre elles et appliquées à des piliers ; fûts d'une égale grosseur) coiffées de chapiteaux au massif tailloir orné de palmes, de moulures nattées, de griffons et grotesques, etc. Ces colonnes supporteront des voûtes en plein cintre, présentant des arceaux croisés, peu moulurés, ou bien des arcades demi-circulaires, en fer à cheval, en anse de panier.

La silhouette du meuble s'inspirait sans doute des tours carrées, surmontées de pyramides peu élevées. L'ensemble était trapu et puissant, sans presque de découpures, et le décor affectionnait des ornements en zig-zag, des câbles, torsades, étoiles, fuseaux, damiers, besants, billettes, chevrons brisés, frettes, dents de scie, etc. Point de niches, de pinacles ni de statues ; seulement des tourelles.

Entre l'époque romane et l'époque ogivale proprement dite, se place l'époque *romano-ogivale* ou de transition entre le roman et l'ogive. C'est-à-dire que, de même que dans le monument, on supposera des meubles cumulant le roman et l'ogival, autrement dit en plein cintre comme précédemment, avec l'ogive en plus. Ce n'est qu'au xiiie siècle que le style ogival se dégagera de l'art roman.

Les exemples de sculpture romano-ogivale sont à relever personnellement dans les édifices religieux de cette époque de chevauchement. On peut y observer un progrès vers l'imitation naturelle, le cumul du cintre et de l'ogive, de la lourdeur et de la légèreté ; la présence de colonnettes minces et effilées à côté de lourds piliers romans, une décoration empruntée aux productions du sol voisinant avec les motifs déjà vus sur les ouvrages romains et byzantins, etc. Bref, le lecteur discernera l'époque, en somme

Fig. 27. — *Motif Renaissance.*

altérée, romano-ogivale, lorsqu'après avoir étudié les monuments de purs styles roman et ogival, il trouvera mêlées ou alternées les deux caractéristiques.

Art ogival : trois périodes : ogival primaire ou en « lancette » (xiiie siècle) ; ogival secondaire ou « rayonnant » (xive siècle) ; ogival tertiaire ou « flamboyant » (*fig.* 11) (xve siècle et commencement du xvie siècle).

Il va sans dire que les meubles de ces trois périodes seront reconnaissables à leurs désignations décoratives (en lancette, rayonnante, flamboyante ou fleurie).

Voici quelques caractéristiques de chacune des trois expressions de l'art ogival appelé aussi, improprement,

« gothique » et dont le système général d'ornementation est l'ogive. C'est donc la forme et la décoration de l'ogive qu'il importe de vérifier sur un meuble gothique (de même que sur un monument) quand on veut en déterminer l'époque.

Style ogival primaire dit en *lancette*, à cause de son arc ou ogive aiguë, en forme de fer de lance : arcades à trois ou cinq contre-lobes; arcades en pendentif, ne reposant pas sur des colonnettes, c'est-à-dire une sur trois de ces arcades, celle du milieu, ponctuée d'un *culot*, demeurant suspendue dans le vide tandis que les deux autres prennent leur point d'appui sur une colonnette.

Colonnes cylindriques ou à pans coupés, avec faisceau de colonnettes. Bases particulièrement trapues au XIIIe siècle. Chapiteaux évasés par le haut, à un ou plusieurs rangs de feuillages, moins secs qu'au XIIe siècle, dont les extrémités dites *choux, crosses* ou *crochets* (fig. 2) se recourbent en volutes. Balustrades décorées à jour. *Roses* simples couronnant des ogives géminées ; faites aussi de colonnettes reliées à un moyeu comme s'il s'agissait d'une roue. Plus il y a de divisions et de minceur dans les tores et meneaux qui constituent l'ornementation de la rose, plus celle-ci est ancienne.

Les piliers et arcs-boutants s'inspirent encore de la lourdeur romane. Fenêtres étroites, tantôt isolées, tantôt accouplées, en forme de fer de lance, répétons-le.

A cette époque, les colonnettes cylindriques ou à pans coupés, du monument, se répercutent sur le meuble, en même temps que le motif des panneaux : parchemin roulé ou *serviette* (fig. 15).

EXEMPLES D'ARCHITECTURE OGIVALE DE LA PÉRIODE PRIMAIRE : *Notre-Dame de Paris* (dans son expression « en lancette » qui date de Philippe-Auguste); *Cathédrales de Beauvais et d'Auxerre; Saint-Germain-des Prés* (à Paris); *cathédrale et église de Saint-Martin* de Laon, *église de Montréal*, près Avallon, *Notre-Dame de Dijon*, etc. — *Nota bene :* ces exemples ne peuvent donner qu'une idée partielle de la période primaire, car ils ont été continués ou achevés aux époques suivantes. Il convient donc de s'en tenir à des morceaux plutôt qu'à des ensembles. Cette observation concerne naturellement les exemples qui suivront des autres périodes de l'art ogival.

Exemples de sculpture gothique primaire, en France. Voir les morceaux de sculptures empruntées aux monuments précédents. D'une manière générale, la nouveauté des statues et des bas-reliefs est saisissante. La tradition byzantine s'éloigne. Les têtes des personnages sont d'une grande vérité naturelle dans une expression de naïveté attendrissante. Ces personnages sont revêtus des costumes civils, religieux ou militaires de leur temps ou entourés de draperies simples qui ne manquent pas de souplesse.

Fig. 28. — *Caqueteuse Renaissance*
(musée des Arts Décoratifs).

Style ogival secondaire dit *rayonnant*, en raison de son ogive équilatérale. Plus de charme peut-être que précédemment, mais moins de cette pureté due à la sévérité et à la sobriété qui frappent dans l'expression primaire. Les colonnes et piliers s'amincissent et se groupent ; leurs chapiteaux apparaissent à double rang d'ornements infléchis en dedans (lierre, fraisier.

rinceaux de chêne, etc.), le second rang en retrait. Cette inflexion en dedans, au lieu du mouvement en volute recourbée extérieurement, se retrouve dans les ornements des pignons, rampants, crosses, etc. De légers rinceaux courent sur les corniches et les balustrades. Aux fenêtres, plus larges, les lobes des trèfles, triangulaires, sont couronnés par un petit ornement saillant. Les roses, plus larges, offrent des rayons plus minces, leur ornementation augmente d'importance, les piliers butants du xive siècle s'attachent plus audacieusement que les précédents, et un clocheton élancé couronne leur hauteur considérable. D'une manière générale, les architectes tendent à l'élégance dans la légèreté. Quant à la statuaire, elle progresse dans la finesse et l'expression, sans abdiquer néanmoins la sécheresse, l'aspect étiré, qui sont à la base de toute la sculpture du moyen âge.

Exemples d'architecture ogivale de la période secondaire : *Saint-Ouen*, à Rouen ; *Notre-Dame de Paris* dans sa seconde période de construction, sous saint Louis ; la *cathédrale de Clermont-Ferrand* ; *Saint-Urbain*, à Troyes, *la cathédrale* de Metz, etc.,

Exemples de sculpture ogivale secondaire, en France : le *Puits de Moïse* (dans l'ancienne chartreuse de Dijon) dont le moulage est au musée du Trocadéro, à Paris ; le *tympan de la cathédrale de* Paris ; les *sculptures des cathédrales* d'Orléans et de Chartres ; celles du *pourtour du chœur de Chartres*, etc., sans compter, naturellement, celles qui ornent les églises énumérées à cette période.

Nous aborderons enfin la troisième et dernière manifestation de l'art ogival.

Style ogival tertiaire dit *fleuri* ou *flamboyant*. Son ogive est dite *obtuse* ou *surbaissée*, c'est-à-dire arrondie, un peu écrasée ; son arc est *en anse de panier*.

Nous touchons à la décadence de l'art ogival dans cette expression grandiloquente, éperdue de détails et de découpures. Les lignes constructives ondulent (en

Fig. 29. — *Chaise Renaissance* (musée des Arts Décoratifs).

forme de flammes, d'où le nom de flamboyant), se brisent ; tout n'est plus que festons, pinacles, aiguilles et flèches élancées. La pierre est devenue de la dentelle sur laquelle sont brodés de riches détails; les chapiteaux s'évanouissent presque et les feuilles ornementales sont caractéristiquement déchiquetées, tandis qu'apparaissent aux voûtes, des clés pendantes, et que les moulures prismatiques, aiguës, s'exagèrent aux bases des piliers. D'une manière générale, la profusion et la surcharge décorative sont la règle de beauté. Les crosses, que remplacent maintenant des *choux* (frisés) sur les rampants et gâbles, empruntent aussi bien au chardon, au persil, qu'à la chicorée, et ce sont des bouquets inspirés de ces éléments végétaux qui couronnent à l'envi pignons et ogives.

Les arcatures ne suffisent plus à la nécessité, on en simule; les roses « flamboient », les meneaux ondulent, la pierre, en un mot, s'amollit singulièrement.

Exemples d'architecture ogivale de la période tertiaire : l'*église Saint-Jean*, à Dijon; celles de *Saint-Nicaise*, de *Saint-Vivien* et de *Saint-Maclou*, à Rouen, de *Saint-Séverin*, à Paris, de *Saint-Pierre*, à Caen, etc.

Exemples de sculpture ogivale tertiaire, en France : les figures et ornements exécutés pour les précédents monuments et dont il existe nombre de moulages au musée du Trocadéro, notamment.

Au début du xvie siècle, le style flamboyant persistera, mais il périra de ses excès au bout desquels la réaction de la Renaissance poindra comme un arc-en-ciel sur les ruines du moyen âge.

Nous venons de parcourir ces époques lointaines où le meuble, sacrifié à la vie instable, échappe au surplus à notre témoignage en dehors de quelques rares types. L'existence monastique seule, autrefois, retint le goût du meuble, accapara sa beauté et, maintenant, c'est au musée que se reflète cette rareté précieuse.

D'ailleurs, répétons-le, les meubles ne nous intéresseront guère que plus loin, lorsqu'ils se seront affranchis du monument et quand nous serons davantage susceptibles d'en posséder.

En décrivant donc les caractères esthétiques des styles roman et ogival d'après les édifices religieux, nous ne pouvions mieux faire rêver sur les meubles de ces époques, voués, non seulement et en petite quantité aux églises, cathédrales et couvents, mais encore construits à leur image qu'ils perpétuent à travers les siècles, en imagination plutôt, parce que la pierre a fatalement eu raison du bois.

D'ailleurs, au moyen âge, on envisagea surtout la défense, et les plus beaux meubles furent confiés à la protection de Dieu comme ils étaient dédiés à son amour.

Les palais, les châteaux vivent sous ce régime de l'attaque qui réagit contre toute

Fig. 30. — *Caqueteuse*
(seconde moitié du xvɪᵉ siècle)
(musée des Arts Décoratifs).

conception légère, volante, en dehors du bahut, notre malle actuelle, pour emporter les objets précieux en cas d'alerte.

Ce qu'il importe de dégager des époques romane et ogivale, c'est leur silhouette et leur esprit décoratif.

Comme critérium général, on peut donner la qualité du métier de sculpture et les étapes vers l'expression naturelle des sujets reproduits.

Ces bases s'étudieront sur un meuble et établiront son âge. Plus on avance à travers les temps, plus on constate les améliorations de la technique, grâce au perfectionnement de l'outillage, grâce à l'intérêt que la vie sédentaire, de plus en plus fixée, apporte aux choses du décor.

Encouragés, les artistes, d'autre part, progressent, s'ingénient, et, peu à peu la grossièreté d'une installation provisoire s'efface devant certain appétit de confort.

Jusqu'au moment où les civilisations dégénèrent, au bout de leur course à la beauté, dans l'essoufflement et le rassasiement. Un goût d'économie se mêle fâcheusement alors à l'expression de cette beauté. Les artistes déconcertés ne conçoivent plus ; ils copient le passé et, comme l'argent leur est mesuré, la belle matière même s'abîme dans le simili qui fait illusion.

Autre point à dégager, en conséquence : la richesse de la matière dont le passé s'était fait une loi. Les meubles sont en plein bois et non plaqués, et nous avons dit, au surplus, avec quelle générosité ce bois était dispensé.

Examinons donc soigneusement sur les meubles anciens la qualité de leur sculpture plus ou moins rudimentaire, et vérifions autant le costume des personnages que l'esprit de l'ornementation qui donne le style. Demeurons sceptiques encore, vis-à-vis de la profusion de ces meubles dont il faut toujours se rappeler la rareté et la variété limitée. Chez un seigneur du xvᵉ siècle, par exemple, on note dans une pièce, pour tout mobilier : un buffet, une table ou un banc, un lit, une couchette et une demi-douzaine de tapisseries pour garnir les murs ; dans une autre, il n'y a qu'une table, un lit et un banc en dehors des tapisseries à tendre.

Au résumé, le mobilier roman qui ne présente guère d'intérêt, construit par le menuisier, est rarement

NOTIONS D'HISTOIRE ET D'ESTHÉTIQUE   69

assemblé ou bien il l'est grossièrement. A cette époque, on réunit les planches aux angles avec des clous ou des plaques de fer. Quant au mobilier ogival, il com-

Fig. 31. — *Coffre* (xvɪe siècle) (musée des Arts Décoratifs).

porte des pièces taillées et assemblées comme de la charpenterie soignée, c'est dire sa supériorité. Assemblages à tenons et mortaises, chevillages en bois ou en fer (les bois ne sont plus cloués et surtout point collés) ; moulures et sculptures taillées en plein bois et non appliquées.

Aux xie et xiie siècles, les charpentiers se distinguent des huchiers, et ce n'est qu'à partir du xive siècle que le rôle de la sculpture devient important. Puis, au xve siècle, les murs, jusqu'alors nus, se couvrent de boiseries ornées de sculptures.

C'est là l'époque de l'art ogival la plus attachante, le prélude de cette beauté extraordinaire qui rayonna surtout au xvie siècle. Aux précédents éléments constructifs du meuble qu'il nous faudra contrôler pour mieux approfondir leur âge et leur authenticité, s'ajoute cet autre : l'emploi d'une planche d'un seul morceau sur chaque face du meuble, au xive siècle.

Plus tard, des panneaux seront posés sur des montants assemblés, de telle sorte que, moins larges, ils seront moins susceptibles de gauchir ou de se fendre.

Autant de moyens d'investigation à joindre au faisceau de ceux déjà cités.

Pour clore ce chapitre du meuble ancestral, nous répéterons qu'au xive siècle les meubles jusqu'alors décorés de clous, de pentures et de peintures, sont sculptés en plein bois. C'est là le point de départ du meuble proprement dit et, dès lors, nous allons constater une progression diversifiée qui ne s'arrêtera qu'après le règne de Napoléon Ier, si tant est que le style Empire peut être considéré comme une création essentiellement française et originale.

Si tant est, enfin, que l'on ne fait point état de notre art moderne dont nous dirons quelques mots cependant élogieux, en toute justice et à sa place.

CHAPITRE V

Le Meuble de la Renaissance.

Nous touchons ici à une conception du meuble qui va flatter davantage notre acception moderne, malgré que, cependant, l'architecture de la Renaissance ait inspiré à ce point le meuble de son époque, qu'elle l'a souvent détourné de sa destination. Tandis que le moyen âge emprunta le décor de son mobilier à l'église où il devait figurer essentiellement, en beauté comme en sûreté, la Renaissance puisa l'esthétique ornementale du sien dans l'architecture du château. Effectivement, à partir du xvie siècle, un mobilier civil, si l'on peut dire, plus spécial, plus varié, naîtra dans la vie plus sédentaire. En un mot, nous retrouverons au xvie siècle les types de nos meubles actuels.

Mais les meubles Renaissance, répétons-le, malgré que ceux du moyen âge portent logiquement la marque décorative de leur époque, n'ont point, ainsi que ces derniers, des formes appropriées.

Si une armoire du moyen âge s'adornait de motifs empruntés à la cathédrale, dont elle avait même tous les dehors, elle n'en constituait pas moins une armoire, tandis que, au contraire, sous l'empire de l'enthousiasme ornemental, une armoire Renaissance est sacrifiée à son but. L'armoire, d'apparence monumentale, de la Renaissance, n'est souvent qu'une petite armoire, et voici une grosse faute à signaler en passant, qui condamnerait initialement un meuble s'il ne s'agissait d'une création délicieuse comme celle dont nous nous occupons.

L'architecture de la Renaissance tout entière s'est installée dans le nid néo-romain, mais avec quel éclat d'originalité quand même ! Et quelle différence encore, entre la Renaissance italienne et la Renaissance française, malgré que cette dernière soit cependant issue de l'autre !

C'est l'instant d'accuser le goût plus vif, que nous notions précédemment, du style du xvie siècle pour l'architecture civile en France du moins, car en Italie, pays de foi intense, les cathédrales le disputent en nombre aux palais.

En France, en matière d'architecture religieuse, l'art de la Renaissance ne s'est point imposé. Il s'est associé simplement. Il a plaqué courtoisement ses portails contre le squelette ogival ; il a substitué sans heurts le sourire de son décor au précédent.

Point d'église de pur style Renaissance en France, mais un aimable concert dans la transition. Les chapelles d'Ecouen, de Chenonceaux, de Blois, Notre-Dame de Brou, Saint-Pierre de Caen, etc., s'accordent seulement, sans rien détruire de l'harmonie antérieure, alors que l'absorption s'affirme plus complète dans l'édifice civil. C'est même la rupture avec le passé, et, en matière de meuble, pour ne pas sortir de notre tâche, cette rupture sera consommée sous François Ier et Henri II.

S'il ne nous reste plus guère de témoins des meubles des xive et xve siècles, en raison de leur caractère nomade et de leur beauté sacrifiée à la stricte utilité et au petit nombre, il faut accuser aussi de cette rareté l'ostracisme du xviie siècle qui n'épargna pas les chefs-d'œuvre du xvie siècle.

Louis XIV n'avait pas manqué, dans son orgueil exclusif, de traiter dédaigneusement d' « antiques » et de « gothiques » ces glorieux meubles précurseurs. Point davantage les admirables sculptures sur bois des xive et xve siècles, les délicatesses somptueuses du xvie siècle n'eurent l'heur de fléchir le mépris du roi Soleil, qui ordonna la destruction ou la relégation des meubles du passé.

FIG. 32. — *Crédence Renaissance* (musée des Arts Décoratifs).

Néanmoins, la variété des créations de la Renaissance nous a conservé des spécimens dont l'éloquence supplée à la fréquence, pour nous édifier sur un caractère d'ensemble. Et puis ces spécimens, avons-nous dit, ont fourni les bases de notre mobilier actuel, dans la forme multipliée comme dans l'indication d'un certain confort.

Auparavant, les sièges étaient des coffres et, réciproquement. Hier, les chaises ainsi que les bancs constituaient des petites armoires de même que les bahuts servaient de malles; aujourd'hui, nous allons apprécier des armoires, des chaises, buffets, dressoirs, etc., proprement dits.

Est-ce à croire que les meubles de la Renaissance constructivement parlant, ont complètement renoncé au voyage? Que non pas. Et, seuls, le changement des mœurs et les progrès de l'art qui marqueront son ère d'embellissement, sonneront le glas du meuble prêt à être démonté, du meuble dont le coffre, pour tout emballer, est l'idée obsédante et capitale.

Quelques auteurs se sont efforcés de déterminer une géographie du meuble. Ils croient pouvoir attribuer à coup sûr, ou presque, l'exécution de tel meuble à telle province française. Or, si cette science offre certaines apparences de certitude, elle ne saurait être infaillible, tant il faut compter sur le goût nomade des artistes qui fatalement contredirent à l'originalité provinciale en la décentralisant. Mais nous reviendrons sur cette question et, en attendant, nous constaterons l'épanouissement de la forme du meuble, dès la Renaissance.

A la géographie du meuble nous joindrons la philosophie du meuble. Toutefois, si la géographie du meuble vise à déterminer son authenticité d'origine, la philosophie du meuble n'offre que la curiosité d'une observation.

L'épanouissement de la forme du meuble, à l'époque que nous traitons, servira de base à cette observation.

A la ligne droite, aux formes carrées, aux bâtis rigides

du moyen âge succéderont, sous la Renaissance, les renflements harmonieux, la redondance des contours.

Les meubles s'épanouissent d'aise enfin, sous la caresse d'une civilisation plus flatteuse ; il arrondiront aussi

FIG. 33. — *Table Renaissance* (musée des Arts Décoratifs).

un peu leurs angles. L'esprit classique néo-romain régit la Renaissance, et seuls les écarts dans la ligne verticale sont admis sous le charme des moulures et détails prodigués. Ce n'est que dans une certaine mesure que le décor agrémentera ses constructions parallèles.

Mais le meuble Renaissance est gai, élégant, riche, s'il n'est pas aussi nettement original que celui du moyen âge, plutôt utilitaire et extraordinaire par ses sculptures. Et puis, nous verrons, après la Renaissance riante, le style Louis XIII aux lignes graves, aux volumes lourds et trapus. Après Louis XIII, Louis XIV mettra au jour des meubles vastes à l'image de son altitude et, sous la Régence et sous Louis XV, les axes que le grand Roi n'avait qu'un peu infléchis, chavireront à l'image du temps désordonné. Avec Louis XVI enfin, la discipline classique réprimera la ligne délirante que la Révolution brisera comme elle brisera la chaîne des styles français.

Bornons-nous à cet exposé général de la philosophie du meuble, nous aurons l'occasion d'y revenir, époque par époque. Et l'on appréciera en détail, ainsi, la réfraction singulière des mœurs dans les chefs-d'œuvre de l'esthétique. La physionomie typique du siège, par exemple, se vérifiera du xviie au xviiie siècle, de la structure au confort, jusqu'au début du xixe siècle où Napoléon 1er s'assoiera sur le trône de César.

Si la palmette grecque renseigne sur les styles, suivant les différentes modifications, modulations et altérations qu'ils lui firent subir à travers les époques, la ligne droite ondulée, chavirante, tour à tour, n'est pas moins éloquente. Il faut savoir rêver sur un meuble pour en dégager l'esprit. Il y a des poèmes à écrire sur ce qu'ils disent à l'intellect ces témoins du passé. Leur forme comme leur décor parle. Le sentiment ne jaillit pas exclusivement de l'art plastique. C'est au contact du rôle qu'ils ont joué jadis, dans les sociétés disparues, que les choses, que les meubles ont cristallisé une expression, des manières même, qui sont toute la philosophie complémentaire de l'action des êtres évanouis qu'ils représentent.

Voici pourquoi un style ne saurait s'improviser.

Mais, pour en revenir à l'éloquence de la ligne, nous voyons aussi son symbole vertical, son jet de pierre

Fig. 31. — *Partie latérale de la table précédente.*

personnifiant l'élévation de la prière. C'est la flèche de l'église ogivale; c'est le caractère général de ces dentelles fuselées qui s'évaporent dans la nue. Auparavant, l'église romane cumulait les dômes, les lignes trapues, toute cette puissance comme tassée, semblant préparer l'élan d'où devait jaillir la fusée ogivale. Maintenant, sous la Renaissance, la plate-bande inaugurée par les Egyptiens et les Grecs, sera rénovée par les Italiens et, la ligne horizontale déjà marquée aux xie et xiie siècles, succédera à la ligne verticale.

Nous savons que ces considérations de la ligne, en matière architecturale, sont inséparables du meuble, et nous devions les inscrire au frontispice de l'expression que nous allons détailler spécialement. De même ne faut-il pas séparer l'adjonction de la couleur due aux matériaux employés en place de la pierre précédente, dans les constructions de la Renaissance et leur décor (brique, terre cuite, placage de marbre, etc.), des bois cumulant sur les meubles des essences différentes, des marqueteries, des mosaïques, etc., grâce auxquelles le meuble eut aussi une couleur similaire. L'idée de cette bizarrerie, il est vrai, était italienne, et les Français témoignèrent à cet égard d'une sobriété, d'un goût plus sûr.

Mais où sont les pleins bois du moyen âge, leur matière exclusive et peu variée, leurs sculptures suffisant à leur stricte beauté?

Aussi bien, en peinture, c'est le règne des coloristes. Un grand rayon de soleil vient d'illuminer l'art tout entier.

Notons maintenant, brièvement, l'origine de tant de beauté fantaisiste et diverse, non sans avoir rappelé, au préalable, son idéal marqué par le retour aux doctrines et aux œuvres antiques.

La Renaissance italienne, c'est Pétrarque, c'est Dante, les derniers Troubadours, a-t-on dit, et les plus grands! C'est Michel-Ange, c'est Raphaël, qui émergent soudain du mysticisme, de la légende et du mystère; c'est la barbarie du Nord et la civilisation hellénique mais chrétienne, désireuses de refleurir sur le sol de leurs aspirations! C'est l'humanisme triomphant de la philosophie scolastique.

En France, où l'italianisme de la Renaissance fut une révélation et non une source littérale d'inspiration, le mouvement de rénovation est représenté par Marot, par Ronsard, dans la poésie, par Michel Colombe et Germain Pilon dans le statuaire, tandis que des architectes comme Pierre Nepveu, Colin Byard, Pierre

Fig. 35. — *Armoire à deux corps Renaissance*
(deuxième moitié du xvie siècle) (musée des Arts Décoratifs).

Chambiges, et tant d'autres artistes, achèvent de dégager l'originalité de l'art qui nous occupe.

Art d'importation, certes, mais art tellement transformé par le génie français, si parfaitement adapté à nos goûts et mœurs que nous n'hésiterons pas à le discerner, à le mettre même hors de pair, s'il porte l'empreinte nationale.

Notre grâce, notre légèreté propres, seront un signe de reconnaissance, tout comme les vertus contraires accuseront les Renaissances allemande ou flamande. Si l'on voulait philosopher plus à fond sur les caractères de ces meubles, on pourrait les identifier à la femme italienne, surchargée de bijoux brillants, chamarrée de couleurs, à la femme française au goût plus fin, d'une élégance sobre et distinguée, aux femmes flamandes et allemandes, carrées et massives.

Nous opposerions aussi, avec intérêt, l'imposant fauteuil de Louis XIV, si masculin, au douillet fauteuil de Louis XV, si féminin.

Autant d'éléments de curieuses dissertations d'ordre moral, auxquelles on ne saurait résister lorsque l'occasion s'en représentera, qui se compléteront de précisions plus matérielles, plus tangibles.

Bref, pour revenir à notre sujet essentiel, on a reproché à la Renaissance d'avoir, dans sa tyrannie mondiale, desservi l'esthétique rationnelle. S'il est vrai que sa suggestion fut impérative au point de dominer l'instinct national de tous les pays, il faut surtout retenir, malgré l'erreur de son décor débordant, certaines fois le but d'utilité, la valeur de sa technique et les progrès qui devaient en résulter.

Quel dilettantisme! Quelle virtuosité extraordinaire dans l'expression générale du Beau!

Quelle sensualité en place de la précédente piété! Combien ici le contraste de la vie, de la liberté, de l'humanité s'accuse vis-à-vis de l'image du moyen âge, pétrifiée, en proie à la théocratie, à l'obscurantisme! Au fait, les styles ne sont que des contrastes, des réflexes de civilisation différente et ils portent tous en soi une beauté.

Qu'importe que l'académisme réagisse au bout de la course endiablée, de la joie essoufflée de la Renais-

FIG. 36. — *Coffre Renaissance* (deuxième moitié du XVIᵉ siècle, travail lyonnais) (musée des Arts Décoratifs).

sance, nous n'en sommes pas encore au xvii⁰ siècle, et nous nous arrêterons d'abord à notre objet, si séduisant, si frais de richesse et de vérité après l'austère moyen âge.

Abordons maintenant les origines historiques de la Renaissance.

Les guerres en Italie, menées par Charles VIII, Louis XII et François Ier, furent une révélation pour notre propre génie. Cette incursion sur le sol italien devait d'abord impressionner les penseurs, et les artistes suivirent.

C'est au commencement du xvi⁰ siècle que les arts, amenés de la patrie de Dante, protégés par Louis XII et Georges d'Amboise, prirent un nouvel essor.

Quelques auteurs ont prétendu que, chassés par la prise de Constantinople, une foule d'artistes grecs s'étaient réfugiés en Italie où leur influence sur l'esthétique avait rétabli l'art sur les bases anciennes. Mais il est plus logique de concevoir spontanément la restauration de l'art ancien dans le centre même de la civilisation romaine car, chez les Grecs d'Orient, les choses de l'esprit étaient en pleine décadence, alors que, rénovateurs géniaux, Dante, Pétrarque, Cimabué et Giotto agissaient. Toujours est-il que la révolution de la Renaissance naquit en Italie et que, de là, elle se répandit en France, puis en Angleterre et en Allemagne.

Le moyen âge avait pris, pour thème constructif architectural, la ligne verticale dominant la ligne horizontale, dont l'art ogival est la caractéristique, l'Italie devait affectionner le système contraire. Elle inaugura les moulures horizontales, saillantes sur la surface des murs, et ses monuments prirent alors un aspect nouveau.

Plus de grâce succéda encore à l'immensité. La beauté superbe sacrifia au charme, à une préciosité plus intime, à une grandeur enfin moins hautaine.

Les styles, en somme, ne sont que contradictions et

caprices qui nous valent des joies diverses. Il ne faut pas les opposer mais, en dégager les agréments harmo-

Fig. 37. — *Armoire Renaissance* (époque de Henri II).

nisés différemment à l'esprit des époques. On observera seulement que le retour au modèle classique est, dans l'histoire des styles, la marque soit d'une régression esthétique, soit d'une indigence créatrice. Or, cette régression esthétique commandée par les mœurs ou déterminée par un mode singulier d'originalité qui consiste à puiser dans le trésor de l'arrière, se rencontre curieusement avec ce même retour à l'antiquité des époques sans génie.

Nous en verrons plusieurs exemples au cours de notre travail, et l'on pourrait d'ores et déjà condamner ce mode d'inspiration rétrograde qui consiste à adorer le passé jusqu'à s'en faire une loi.

Ainsi l'adaptation ingénieuse et charmante de la Renaissance ne doit pas faire oublier la pure originalité du moyen âge. Il est vrai que, en matière de meubles, nous serons servis, à ce moment, avec une nouveauté lumineuse. Il faut, d'autre part, accorder à la Renaissance française un caractère de personnalité très net malgré l'indication italienne. Peu importe que des artistes italiens aient été amenés en France, nous avons nationalisé leur exemple que nous avons avantagé si l'on peut dire, de la délicatesse et de la sobriété de notre goût.

Nous toucherons maintenant essentiellement à notre sujet.

Entre le style ogival et le style renaissance, il y a une étape de transition marquée par l'époque de Louis XII où cumulent les traces de l'ancienne expression et les prémices de la nouvelle. Observons donc sur le meuble comme sur le monument, ces signes d'éloquence différente et simultanée.

Voici que subsistent l'arc brisé, les pinacles décorés de crochets, de choux, (*fig.* 2) au sommet des lucarnes, à côté des fins piliers qui bordent les fenêtres à *meneaux*. Voici des balustrades aveugles ou à jour, mais percées de trèfles et d'ogives; balustrades à arcades trilobées ou à quatre feuilles, géminées aussi. Et ces éléments de l'ogival à l'agonie se mêlent à la fantaisie naissante d'une sculpture plus mouvementée, de toute une superstructure plutôt, qui n'ose encore attenter au modèle d'hier.

Fig. 38. — *Armoire*, époque de Henri IV (commencement du xviie siècle) (musée des Arts Décoratifs).

L'Enfant Jésus est représenté nu et la Vierge offre son sein à l'allaitement. On change seulement les costumes. L'ornementation est végétale et symétrique, très légère sur les fonds et très fine. D'un vase, par exemple, jaillissent, dans l'axe médian, une tige coupée de culots et de fleurons. Ce sont des arabesques et des grotesques, d'importation italienne, qui vont succéder aux précédents choux frisés et chardons, à l'expression naturelle du moyen âge. Aussi bien la feuille d'acanthe classique, mais si fantaisiste, apparaîtra dans un feuillage non moins spirituel, que l'emblème de Louis XII, un porc-épic, authentiquera.

Avant de nous engager dans l'art de la Renaissance le plus typique, c'est-à-dire complètement dégagé du moyen âge, nous dirons que les meubles de la fin du xve siècle partagent avec l'architecture du moyen âge l'aspect de transition ci-dessus décrit. Point de changement ni dans la matière, ni dans la forme, ni dans le nombre, mais dans le décor, plus léger, de rinceaux et autres agréments à fleur de bois, garnissant symétriquement des panneaux.

Exemples d'architecture de transition (entre l'art ogival et la Renaissance) : *l'Hôtel de Cluny*, à Paris, entièrement réédifié par Jacques d'Amboise, frère du ministre de Louis XII, dans les dernières années du xve siècle. *Une aile du château de Blois*, construite sous Louis XII ; *le Palais de Justice de Rouen*, bâti sous les rois Charles VIII et Louis XII, par les architectes Roger Ango et Roland Leroux, etc.

On trouvera notamment aux musées de Cluny, du Louvre, des Arts Décoratifs, Jacquemart-André, des meubles équivalents à cette architecture de transition sur lesquels le lecteur s'efforcera de découvrir l'apport simultané de l'époque déclinante de l'art ogival et de la Renaissance à l'aurore de sa manifestation.

Quant au genre de ces meubles, il ne variera qu'au xvie siècle, car on conserva jusqu'à cette époque l'ancien mobilier du moyen âge que l'on se contenta d'ornementer en partie — ainsi que les édifices — différemment.

Au xvie siècle apparaît un mobilier permanent, c'est-à-dire fixe, non plus essentiellement voué au voyage comme les précédents.

Fig. 39. — *Bahut Renaissance* (commencement du xviie siècle) (musée des Arts Décoratifs).

Au xvie siècle, enfin, le meuble développera ses dimensions et occupera au logis une place à demeure.

Pour faire valoir l'importance de ce changement dans l'exposé du mobilier, nous récapitulerons en quelques lignes les phases de son expression.

Au moyen âge, le mobilier oriental est des plus sommaires, et les beaux exemples de sa manifestation regnent dans les palais royaux. La simplicité de ce mobilier, en dehors de cet hommage au roi qui correspond pour ses plus beaux modèles, au culte de Dieu dans les églises romanes et ogivales, s'explique chez les Orientaux par la simplicité de leur vie nomade et, la petite dimension de leurs meubles (cabinets, coffrets, etc.) a encore pour cause la pauvreté des forêts de leurs régions en bois aisément ouvrable.

En France, au contraire, dans l'Europe centrale, les forêts immenses offraient leurs essences variées, le chêne et le hêtre, notamment, à la base des plus robustes réalisations de la charpente. Et ce fut le signal de l'établissement d'un mobilier monumental, créé par des architectes, au xiie siècle.

Aussi bien les bois flottés sur mer, — nous en voyons venir d'Irlande et du Danemark depuis cette époque et jusqu'au xvie siècle, — acquièrent une robustesse étonnamment favorable au débit comme à la durée, et nous en arrivons ainsi, sous la Renaissance, à rompre avec les mobiliers réduits, essentiellement démontables, jusqu'ici seulement envisagés.

Un peu après Louis XII, en s'acheminant vers la Renaissance proprement dite, la plus caractéristique, sous François 1er, voici qu'apparaissent, dans la décoration de l'édifice et du meuble, peu à peu, les ordres classiques.

Colonnes, chapiteaux et entablements, doriques, ioniques, corinthiens, naissent sur les façades du monument et du meuble, tous deux inséparables en leur aspect. Au fond de niches, en forme de portiques, avec deux pieds droits surmontés d'une arcade romaine, apparaissent des personnages. Pilastres, draperies couronnées de feuillage et de fruits, rubans déroulés, sont autant de rénovations ornementales à l'antique.

Le mysticisme et le symbolisme chrétien précédents s'évanouissent presque devant une expression libre, profane si l'on veut, où commence à se réfléter ce goût si délicieusement païen dont la séduction éclora particulièrement sous l'influence glorieuse du *Père* et *Restaurateur des Lettres*.

Fig. 40. — *Armoire à deux corps* (commencement du xviie siècle) (musée des Arts Décoratifs).

Et voici que se mêleront les nudités aux perles et pirouettes, aux oves et tores, aux godrons, rais de cœur et denticules. Déesses élancées, anges aux ailes déployées et amours joufflus, sirènes, dauphins, chimères, figures dans des gaines, médaillons, coquilles (*fig.* 27), bucranes, monogrammes, etc., sont appelés tour à tour ou ensemble, à la joie des yeux. L'exécution de ces figures et de ces ornements sera d'une richesse et d'une élégance sans pareilles. Du moins les meubles auxquels ils appartiennent ne faillissent-ils pas à la réputation de certains meubles du xive siècle et de ceux du xve, qui comptent parmi les plus beaux travaux d'ébénisterie qu'on ait jamais exécutés.

Il faut même noter, avant de quitter définitivement ces ancêtres, la pureté essentielle de leur réalisation qui, conformément aux principes généraux de la plus saine décoration, ne réclama jamais d'autres agréments d'enjolivement qu'à la matière elle-même.

Mais passons, l'exception de la beauté vaut toutes les règles et, avec le xvie siècle, nous allons rentrer déjà dans la tradition moderne. Aussi bien, la tradition ornementale remonte, même pour la Renaissance, à celle du moyen âge. Malgré toute sa fantaisie, la Renaissance a mélangé les idées de l'antique avec celles du moyen âge. Ainsi va l'expérience des siècles dont le caprice demeure toujours imprégné des goûts précédents à moins encore que leur originalité ne tienne à des qualités de beauté défaillante. C'est ainsi que si la sculpture des meubles de la Renaissance est plus plate que celle du moyen âge, elle offre moins de vigueur qu'à cette dernière époque, mais plus de grâce.

Autant de nuances, en somme, à retenir comme autant de joies différentes à goûter. Il est superflu enfin, de dégager l'originalité de la Renaissance épanouie sous François Ier, de son inspiration antique. Quelle différence avec la sévérité du modèle classique ! Quel rajeunissement spirituel et gai des ornements anciens !

Fig. 41. — *Armoire à deux corps* (commencement du XVIIe siècle) (musée des Arts Décoratifs).

Et combien ces feuilles d'eau, ces volutes et postes ont pris une tournure personnelle dans cette adaptation printanière !

C'est la vie, qui anime ces emprunts du passé, sur laquelle on ne saurait trop insister. Et encore, à côté de ces emprunts, voyez par exemple ces ornements nouveaux : le balustre, le cartouche, les entrelacs, ces derniers renouvelés, il est vrai, de l'ornementation arabe !

N'oublions pas du reste, que le meuble maintenant a déserté les lieux sacrés et qu'il charme dans un palais la vision voluptueuse de quelque seigneur.

Et puis ce meuble, encore, n'a pas saisi l'antique à la façon de Louis XVI à qui nous reconnaîtrons un caractère de sobriété et de gaîté inconnues autant à l'art gréco-romain qu'à celui de la Renaissance.

Dès la Renaissance, le type de nos meubles modernes est fixé et nous choisirons, pour leurs énumération et description les plus significatives, l'époque de François I*er*.

L'armoire de la Renaissance (*fig.* 19, 17 *et* 35) est à un ou deux corps, c'est-à-dire qu'elle constitue aussi bien un bas d'armoire isolé qu'une armoire tout entière. Elle a abdiqué sa forme massive et n'est plus une simple caisse carrée accolée contre un mur. Ses vantaux ont renoncé aux lourdes ferrures et pentures dissimulées maintenant à l'intérieur. Sa silhouette est svelte dans sa partie supérieure que couronne un fronton brisé. Des colonnettes ou des pilastres bordent coquettement ses angles, et des panneaux richement sculptés et sertis de moulures délicates achèvent son aspect élégant.

Il faudrait énumérer encore l'agrément de ces niches joliment ménagées, de ces silhouettes souriantes au fronton, de ces frises et bandeaux sur consoles délicieusement fouillés, de toute cette variété de présentation si française, enfin, que nos gravures se chargent de représenter mieux que des mots.

Certes l'aspect décoratif apparaît jouer dans ce meuble, comme dans les autres de la même époque, un rôle supérieur à son utilité. Il arrive bien que l'in-

Fig. 42. — *Fauteuil Louis XIII* (musée des Arts Décoratifs).

térieur de ces armoires ne répond point toujours

comme ampleur à leur stature et nous ferons de cette erreur constructive un grief à tant de beauté. Aussi bien, des fautes de proportion dans les figures ornementales, dans l'architecture même de ces meubles nous choquent parfois, ainsi que l'abus des matières différentes apportées à leur décoration (surtout dans les meubles italiens), mais que d'exemples de grâce en revanche, que de charme dans l'aberration ! Certes les meubles de la Renaissance ont le tort d'emprunter aussi, excessivement, à la construction de l'édifice, mais ne voilà-t-il pas un moyen de plus pour les identifier ?

Goûtez avec quel à propos la joie débordante de la Renaissance dépasse parfois les bornes de la beauté jusque dans l'erreur !

Quelle sensualité dans ces sculptures ! Quelle satiété de séduction même, dans tout ce décor exultant ! Quelle caractéristique encore !

Abordons maintenant le buffet. Le buffet, aux xvi° et xvii° siècles, se distingue toujours des autres armoires par son net rattachement au dressoir. Le buffet a inspiré tous nos meubles modernes et, d'ailleurs, à partir du xvi° siècle, buffet, dressoir et crédence sont similaires (*fig.* 20 et 32). Voici des buffets à pans coupés, dont les panneaux sont ornés de médaillons placés dans des rinceaux, des pilastres aplatissant les angles terminés par des pieds. Il en est à deux corps, reposant sur des pilastres feuillus à leur base. Les sculptures sont en plein chêne comme tout le meuble. En plus des colonnettes, ici des figures à gaines, là des pattes d'animaux, des cariatides. Le thème de la décoration végétale est emprunté aux feuillages les plus légers et les plus échevelés, au laurier, au myrte emblématique, au chêne, à l'olivier, à la vigne.

D'une manière générale, la ligne horizontale accentue son empire sur la ligne verticale, tout comme l'architecture. Et les contresens constructifs — la présence imprévue d'un larmier, par exemple, à la corniche d'un meuble! — les écarts excessifs de la décoration, seront amendés au milieu du xvie siècle, sous Henri II (*fig.* 17), époque d'apogée. Et c'est là encore un excellent moyen d'identifier l'expression française, de dégager cette pureté, cette mise aupoint. Car la renaissance italienne, malgré son faste, a sou-

Fig. 43. — *Petite Table Louis XIII* (musée des Arts Décoratifs).

vent perdu le sentiment de la mesure, non seulement dans l'emploi excessif des matériaux différents, mentionné précédemment, mais encore dans l'échelle constructive. Quels défauts ne relève-t-on pas dans la distribution d'ensemble des volumes, dans la proportion des ornements!

Combien les Du Cerceau (*fig.* 24), les Philibert Delorme, les Jean Goujon, les Hugues Sambin, les René Boyvin, ont dépassé brillamment l'exemple italien par le goût et l'harmonie!

La lourdeur encore, des cabinets, armoires, buffets

et autres créations flamandes et allemandes, n'est-elle pas un critérium d'identité ?

Examinons attentivement ces différentes pièces, quant à l'esprit et au costume, s'il y a des figures vêtues, et, lorsque nous sommes en présence de nudités, croyez-vous que celles-ci sont moins éloquentes? Pénétrez-vous de l'image fuselée, au torse court, aux jambes longues, des femmes sculptées par Jean Goujon, entre autres, et comparez tant d'élégance caractéristique aux lourdes créatures flamandes et germaines. Quelle révélation ! Aussi bien la chevelure, la coiffure, sont des éléments d'investigation à ne pas dédaigner.

Il faut retenir que l'époque de la Renaissance la plus ordonnée, en réaction si l'on peut dire, contre l'expression de François Ier, est celle de Henri II, aux meubles (comme aux édifices) plus calmes de lignes et plus sobres du décor. On pourrait ajouter que ces derniers meubles, davantage éloignés que les précédents, de l'esprit du moyen âge et de celui de l'Italie, sont reconnaissables à leur décor définitivement affranchi dans le sens purement français.

La soif d'identifier, si souvent adversaire de la saine et sûre identification, nous amène à parler de nouveau de la géographie du meuble de la Renaissance, lancée par Bonnaffé. E. Bonnaffé prétend distinguer les pièces de l'Ile-de-France, de celles de la Bourgogne, du Poitou, de l'Auvergne, etc.

Or, si toutefois nous devons faire ici état du moindre élément d'investigation, nous déclarons ne pouvoir ajouter foi à la science de l'excellent érudit, du moins au-delà de la vraisemblance ou de certaine ingénieuse hypothèse.

Ainsi, d'après A. de Champeaux (*le Meuble*), qui adopte dans son travail la marche de la méthode Bonnaffé, voici quelques remarques d'ordre « géographique » intéressantes : « La caractéristique des meubles de la Normandie est la fermeté de l'exécution et l'expression dramatique des figures. Cette vigueur est due en grande partie à la résistance du bois de chêne dans lequel les menuisiers rouennais travaillaient leurs œuvres. Cette essence, d'un aspect sévère, aux fibres longues, se prête moins que celle du noyer aux caresses de l'outil dans lesquelles se complaisaient

FIG. 44. — *Chaise Louis XIII* (musée des Arts Décoratifs).

les artistes du Midi. Cette observation est fort importante pour la détermination des œuvres des diverses écoles françaises, et, *a priori*, on peut affirmer que tout meuble de chêne doit provenir de la région septentrionale, s'arrêtant, vers l'ouest, des bords de la Loire aux limites de l'Orléanais et de l'Ile-de-France, et, vers l'Est, ne franchissant pas les confins de la Bourgogne, province où le noyer était communément employé. Mais, pour être générale, la règle n'était pas exclusive, et l'on a des exemples de meubles de chêne travaillés dans le Midi et réciproquement, des sculptures de noyer émanant du nord de la France. »

Malheureusement, cette dernière phrase infirme ou tout au moins égare dans la conjecture l'affirmation précédente. Aussi bien, le caractère nomade des artistes, le transport des bois, contredisent déjà à l'idée régionaliste qui hante la méthode Bonnaffé et, lorsque l'on aborde les écoles de Picardie et de Champagne, les précisions géographiques deviennent encore plus déconcertantes. Même observation pour les écoles de la Touraine et de l'Ile-de-France qui, cependant, offrent une signalétique particulièrement française, tant par les qualités de l'exécution que par le goût dont les chefs-d'œuvre de ces régions témoignent. A côté d'un goût plus sûr, nos artistes-sculpteurs l'emportaient encore sur les Italiens, par la supériorité de la main-d'œuvre. De telle sorte que plus on étudie l'époque qui nous occupe, plus on s'accorde à ne concéder aux Italiens que le mérite de l'importation d'une mode nouvelle sur le rite ancien.

Il est vrai que cette indication orienta notre génie et d'aucuns prétendent qu'elle attenta à notre originalité traditionnelle, mais l'histoire des styles d'art français est là pour répondre que l'esprit classique grec ou romain et gréco-romain, s'il nous impressionna parfois, ne vint jamais à bout de notre personnalité.

A retenir encore l'énumération des caractéristiques géographiques, en Normandie, des colonnes et pilastres revêtus d'arabesques, des médaillons ronds encadrant des bustes « dont on retrouve la trace dans les meubles de l'école rouennaise contemporaine ».

L'école bourguignonne, maintenant, nous permettra de poursuivre la méthode Bonnaffé en accusant l'individualité que nous avons soulignée.

Mais, cette fois, c'est le caractère d'originalité des

compositions de Hugues Sambin qui servira la cause géographique, et cela n'est point une preuve d'expression d'ensemble, au contraire. Dans l'école de Lyon, en dehors de types certains, mêmes conjectures aussi contradictoires, et les écoles du Midi, d'Auvergne, de Toulouse ne sont pas davantage probantes au-delà des sculpteurs éminents originaires de ces régions et à qui revient logiquement l'honneur des belles pièces *sûrement* nées dans les parages où ils produisirent.

Fig. 45. — *Motif Louis XIII*.

D'ailleurs, A. de Champeaux constate que, vers la seconde moitié du xie siècle, la fabrication dans l'Orléanais, en Touraine comme à Paris, se fait anonyme au point qu'il est prudent de classer toutes ces productions sous le titre général d'école de l'Ile-de-France.

Néanmoins, l'auteur du *Meuble* signale sur les pièces recueillies aux alentours d'Orléans « la présence d'un oiseau — d'un aigle ? — souvent peu reconnaissable, placé soit sur les vantaux, soit sur les montants des deux corps superposés des cabinets à l'antique. » Mais cet oiseau est-il motif décoratif ou signe d'origine ?

Au résumé, tenons-nous en, surtout à nos débuts, à un diagnostic basé sur les trois époques de la Renaissance représentées par le style de transition ogivale-

Renaissance ou de Louis XII, par le style François Ier débordant d'ornements et de fantaisie, et enfin par le style Henri II, qui est, si l'on peut dire, l'expression réfléchie, mise au point, « classique », de ces deux précédentes manifestations.

En dehors de ces nettes déterminations, l'expérience, la savante conjecture, guideront vers d'autres appréciations agréables qui pourront tendre à quelque véracité. Reste l'aubaine de la signature d'un meuble ou de son *curiculum vitæ!* Malgré que, parmi le petit nombre de pièces de la Renaissance qui nous sont parvenues, on soit susceptible de rencontrer infiniment peu de meubles signés de leur auteur, cela peut arriver, et, en revanche — mais cette dernière planche de salut ne concerne pas encore, ou si peu, l'époque lointaine que nous examinons — beaucoup de meubles transmis pieusement de famille en famille ou provenant certainement d'un château connu, risquent d'être identifiés, même « géographiquement »... si toutefois, quelque nom d'artiste ayant résidé à proximité à l'époque, offre la chance d'être étiqueté sur les œuvres en question.

Nous avons indiqué, enfin, les bases sur lesquelles pourraient être différenciés deux meubles de la Renaissance française et italienne : qualités du goût, de sobriété ornementale et proportion harmonieuse, toutes vertus à l'avantage de notre expression nationale.

Cependant il serait dangereux autant qu'injuste de trancher trop nettement sur ces indications élémentaires, de même que la lourdeur n'est point un vice fatalement inséparable des créations flamandes et allemandes. Tout est dans le tact de l'appréciation qui doit avoir des réticences prudentes, aussi avantageuses pour la science téméraire que pour l'ignorance, sa sœur jumelle, souvent.

En dernier lieu, nous nous élèverons contre certaine inutilité de trop approfondir lorsque la seule beauté doit convaincre.

LE MEUBLE DE LA RENAISSANCE 101

Il y a des moments où l'esthétique impose le silence à l'antiquaire, à l'amateur, au commissaire-priseur même, et tout ce qui touche au commerce n'est que d'intérêt secondaire. Bornons-nous donc aux côtés his-

Fig. 46. — *Vitrine et Table Louis XIII* (musée des Arts Décoratifs).

6*

torique et artistique si nous voulons goûter à sa valeur réelle, la beauté, qui seule n'a pas de prix.

Nous voici de retour, maintenant, après cette longue digression, au meuble de la Renaissance.

Avec le cabinet, nous rentrons dignement dans notre objet.

D'origine ornementale hispano-mauresque, le cabinet-meuble apparaît dans les premières années du xvie siècle. Il est alors portatif ou non, et sa caractéristique est la quantité de petits casiers et tiroirs à portes indépendantes que découvrent ses battants. Il sert à renfermer les bijoux et autres menus objets de prix.

Souvent le cabinet faisait corps avec la crédence.

Les cabinets, sous la Renaissance, étaient d'une grande richesse ; le plus souvent en ébène incrustée de marqueterie de bois précieux ou d'ivoire, de plaques de nacre, d'ivoire sculpté, de métal, de pâtes, de marbres de couleur. Les portes s'ouvraient avec les colonnes, pilastres et consoles appliqués. L'ensemble tenait essentiellement du petit monument, sacrifiant plutôt à l'esthétique architecturale qu'à la commodité.

Les plus beaux cabinets étaient de provenance italienne et allemande. Leur technique, au surplus, aussi remarquable que leur architecture, plaide en faveur de ces meubles qui, au xviie siècle, deviendront très grands alors que, présentement, ils sont peu élevés, larges et profonds.

Les beaux cabinets allemands de la Renaissance, dont on a vanté aussi l'*élégance*, offrent cette exception qui vient encore à l'appui de notre thèse contre tout ostracisme général. Il y a également des meubles flamands élégants, malgré néanmoins que les meubles germains et flamands ne puissent pas revendiquer cette qualité dans leur ensemble.

Il est vrai que cette élégance s'offrit souvent sous les dehors d'une richesse d'incrustation dont l'Allemagne (et l'Italie) dès Charles-Quint, nous avait révélé le charme précieux.

Et ce mode d'incrustation sur champ de bois jaspé ou uni, particulièrement florissant sous Henri II, de qui les bois de chêne et de noyer sont exclusifs, durera jusqu'à Louis XIV.

Nous verrons le cabinet se substituer à l'armoire,

Fig. 47. — *Chaise d'enfant Louis XIII* (musée des Arts Décoratifs).

sous Louis XIII, et d'ailleurs, l'armoire-cabinet est fort prisée sous la Renaissance et elle touche non moins volontiers au dressoir, à cette époque. Crédence et dressoir sont au surplus souvent analogues d'aspect et d'utilisation. Il y a un moment, dans le meuble, où celui-ci se débaptise au gré de son propriétaire et il ne faudrait pas s'entêter sur une distinction-type non plus que sur un nom exclusif.

Aussi bien certains cabinets portugais des xvie et xviie siècles perdirent même leur nationalité du fait qu'ils revinrent de Chine tout décorés de pagodes et autres motifs sino-japonais. L'altération enfin, au xviiie siècle, du cabinet en secrétaire, — sa réminiscence fâcheuse — à travers les étapes du bureau et de la commode, achèvent l'amusement de notre goût et de notre vision qu'ils déroutent dans le sens de l'exacte classification.

Mais il faut retenir que tous nos meubles modernes sont dérivés du cabinet comme du buffet à deux corps et que, de l'importation somptueuse des cuirs ciselés et estampés, gaufrés, espagnols et flamands, est né un mode de tapisserie dont les meubles (coffres, bahuts, cabinets) de même que les sièges et les lambris se partagèrent la beauté. Ces cuirs étaient rehaussés de clous dorés, en bordure, où figuraient des dessins qui accompagnaient ceux de la riche matière.

Autres genres d'embellissement : l'incrustation à la *moresque* blanche, sorte de damasquinage avec un mastic d'ivoire ; à la *bretture*, mode d'impression économique avec des outils dentés (particulièrement usité dans la région du Rhin et en Bourgogne) ; pâtes coloriées et gravées dans le bois, peintures en camaïeu, os incrusté, etc.

Le type du cabinet persista jusqu'au temps de Louis XIV dont les modes amenèrent d'autres formes de meubles. Les musées du Louvre, de Cluny et des Arts Décoratifs, notamment, possèdent de fort beaux cabinets.

Nous parlerons maintenant des tables. Les voici majestueusement et presque exclusivement décoratives. Leur construction explique leur isolement au milieu des appartements. On ne peut guère s'asseoir autour, surtout aux extrémités, en raison du développement et du plein de leur ornementation.

Elles sont plutôt hautes, massives, à arcades, colonnes et balustres reposant sur une large entretoise ;

à rinceaux dont les enroulements aboutissent en caria-

Fig. 48. — *Fauteuil canné Louis XIII* (Flandre) (musée du Louvre).

tides pour supporter le dessus ou plateau; à consoles,

dans le même but. Leurs bases ou pieds, sont lourdes, richement sculptées comme l'ensemble.

Ces tables (*fig.* 22, 33 *et* 34), à large ceinture, si éminemment décoratives, se réclament en vérité de l'époque de Henri II. Auparavant, elles se composaient d'une planche ou plateau et de deux tréteaux, puis, au commencement du xvi⁰ siècle, elles étaient devenues à quatre pieds carrés et fixes, adhérents au plateau et joints deux à deux, par des traverses posées elles-mêmes sur des patins.

Quant aux lits, ils ne sont pas moins ornementaux et monumentaux.

Si le lit de Jeanne d'Albret, au château de Pau, offre quelque ressemblance avec la couche moyenageuse, en raison de sa disposition et malgré le caractère nettement renaissance de ses sculptures, le lit renaissance proprement dit est original de par son architecture même.

Sa forme et son confort apparaissent définitifs. Cet accord de la beauté et de l'utilité du meuble au xvi⁰ siècle (nos réserves maintenues de l'empiètement, souvent désordonné, de l'architecture, sur le côté pratique) rentre dans la tradition moderne, ne l'oublions pas. Sous l'empire des grands maîtres de l'architecture et de l'ornement comme Jean Goujon, Pierre Lescot, Philibert Delorme, Du Cerceau, Etienne Delaune, l'ensemble des formes subit une harmonieuse impulsion.

La manière architecturale de Jean Goujon, de Pierre Lescot, de Philibert Delorme, se reflète dans nombre de meubles de la Renaissance, au point que l'on est tenté d'en attribuer le dessin à plusieurs de ces maîtres. Du Cerceau, aux gravures typiques, et Etienne Delaune, aux fines compositions si caractéristiques, n'ont-ils pas donné leur nom à un style très reconnaissable dans le mobilier de leur époque?

Aussi bien Jean Goujon sculpteur, qui, vraisemblablement, ne mit point son ciseau au service de l'ameublement, influença à tel point les sculpteurs sur bois de son temps que nombre de meubles pourraient lui être attribués. Meubles d'architectes, excessivement décorés, soit, mais meubles dont il importait de sou-

Fig. 49. — *Motif Louis XIII* (musée des Arts Décoratifs).

ligner la parenté d'exécution et d'inspiration, quand cela ne serait que pour témoigner de l'accord fructueux de l'artiste, qui ne crut point déchoir — et la postérité lui a donné largement raison — avec l'artisan.

Voici pourquoi, de même qu'il y a des armoires à deux corps dans le style Jean Goujon, il y a des tables, des lits de style Du Cerceau, etc. Et ce décor prodigué ajoute à la confusion des écoles, trouble la fameuse géographie du meuble.

Pour en revenir au lit de la Renaissance, celui-ci, avec ses quatre colonnes soutenant un riche dais ou baldaquin surmonté d'une corniche précieusement décorée et garnie d'une riche gouttière en passementerie, ce lit dont le châlit primitif avantagé d'un chevet, est devenu un bois de lit puisqu'il repose maintenant sur des pieds, s'entoure de courtines, draperies ou rideaux, tout comme les nôtres.

Il s'est évadé de la chambre à coucher avec laquelle il avait pris corps, au moyen âge. Il est libre maintenant et constitue un lit de milieu.

Les colonnes de ce lit sont d'une variété d'aspect extraordinaire. Elles sont uniformément torses, simples alors, ou bien formées de cariatides à gaines, de figures ou de balustres sculptés toujours avec la plus curieuse fantaisie.

Examinons maintenant les sièges de la Renaissance. Ce sont des chaises (*fig.* 21 et 29), chaires ou chayères demeurées, à l'exemple du moyen âge, des bancs libres ou fixés aux lambris, des escabeaux, placets, scabelles, formes, banquettes, des *caqueteuses* et des fauteuils (*fig.* 25) ou *faudesteuils*, qui ont remplacé l'ancien coffre, en manière de siège seulement, car il conserve encore sa destination du moyen âge sans toutefois offrir plus de moelleux.

Car ces sièges, malgré qu'ils soient fréquemment recouverts d'étoffe, manquent encore de confortable, du moins avant la fin de la Renaissance. Le plus souvent ils sont en bois, savoureusement sculptés; leur dossier est haut et droit, garni ou non d'accoudoirs, et leurs pieds sont généralement reliés à leur base par des entretoises. Parfois, des coussins ou du cuir tendu, atténuent la rigueur du bois, mais le cuir garnira plutôt le siège de Louis XIII.

Voici des banquettes munies de bras et sans dossier, dites *formes*; voici des *caqueteuses* (*fig.* 28 et 30) ou chaises plutôt basses, affectant le plan d'un trapèze, à

Fig. 50. — *Bahut Louis XIII* (musée des Arts Décoratifs).

dossier élevé agrémenté d'accoudoirs. Voici des *car-*

reaux ou petits coussins pour s'asseoir par terre. Quant au fauteuil, il se souvient de la chaire, mais il est léger, portatif; ses pieds, ses côtés, s'ajourent gracieusement.

Accoudoirs, pieds, terminés par des têtes de béliers, par des culots, des griffes, etc. Arabesques, mascarons, richement sculptés au dossier léger.

Ces sièges comme ceux que nous verrons plus tard, observent une relation logique avec le costume de leur époque. Les vêtements collants de la Renaissance exigent peu de largeur et de profondeur. Et les sièges ne connaîtront l'ampleur qu'avec le développement de la jupe des femmes et des haut-de-chausses des hommes à la fin de xvie siècle et au xviie. Ce sont les débordants *vertugadins* qui exigeront des sièges sans accoudoirs, et nous verrons le vaste fauteuil de Louis XIV asseoir dignement les surhommes du Grand Siècle, de même que la douillette bergère du xviiie siècle conviendra essentiellement à la grâce exaltée des femmes.

Toujours l'harmonie des mœurs avec le mobilier, avec le costume, marque-t-elle l'esprit d'un temps. Se nuançant tour à tour de gaîté ou de tristesse, de charme ou de lourdeur, au gré des événements. Le décor, on ne saurait trop le répéter, n'est qu'un reflet dont le confort, la commodité, ne cessent de profiter jusqu'à fixer un type basé sur l'expérience et la logique.

C'est cette expérience et cette logique qui rendent des plus difficiles l'innovation du meuble à notre époque, parce qu'en dehors de ces bases, l'originalité n'est que sottise.

Avant de quitter la Renaissance, nous ajouterons quelques noms de sculpteurs et d'ébénistes fameux à ceux que nous vîmes précédemment et que nous retrouverons, en plus grand nombre, à la nomenclature du chapitre xiv.

Ce sont : Pierre Jacques, de Reims; auteur du tombeau de saint Rémi, dans l'abbaye de ce nom; les frères Aman et Etienne Lebrun, de Tours, qui travaillèrent aux lambris du château de Fontainebleau ; Mathieu Cartais, Hubert Deniau, dont Diane de Poitiers

Fig. 51. — *Fauteuil Louis XIII* (musée des Arts Décoratifs).

utilisa le talent; Francisque Scibecq, dit de Carpy, sculpteur de plafonds, meubles et lambris à Saint-Germain, Vincennes, Fontainebleau ; Jacques Chanterel, Ambroise Perret, que les princes de Valois employèrent ; et Noël Millon, David Fournier, Gilles Bauges, Jean Tacquet, Pierre Chennevière, Aubry Tannebert, Pierre et Mathieu Guillemard, Pierre Terrasson, etc., etc.

Et nous passons les tailleurs d'ivoire, les damasquineurs, les doreurs et autres enjoliveurs du meuble, avec des « architecteurs » et menuisiers de génie, avec des dessinateurs et graveurs sur bois comme Pierre Woeriot, Bernard Salomon dit « petit Bernard » qui s'ajoutent aux maîtres déjà cités.

Mais il nous faut clore notre matière, et le contraste de la richesse et de la joie que nous venons de parcourir nous sera offert par le ralentissement de l'activité créatrice qui suivra. Le Trésor royal amoindri dont disposeront François II, Henri III et Henri IV, mesurera la beauté. La décadence de la sculpture sur bois, la raréfaction des grandes constructions, viennent au bout de leur essor le plus éclatant ; c'est dans l'ordre de la variété avantageuse.

Un nuage noir va passer sur l'arc-en-ciel ; ainsi le veut le caprice de l'idéal qui met en valeur tour à tour les arts et ne les goûte que comparativement.

CHAPITRE VI

LE XVIIᵉ SIÈCLE :
Le Meuble sous Louis XIII.

Entre la fraîcheur, la joie de la Renaissance et l'austérité du règne de Louis XIII, se place l'époque transitoire indiquée par le règne de Henri IV. Les trois fils de Henri II ont subi les guerres de religion qui assombrirent leur sens esthétique. Avec le fils d'Antoine de Bourbon, la France va renaître. Le vert-galant embrassera la religion catholique, panachant sa foi de huguenot tout comme l'architecture de son temps (qui s'accusera sous Louis XIII) mêlera la gaîté de la brique à la pierre morne.

De même que le costume de Louis XIII se dégagera lentement de l'épopée neutre, si l'on veut, de Henri IV, au point de vue d'un caractère artistique propre, de même le style de Louis XIII, si typique, naîtra-t-il, sans heurts, de la manifestation esthétique ébauchée sous le bon roi.

D'aucuns ont attaché le règne de Henri IV (*fig.* 38) au bout de la Renaissance, sans doute à cause des beautés de la cour de François Iᵉʳ qui reparurent avec Marie de Médicis, jusqu'au geste de Ravaillac. Mais, en ce qui nous concerne, nous ne voulons voir dans l'époque de Henri IV qu'une oasis, qu'une réaction transitoire avant d'aborder une ère de souci dont l'intérêt esthétique, il faut le dire, nous consolera largement.

D'ailleurs, si nous nous en tenons à la description suivante des aises mobilières au temps du Béarnais, celle-ci ne saurait combler notre curiosité esthétique, mais, en revanche, nous prendrons connaissance des vertus hiérarchiques du siège.

« Sous Henri IV, il fallait quelquefois, dans les demeures les plus riches en apparence, traverser plus d'une vaste salle à peu près dégarnie de tout mobilier avant d'arriver à l'unique pièce habitée, où les maîtres de la maison rassemblaient tout ce qu'ils possédaient de sièges élégants et commodes : c'était d'abord le fauteuil réservé au chef de famille ou aux hôtes de distinction. Était-il occupé? on les faisait asseoir sur le lit, dans la ruelle, et plusieurs personnes quelquefois y prenaient place ensemble. Ensuite venaient, dans un ordre hiérarchique rigoureusement observé, la chaise à dossier, puis le pliant, enfin le tabouret ou placet, sans dos ni bras, et les escabeaux, petits bancs de formes très variées, barlongs, carrés, triangulaires, qui servaient depuis le moyen âge, tout à la fois à s'asseoir, à s'appuyer les pieds quand on était assis dans les chaises élevées, ou à poser des objets comme sur de petites tables basses. Quand les lourds meubles, qui semblaient jadis fixés à demeure, tendirent à s'alléger et à mieux mériter leurs noms, les sièges mobiles devinrent souvent, par contre, plus lourds et d'un maniement moins facile. C'est ainsi que des escabeaux furent pourvus de dossiers.

« Ajoutons qu'à défaut de ces meubles, on s'asseyait souvent à terre, sur les coussins et les tapis. Cet usage familier était en pleine vigueur sous le règne de Henri IV : nous voyons même qu'il était d'étiquette obligée de s'asseoir à terre dans la chambre de la reine, sa femme, quand elle y était. »

Glissons donc sur l'expression plutôt amorphe du vainqueur d'Arques et d'Ivry, pour examiner le style marqué au nom de son fils, le style Louis XIII, auquel le Béarnais contribua à travers la série d'amendements où aboutiront la répression, la sévérité de l'art après sa prodigalité.

Dans l'héritage de tristesse où sa faiblesse ne pouvait que s'abîmer, le pauvre roi meurt d'ennui entre la splendide Anne d'Autriche et la robe écarlate de Richelieu.

Fig. 52. — *Tabouret Louis XIII* (musée des Arts Décoratifs).

Tout le style de Henri III participe de ce souci d'un règne trop lourd, et nous savons le rapport d'harmonie qui unit l'état d'esprit d'un temps à son expression esthétique.

La cour de Louis XIII offre ainsi un contraste logique avec celle de François Ier, et nous allons voir le mobilier — tout comme le costume pleurera des larmes de jais — s'assombrir. Les moulures maintenant se raréfient ainsi que les détails sculpturaux en ronde bosse ;

les lourds frontons pèsent aux meubles compassés; les lambris écrasent de leurs lourds poutres et caissons. Les temps troublés au règne des derniers Valois ont mis maintenant l'art de l'ébénisterie en déroute.

Une sobriété de grand air s'accuse. C'est l'aube de l'art du xviie siècle, mais une aube grise que l'éclatant soleil de Louis XIV brusquera.

Toutefois il faut discerner dans tout le mobilier du xviie siècle une parenté esthétique. Dans le style de Louis XIII on retrouve en effet la beauté ramassée, la richesse comprimée du style de Louis XIV. Celui-ci jaillira orgueilleusement de l'essor craintif du précédent.

Aussi bien si la richesse de la précédente manifestation échappe au style Louis XIII, il y gagne une sévérité de contours, une gravité de décor d'une mâle grandeur. Les moulures se raréfient, disions-nous tout à l'heure, mais elles acquièrent aussi leur formule rationnelle et la mieux définie dans la parure de la ligne droite, des angles vifs.

Les détails sculpturaux tendent, certes, à diminuer leurs reliefs, mais des rotondités les remplacent aux balustres et supports des meubles. Les balustres accusent de plus en plus leur renflement et, les supports des meubles — les colonnes torses sont très goûtées sous Louis XIII, — affectionnent la lourde ponctuation de sphères volumineuses.

Sur les bas-reliefs, très répandus, des sujets religieux se sont substitués aux compositions mythologiques, et d'épaisses guirlandes de fruits et de feuilles, des têtes d'Amours ailés, des cartouches formés d'entrelacs découpés à la façon de lanières de cuir contorsionné, retroussé, groupent des faunes, des grotesques, dans leur fantaisie plutôt rigide.

Des palmes encore, des draperies, s'ajoutent aux guirlandes où de rares fleurs apparaissent.

Et tous ces motifs affectionnent un masque pour centre.

Autre agrément caractéristique : l'étroite moulure

Fig. 53. — *Fauteuil Louis XIII* (musée des Arts Décoratifs).

plate en bois d'ébène guilloché (vérifier ce détail ornemental sur le cabinet de la figure 54 qui sert de bordure.

Les arts flamand et italien ont collaboré à ce style, le premier tempérant dans la pesanteur la liberté du second, pour contribuer, en somme, à une expression que notre goût fit bien française, malgré que notre art national n'ait réellement sauvé l'honneur esthétique du mobilier qu'au milieu du xvii° siècle.

Nous parlerons plus loin du cabinet Louis XIII (*fig.* 54), meuble typique d'importation, mais avant de poursuivre notre étude, nous rendrons justice à Henri IV d'avoir reconstitué à Paris et en France une nouvelle école d'ébénistes qui, progressivement, adapta génialement les beaux meubles de l'étranger, en convertissant peu à peu l'exemple à une décoration moins molle et moins lourde, pour le naturaliser finalement, bien français.

Et ce fut en Hollande, en Italie, en Allemagne même, que nos ouvriers retrouvèrent les belles traditions un instant évanouies ! Qui s'en doutera, plus tard, sous Louis XIV et après, au xviii° siècle, époques où, bien au contraire nos artistes et nos ouvriers seront sollicités, copiés dans le monde entier ?

Il est vrai que, tandis qu'opérait notre goût, en son évolution du choix et de la mise au point, l'Allemagne — au moment de la guerre de Trente Ans — était fatalement aux prises avec un art dit « jésuite ». Heure de décadence où le naturel germain, un instant chassé, revint au galop, en dépit des belles conceptions des artistes de Nuremberg et de Saxe. Et ce fut l'avènement de la lourdeur et de l'excentricité combinés avec l'irrationnel. Les meubles allemands — et à leur suite les meubles hollandais et flamands, contagionnés — parèrent leur obésité de colonnes épaisses et molles de contours, de pilastres ronds ou polygonaux, tandis que leurs vantaux s'écrasaient sous des bossages surchargés de chérubins mafflus...

Ce furent alors des grands architectes comme Androuet du Cerceau et Jacques de Brosse qui guidèrent le style français original et grandiose, dans le sens de leurs

Fig. 54. — *Cabinet Louis XIII* (musée des Arts Décoratifs).

édifices. C'est bien en vue de garnir les intérieurs

créés par leurs soins, que sont nés tous ces meubles trapus, ces tables et guéridons, ces tabourets (*fig.* 52), chaises et fauteuils carrés et anguleux, ces cadres adéquats, ces panneaux et cartouches largement décorés, qui ne pouvaient rêver une harmonie plus grave, plus mâle et plus hautaine. Du souci d'économie visée, dont témoigne la simple torsade des colonnes, des lits, du pied des tables ou des chaises, il faut plutôt déduire cet effet avantageux de sobriété essentielle dans le style Louis XIII.

Souvent même, et sans que cela soit choquant, les boiseries disparaissant sous des étoffes ou de lourdes draperies, se contentent d'être équarries. Et la beauté apparente se suffit à elle-même par son caractère propre, car les étoffes, car les cuirs, sont inséparables de leur structure à dessein dissimulée. Les lits, au fond des alcôves sombres, apparaissent luxueusement cubiques sous leurs courtines raides. Et le dessin de ces courtines, souvent en velours frappé et en tapisserie, est à larges ramages. Garniture prépondérante, répétons-le, d'étoffe et de tapisserie sous laquelle transparait à peine le bois noir. Non-sens, en vérité, car la matière souple et docile, aux plis si fertiles en agréments multiples, s'offre ici en support rigide, contrairement à la logique. Mais c'est là une originalité et un signe reconnaissable qui est bien pour nous séduire.

Nous avons parlé des lits et, avant de poursuivre l'étude du mobilier, nous citerons Lechevalier-Chevignard (*Les Styles Français*) : «... Il (le mobilier) peut se réduire à deux types. L'un fabriqué de chêne ou de noyer, à moulurations arrondies, se sert de colonnes torses comme supports des tables et des couches; c'est le plus répandu. L'autre, d'un goût plus raffiné, sinon plus léger, emploie le bois noirci pour des sièges à haut dossier presque entièrement recouverts, ainsi que les lits, d'étoffe ou de tapisserie; il réserve l'ébène pour les gros meubles, qui sont en ce cas décorés d'ornements et de figures d'un très mince relief. L'ancien huchier cède le pas à l'ébéniste. »

Fig. 55. — *Fauteuil fin Louis XIII* (collection Armand de Sevin).

Pour définir plus judicieusement encore ce mobilier dans l'ensemble de son expression, nous écouterons aussi A. de Champeaux (*Le Meuble*) : « Vers les premières années du xviie siècle, la mode délaissa sans retour les œuvres sévères des menuisiers-huchiers de la Renaissance, pour rechercher des meubles plus précieusement travaillés, dans lesquels la richesse de la matière l'emportait sur la conception artistique. Les antiques dressoirs et les armoires à double corps furent remplacés par les cabinets d'ébène ou de bois exotiques, revêtus de pierres dures ou d'incrustations en os et en ivoire qui répondaient mieux au caractère décoratif des demeures contemporaines du règne de Louis XIII et des premières années de Louis XIV. »

C'est l'instant d'en revenir au cabinet, le meuble le plus typique de ce début du xviie siècle. Le cabinet qui n'est point, ainsi qu'on l'a dit, un meuble nouveau, va prendre néanmoins, à cette heure, son importance capitale. Il s'immobilise davantage dans sa beauté la plus définitive, en empruntant aux incrustations d'écaille, d'argent, de cuivre, d'étain, etc., l'enjolivement précieux de sa matière. Marquetée, encore, de bois exotiques, cette matière variera ses lignes et ses formes intérieures par l'artifice de la couleur claire du citronnier par exemple, tranchant sur l'ébène, de l'acajou s'opposant chaudement au noyer. Ce sera tout un genre inédit d'embellissement auquel la silhouette constructive du meuble résistera, impassible, de toute la force de ses volumes calmes, de toute la passivité de ses reliefs sobres.

Voici des cabinets très caractéristiques, en ébène incrustée d'ivoire, à l'exemple des cabinets italiens; en voici d'allemands, dont l'ébène est rehaussée de décors d'orfèvrerie, de céramique et même de peintures.

Quelques-uns encore, de ces cabinets italiens, seront en fer damasquiné d'or et d'argent.

Le moyen de les identifier ces cabinets? En dehors

des précédents indices, on pourrait signaler que la nacre de perle et le verre de couleur furent appliqués de préférence à Venise ; que les arabesques d'ivoire, plutôt gravé, sur fond d'ébène, et les matières précieuses encore, représentent en général la fabrication du Milanais comme les décorations en pierre dure proviennent vraisemblablement de Florence et les incrustations de nacre et d'ivoire sur fond d'ébène, de Naples.

Mais le goût des incrustations de pierre dure est général en Italie, et Venise eut recours aussi à des peintres pour la décoration de ses cabinets ; au surplus, les artistes comme les ébénistes voyagèrent, désorientant jusqu'aux présomptions les plus réservées...

Les meubles furent, d'autre part, sinon acclimatés, du moins apprivoisés et transportés, sinon copiés, témoin ces lignes dues à A. de Champeaux : « Lorsque nos grands ministres, les cardinaux de Richelieu et Mazarin eurent fait construire leurs palais qui surpassaient en étendue tous les hôtels de Paris, ils voulurent que l'intérieur de ces demeures fût orné de meubles de bois sculpté et doré, et de cabinets garnis de pierres dures, avec des montures de métaux précieux, semblables à ceux qu'ils avaient admirés dans les palais italiens... »

FIG. 56. — *Palmette Louis XIV.*

Des esprits légers eussent naturalisé français ces meubles parce qu'ils avaient été exécutés en France !

Le plus sûr moyen de ne pas errer est de se borner

à l'attribution du pays d'origine, reconnaissable en bloc à la qualité de son goût, à l'esprit de son ornementation, etc., ainsi que nous l'avons souvent expliqué. La légèreté opposée à la lourdeur, la sobriété décorative à l'ornementation excessive, autant de généralités édifiantes sur la nationalité. Les précisions au-delà sont bien trompeuses !

Certes la décoration massive de Louis XIII ne saurait être confondue avec celle du xvie siècle et, en dehors de l'aspect étranger, significatif, du style que nous examinons dans le meuble, il n'y a guère que la moulure ondée, guillochée, servant de bordure, déjà signalée, ainsi que la palme épaisse et arrondie et la tête du chérubin ailé, aux traits réalistes, pour nous renseigner exactement sur l'esprit décoratif et reconnaissable de cette première moitié du xviie siècle.

Discerner un style, soit ! Mais quant à prophétiser son origine régionale ! Et néanmoins on peut toujours distinguer un meuble de style français à sa mise au point, à sa synthèse la plus réussie, à la sobriété de sa forme comme de son décor, à la pureté de son goût.

L'emphase espagnole, la lourdeur flamande, hollandaise et allemande, la sécheresse anglaise, l'aspect sauvage des productions exotiques, l'orientalisme, autant d'indices d'identification sommaire.

Nous conseillons au lecteur l'examen des gravures d'Abraham Bosse pour qu'il se familiarise visuellement avec les intérieurs sous Louis XIII et nous terminerons cette époque.

Avec les cabinets, voici des buffets, bahuts (*fig.* 50) et armoires à deux corps (*fig.* 40), sans fronton, réduits à des lignes droites, à des profils nets et coupants, que des têtes de bélier, que des consoles brusquent mais sans trop saillir. Les panneaux de ces meubles sont décorés de bossages taillés à facettes ou de sujets touffus. Ils ne se détachent guère, comme aspect, du plein bois, noyer, chêne, qui harmonise leur mâle beauté.

Plus larges que hauts, sombres, ces meubles ont de

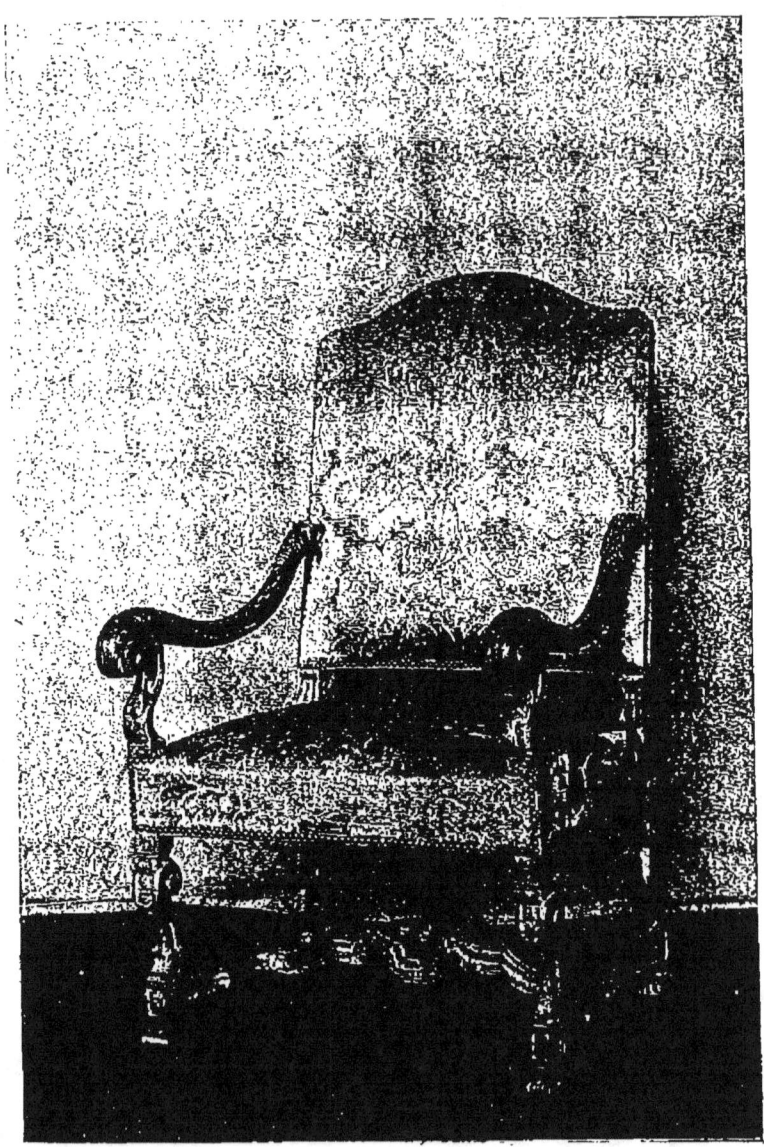

FIG. 57. — *Fauteuil Louis XIV* (musée des Arts Décoratifs).

la grandeur, de la mélancolie, une lourde base significative. Examinons maintenant les tables. Le plus souvent elles se dérobent sous l'ampleur des tapis, tout comme les lits; elles affectionnent, aux angles, des chutes avantageuses, des plis majestueux.

Mais il est d'autres tables où reparaît essentiellement le bois, entre deux échappées sous l'étoffe. Ces tables ont une carrure massive et des pieds reliés par une large entretoise. Des colonnes torses ou à godrons, des balustres courts et ventrus, supportent le plateau épais, aux moulures douces; des colonnes rondes renflées à la base, reposant sur des boules, donnent aussi aux tables leur assise.

Bois de noyer, de chêne ciré, d'un beau brun transparent.

A côté de la table sévère, on note des tables (*fig.* 43 *et* 46) à rallonges et pliantes, mais celles-ci sont l'exception.

Si nous abordons maintenant le siège, en dehors des bancs et escabeaux, — ces derniers lorsqu'ils sont munis d'un dossier deviennent des chaises — nous trouvons des fauteuils et des chaises plus confortables et d'ailleurs plus typiques du style qui nous occupe.

Nous avons dit avec quelle singularité les lits et le plus grand nombre des sièges affectionnaient la garniture d'étoffe presque totale,.

Voici encore comment ces fauteuils (*fig.* 42, 51 *et* 53), ces chaises (*fig.* 44 *et* 47), se présentent. Leur étoffe, la tapisserie — ou le cuir de Cordoue, gaufré et doré — qui les pare, est accompagnée de gros clous de cuivre dont les têtes brillantes soulignent la forme des bois dissimulés, du dossier carré et court, des montants trapus. Dans les chaises, on observe un évidement qui limite étroitement la partie où l'on s'adosse. Ces chaises souvent à accoudoirs, sont munies, au siège, de longues franges qui les écrasent singulièrement sur leurs pieds; ces pieds et ces accoudoirs que l'on ne craint pas, fréquemment, de garnir aussi d'étoffe ponctuée de clous. Quant aux fauteuils qui, de même que les chaises, commencent à connaître certain moelleux, le coussin adhérant maintenant au siège, ils sont à dossier assez élancé, rembourré, sans évidement, mais, seuls ses pieds et accoudoirs ne sont point garnis.

On pourrait solidariser le fauteuil du xviie siècle dans un aspect unique malgré l'ampleur et la richesse qui, néanmoins, marquent le style Louis XIV. Mais, sous Louis XIII, ces sièges se bornent, dans l'ornementation sculpturale, aux godrons accolés, juxtaposés, opposés, en leurs renflements variés. Et encore, ces ornements en bois seulement tourné, petits balustres coupés de cubes épannelés et de sphères aux moindres proportions aussi, ne figurent-ils qu'aux entretoises de la base (deux entretoises le plus souvent, sur la façade du meuble) et sur les consoles où reposent les accoudoirs.

Fig. 58. — *Motif Louis XIV.*

A noter que, fréquemment, deux étoffes cumulent leur chatoiement différent dans la garniture des fauteuils; le velours, par exemple, encadrant de la soie, au dossier et sur le siège; le renflement du rembourrage aidé de la présentation des étoffes bordées d'un galon d'or, simulant souvent un bossage à facettes.

Et puis, sous Louis XIII (et aussi sous Louis XIV), nous signalerons enfin des chaises cannées (*fig.* 48), tant au dossier qu'au fond.

Au résumé, le meuble Louis XIII possède son originalité; il est réservé en nombre comme en aspect, il a sa couleur et sa proportion propres de même que son éloquence symbolique.

Malgré que peu de spécimens nous restent en témoignage de la première moitié du xviie siècle, — et d'ailleurs plus les temps reculent, moins, logiquement, ces témoins nous parviennent — il nous est demeuré de fort beaux types de cette époque. Meubles de Cour plutôt — noblesse oblige — conservés dans les musées, à Cluny, aux Arts Décoratifs, dans les palais nationaux, au Louvre, à Fontainebleau, notamment. Aussi bien la physionomie d'un style ne peut-elle être réellement représentée que par son summum de beauté et de richesse ; la gravure plutôt nous édifiant par reconstitution, sur le mobilier bourgeois ou paysan d'un temps, car le respect des ans n'a pas fait cas — et cela est regrettable, du meuble simple.

Quant aux artistes ébénistes français rattachés uniquement au règne de Louis XIII, ils sont, en principe, défaillants, malgré que les noms de Jean Macé, de Pierre Boulle (ascendant présumé du fameux André-Charles Boulle qui brillera sous Louis XIV), de Nico'as Lavenne, de Jean Desjardins, etc., ne soient point indifférents. Néanmoins, c'est le Hollandais Pierre Goler ou Golle, mort en 1684 ; c'est l'Italien Domenico Cucci qui travaillera aussi pour Louis XIV avec son digne compatriote, le célèbre ciseleur-sculpteur Philippe Caffieri ; ce sont les frères Migliorini, mozaïstes toscans, et tant d'autres maîtres étrangers à la collaboration imprécise, qui contribueront à donner au style de Louis XIII sa plus réelle expression.

Nous verrons, au chapitre suivant, notre influence renaître et dominer sur le mobilier jusqu'au début du xixe siècle. Nous avons donc, pendant plus de deux siècles, créé des styles essentiellement à notre goût et le monde entier, alors, nous imitera.

Il faut insister enfin, malgré que l'exemple nous vînt sous la Renaissance et sous Louis XIII, de l'étranger, sur la délicatesse et la maîtrise de notre esprit d'adap-

Fig. 59. — *Panneau Louis XIV* (musée des Arts Décoratifs).

tation. Cela est tellement vrai — nous ne cesserons de le répéter — que jamais autant qu'en France on ne goûta des styles aussi purs. Fussent-ils ces styles, directement ou non, inspirés, jamais, par exemple, notre style Louis XIII ne sera-t-il confondu avec une autre expression étrangère de la même époque.

CHAPITRE VII

LE XVIIᵉ SIÈCLE (*suite*) :
Le Meuble sous Louis XIV.

Au milieu du xviiᵉ siècle, l'art français renaît essentiellement, dans l'ameublement. D'une manière générale, d'ailleurs, l'expression esthétique ordonnée par Louis XIV rompt avec l'exemple étranger. La volonté d'un art monarchique en impose à l'inspiration, dans une unité, dans un esprit classique où l'ordre, la régularité, la grandeur, règneront au nom de la tradition antique, en réaction de la « sauvagerie » précédente.

Déjà, sous Louis XIII, la discipline des ordres et détails antiques avait molesté l'afféterie de la Renaissance, son goût pour le joli et l'élégance devenus excessifs. Aussi bien l'art monarchique, avec le fils de Henri IV, s'était déjà manifesté, mais sans énergie. Le style de Louis XIII avait seulement indiqué ce grandiose que Louis XIV devait exiger solennellement, à sa taille.

Louis XIV *le Grand* s'oppose à Louis XIII *le Juste* dans un cadre surdoré. La perruque monumentale du roi Soleil eût écrasé le chef du frêle époux de Anne d'Autriche, tout comme la volonté du fils eût accablé la faiblesse du père.

Au surplus, malgré sa tyrannie, le goût du grand Roi pour les Arts et les Lettres fut inégalable autant qu'unique. Plus tard, Napoléon Iᵉʳ, flanqué de ses deux lieutenants Percier et Fontaine, conduira bien son décor, mais avec la délicatesse du geste en moins. Le geste du sceptre sera large et calme, tandis que le glaive brandi impérieusement, ordonnera. Louis XIV favorisera l'essor de la beauté que Le Brun régira, alors que Bonaparte apprivoisera cette même beauté. Un envol original, après la cristallisation merveilleuse des manifestations styliques précédentes, eût été d'ailleurs malaisé, sinon impossible. après le vandalisme de la Révolution de 1789. Il fallait réparer d'urgence, maquiller des ruines, sous le court règne du « petit Caporal », alors qu'au temps de Louis XIV, il n'y avait qu'à suivre l'élan des époques précédentes, dans une ère plus avantageuse qui dura plus d'un demi-siècle !

Le génie créateur réclame sa durée d'incubation ; il faut au cerveau ébloui le temps de se ressaisir, mais nous n'en sommes point encore à attacher le dernier maillon de la chaîne des styles classiques.

Retournons donc au siècle de Louis XIV. Dans *Les Styles à la portée de tous*, Paul Cornu, après avoir judicieusement constaté que l'institution des Gobelins et la création, notamment, du château de Versailles, avaient contribué fortement à la réalisation sinon à la formation du style qui nous occupe, s'exprime ainsi : « La manufacture des Gobelins est demeurée pour nous essentiellement une fabrique de tapisseries. Mais l'institution qu'en 1662 voulut en faire Louis XIV, sur les conseils directs de Colbert, était beaucoup plus importante. C'était « la manufacture royale des meubles de la Couronne ». On n'y devait pas faire que de la tapisserie, mais encore toutes les œuvres de broderie, d'orfèvrerie, de mosaïque, de sculpture sur bois, de bronze que pouvaient nécessiter les installations royales. Celui que Louis XIV mit à sa tête, le peintre Le Brun, avait pour mission, non seulement « de faire les dessins de la tapisserie », mais encore ceux « de la sculpture et autres ouvrages », et il devait les « faire exécuter correctement » tous et surveiller « tous les ouvriers employés dans les manufactures ». De plus, une véritable école d'art décoratif était installée près des ateliers, pour soixante enfants qui, après avoir reçu une éducation générale dans les arts du dessin, devaient être distribués selon leurs aptitudes spéciales entre les ateliers particuliers. »

On saisit le miracle de cette unité de commandement et, même, on y trouve singulièrement la démonstration

Fig. 60. — *Banquette-lit Louis XIV* (musée des Arts Décoratifs).

d'un style engendré dans la discipline et non plus dans la liberté d'expression, malgré néanmoins que le style de Louis XIV ne puisse être dénommé style de Le Brun.

Bref, nous devons retenir ici, en ce qui concerne spécialement le meuble, la richesse de son berceau sous les auspices d'un grand peintre et sous l'œil attendri d'un monarque égoïste de tous les arts à la fois.

Cette seconde période du xviie siècle va nous permettre d'applaudir au retour de la tradition essentiellement française, grâce à des grands artistes qui s'appelleront Jean Marot, Lepautre, Jean Bérain, André-Ch. Boulle, etc.

Abordons maintenant la physionomie du meuble sous Louis XIV.

Le meuble, sous Louis XIV, sera donc arraché à ses influences étrangères ; il sera sauvé par l'art de l'ébéniste, qui atteindra alors son apogée.

Ebénisterie plus claire — alors que celle de Louis XIII était si sombre ! — meubles marquetés d'écaille rouge, d'étain, de cuivre, décorés de bronzes (genre Boulle (*fig.* 61 et 92) ; meubles dorés ou peints, meubles vastes et spacieux, meubles essentiellement décoratifs, certes, ainsi que les voulut le grand Roi, dont toute la manifestation esthétique s'inspire de cette base orgueilleuse, meubles cependant — en ce qui concerne du moins les sièges, — d'une commodité jusqu'alors inconnue.

Meubles un peu contournés dans leurs formes un peu ronflantes sans doute, mais dont le luxe fut incomparable. Qu'on en juge, plutôt par les lignes suivantes empruntées à Lechevalier-Chevignard (*Les Styles Français*). Après avoir parlé de la richesse de l'ameublement, des tentures, des costumes, à l'époque qui nous occupe, l'auteur s'écrie : « Tout était à l'avenant ! Le célèbre orfèvre Claude Ballin (1625-1678) exécutait ces merveilles qu'on étalait à la réception des ambassadeurs : sièges, cabinets, tables, guéridons, candélabres, pots à fleurs, caisses d'orangers, cassolettes, vases d'argent, statuettes, bas-reliefs, filigranes d'or, de vermeil et d'argent, qu'il fallut fondre pourtant en 1688, pour soutenir contre l'Europe entière la guerre de la Ligue d'Augsbourg. »

A vrai dire, l'appropriation de ces meubles en métal était bien défectueuse. Que penser d'une table, d'un siège en or ! Nous avons vu les mêmes aberrations chez les Romains... Aussi bien la célèbre colonnade du Louvre ne dépasse pas les bornes d'un somptueux décor et, puisque le meuble n'est qu'un monument d'architecture réduit, pourquoi ne pas critiquer, à la suite, les petits balcons dorés qui s'harmonisent si mal avec la pierre, dans la coupole du Val-de-Grâce, par exemple ? L'abus de l'or, d'ailleurs, incline au mauvais goût, mais il y a

Fig. 61. — *Bureau*, par A.-C. Boulle (musée du Louvre).

la manière. Le vrai luxe de l'or pur corrige dans le mobilier du fils de Louis XIII, ce soupçon désobligeant. La matière noble et brillante est inséparable, même, d'un art essentiellement royal. Art de symétrie et d'ordre qui imposent à la décoration tout un programme d'élévation, de solennité, décrétés par le dôme sur l'édifice, d'une part, — le dôme des Invalides sera doré — par la perruque sur l'Individu, d'autre part.

Programme de dignité et d'orgueil — un peu compassés — voués strictement à l'apparat auquel l'utilité même des meubles est sacrifiée dans l'harmonie du décor ambiant.

Réaction contre l'œuvre original du moyen âge, se raccrochant aux branches de l'antiquité — dans tout le xviie siècle d'ailleurs — parce que l'antiquité a fixé par des ordres d'architecture la grandeur et la discipline esthétiques qui obéissent au frein royal. Nos traditions nationales seront violentées au nom des Académies; la sobriété antique adoptée par l'académisme en raison de son caractère doctrinaire, imposera sa formule; l'originalité résidera plutôt en la décoration surabondante et fastueuse.

Allez donc chercher parmi tant de richesse aristocratique un mobilier pour le bourgeois? Tout a été créé pour la Cour, à son goût, on est tenté d'ajouter de... parvenue, tant elle affiche d'ostentation. Les meubles précieux de Boulle choqueront un peu notre vision et notre jugement. Fort heureusement le bois, ici, accompagne la matière métallique et les autres ingrédients rares qui l'incrustent. Il y a un progrès sur les sièges complètement dorés. L'exemple italien, aux marqueteries multiples, bigarrées, diaprées, point toujours délicat en dépit et à cause, précisément, de l'orgueil éperdu de sa parure, ne pouvait complètement disparaître sous Louis XIV. Il revit du moins, en Boulle, transformé, francisé, mais diversement apprécié, en somme, esthétiquement parlant, malgré qu'on se rallie unanimement à l'indiscutable perfection de sa facture.

Mais la maîtrise des ébénistes italiens de la Renaissance n'était pas moindre; il est vrai que l'art du roi Soleil repousse maintenant leur grâce enclose en des lignes constructives indignes de sa majesté.

Fig. 62. — *Fauteuil Louis XIV* (musée des Arts Décoratifs).

D'ailleurs, si l'architecture du xvii⁰ siècle est revenue à l'antiquité, il n'en est pas de même de son meuble. Le xvii⁰ siècle a créé un mobilier plus original que celui de la Renaissance, essentiellement attachée aux façades d'architecture. Dès Louis XIII, nous vîmes encore l'architecture inspirer le meuble, mais on cherchera vainement le reflet de cet art dans le mobilier de Louis XIV. Sous le grand Roi, c'est la décoration

8*

qui l'emporte sur le souci de la forme et la stylise. Les meubles de Louis XIV ne sont ni grecs ni romains, comparez plutôt ses armoires, buffets, commodes, médailliers (*fig.* 92) cabinets aux précédents! Car il va sans dire que les sièges, tables, écrans (*fig.* 68 et 70) et autres pièces légères, ne peuvent logiquement emprunter à l'architecture que ses ornements.

Nous disions que la décoration sous Louis XIV dominait, pour ainsi dire, le souci de la forme, M. Henry Havard (*Dictionnaire de l'Ameublement*) précise, de la sorte, notre opinion sur ce point, en déduisant du même coup l'originalité constructive du meuble qui nous occupe : « ... il s'opéra de son temps (sous Louis XIV) et avec sa participation, une révolution nouvelle dans la construction du mobilier et dans sa décoration. Non seulement on renonça complètement à ces belles sculptures prises en plein bois, qui donnaient aux armoires, coffrets et cabinets, une si magistrale allure, mais on cessa également d'habiller les meubles de magnifiques housses et d'étoffes chatoyantes, comme on l'avait fait sous les règnes précédents. On s'avisa de réunir ce qui avait été séparé jusque-là, et l'on parvint à faire les meubles si brillants et si parés, qu'ils n'eurent désormais plus besoin d'emprunter à des tissus brochés ou brodés leur éclat et leur richesse. Mais, par une coïncidence singulière, ce qu'ils gagnèrent en parure, ces meubles le perdirent à un autre point de vue. Leur construction logique cessa d'être visible. Une charpente, une ossature savamment assemblée continua d'assurer leur solidité ; mais cette charpente cessa de fournir la base et les premiers éléments de la décoration. Celle-ci devint indépendante sinon de la forme générale du meuble, du moins de ses divisions caractéristiques. Pour faciliter le développement de ce beau décor, riche et somptueux, le meuble ne présenta plus partout que des surfaces plates et unies. Les saillies si rationnelles des encadrements cessèrent d'exister. L'ornementation dont le rôle devrait être d'accompagner la forme et non de sa substituer à elle, commença d'établir sa complète domination. On fit des commodes en manière

FIG. 63. — *Table Louis XIV* (musée des Arts Décoratifs).

de tombeau. Les bas d'armoire, dont les portes furent dissimulées, ressemblèrent à des piédestaux, et, cette tendance s'aggravant de jour en jour, le mobilier ne tarda pas, sous l'empire de la mode, à se gondoler, à se chantourner, à se tarabiscoter de la façon la plus inattendue. »

Cette ornementation triomphante de la forme ne devait pas manquer cependant, de se faire absoudre, tant la forme elle-même, subjuguée, obéissait à son caprice, subissait volontiers l'entraînement de ses galbes, la majesté de son jet. Et, c'est à cette ornementation que nous allons nous arrêter présentement. Abandonnons sans regret au sort du creuset, la seule curiosité — retour du moyen âge — d'un mobilier en métal, et soulignons surtout la caractéristique des meubles dorés chers à la seconde partie du xviie siècle, parce qu'elle témoigne d'un empressement curieux, de la part d'un fils prodigue, à faire sourire *illico* les bois renfrognés qu'il hérita de son père.

Nous voici donc arrivés à la caractéristique de l'ornementation sous Louis XIV, en nous bornant, comme toujours, au mobilier.

Cette ornementation est symétrique. Une coquille ou une palmette, toutes deux caractéristiques, servent de couronnement, de point de départ ou de pivot au motif décoratif. La palmette (*fig.* 56) ainsi que le soleil (*fig.* 58), coiffent fréquemment la tête des personnages, femmes, faunes, satyres. Il importe de l'étudier cette palmette, pour la différencier de celle des époques précédentes. Cette palmette, issue de la feuille d'acanthe des Grecs et des Romains et que dédaigna le moyen âge, fut tout une révélation à travers le caprice des styles.

Sous Louis XIV, elle sera aussi épanouie qu'elle était timidement éclose sous Louis XIII, et nous la verrons tarabiscotée au xviiie siècle. Les altérations successives de la coquille ne sont pas moins à consulter. Mais il faut distinguer entre l'influence de Charles Le Brun, dictateur des arts sous le grand Roi, et celle du Bérain.

Charles Le Brun avec Jean et Antoine Lepautre, incarna davantage son siècle dans une surabondance de détails, une richesse et une puissance confinant à la lourdeur; Jean Bérain, lui, marque plutôt la transition avec le style de Louis XIV. Il est gracieux, léger, et nous restitue, avec Paul Androuet Du Cerceau, les délicates arabesques de la Renaissance italienne et les peintures architecturales de Pompéi.

Mais ces expressions décoratives, point davantage que celle de Jean Marot, encore, n'ont guère impressionné, à vrai dire, le mobilier.

En nous bornant à notre style, nous ne retiendrons donc que les caractéristiques ornementales suivantes, à joindre aux motifs précédemment signalés, la coquille et la palmette servant le plus souvent d'axe aux panneaux.

Fig. 64. — Motif Louis XIV.

La coquille de Louis XIV est celle du pèlerin. Elle n'est point creuse mais en relief, au contraire, ses bords sont retournés à l'envers.

Quant à la palmette, nous avons dit qu'elle était épanouie, c'est-à-dire que ses lobes sont largement découpés, bordés de rinceaux symétriques et surmontés d'un fleuron, une chute de feuillage prolongée par des perles occupant leur largeur où aboutit un culot feuillu.

Autres ornements, ceux des Grecs et des Romains : oves, rais de cœur, godrons, perles et pirouettes, grecques, etc., mêlés à toute une fantaisie bien française mais où la dignité du décor l'emporte sur l'esprit, l'ampleur sur la finesse, plutôt la lourdeur sur la grâce.

Les figures allégoriques, le soleil, qui personnifie le roi, ou bien ses initiales L. L. entrelacées, des Amours puissants, non point malicieux comme ceux du xviii° siècle, se mêlent à des draperies pesantes, à des boucliers et glaives (*fig.* 59), à des casques à plumes, à des peaux de lion, à des cuirasses, à des trophées et faisceaux, etc. Chimères, dragons, masques, mascarons, têtes de satyres, nudités opulentes, titans musclés, s'accumulent dans l'effet, pour constituer une beauté imposante et harmonieuse.

Et, les guirlandes de chêne et de laurier, festons, fleurons, rinceaux, rosaces, les cornes du bélier curieusement stylisées, le motif *lambrequin* (*fig.* 85) s'ajoutent encore, d'une manière typique, à tout cet arsenal décoratif emprunté à la mythologie.

A noter enfin, parmi les signes reconnaissables de cette époque : le treillis ou treillage ponctué d'une perle en son milieu et le culot ou cul-de-lampe fait d'un triple enlacement de volutes, couronné et terminé par un motif de feuillage entre deux crosses (*fig.* 73).

Pour se bien pénétrer de ces ornements typiques, il faut avoir longuement étudié les lambris du château de Versailles et examiné attentivement les beaux meubles de la galerie d'Apollon, au Louvre. Sans compter que les plafonds de Le Brun, dans la même salle, ne sont pas moins à retenir pour l'édification visuelle complémentaire du goût de l'époque.

Nous rentrerons maintenant dans le cœur de notre sujet. Tout d'abord, signalons la faveur en laquelle, sous Louis XIV, on tenait le mobilier. Le roi, lui-même, avait donné le ton en mettant en loterie, à Versailles, des meubles magnifiques qu'il se faisait aussi le plaisir d'offrir en cadeau. La mode était de changer de meubles à chaque saison, du moins chez les grandes dames et les favorites. Il y avait des meubles pour l'été et pour l'hiver, et cet usage de la cour se répandit en province.

On saisit, dès lors, l'intérêt de la beauté jusqu'à la

magnificence, apporté à tout l'ameublement et il est juste d'y associer le xvıı° siècle en entier.

Fig. 65. — *Glace Louis XIV* (musée des Arts Décoratifs).

Car, dans sa sobriété, le meuble de Louis XIII savait

atteindre, nous l'avons vu, à la préciosité. Son luxe discret n'en était pas moins effectif ; sa tristesse, sa lourdeur masquèrent seulement, souvent, son opulence et, sur ce dernier point, les Mémoires des contemporains de Louis XIII sont aussi probants que ceux du grand Roi. Le mobilier de Concini, qui fut pillé à sa mort, était, dit M. H. Havard, d'une somptuosité invraisemblable et, dès le règne de Henri IV, après « les pillages qui accompagnèrent les guerres de religion et les angoisses de la guerre civile qui ralentirent un instant cette passion pour le mobilier, elle recommença à s'étendre sur la Cour et la Ville avec un redoublement d'intensité ».

Mais revenons aux meubles du temps qui nous occupe. L'éloquence du fauteuil[1] Louis XIV nous en imposera symboliquement. Voilà le siège de l'Homme! Il trônera dans ce bâti vaste qui l'encadrera et le fera valoir. Il sera moins bien assis que la Femme, plus tard, au xviiie siècle, mais il la dominera.

Et pourtant, ce fauteuil au dossier élevé, un peu incliné en arrière, au siège rectangulaire moins carré que précédemment (*fig.* 57 *et suivantes*), marque un pas vers le confort.

Les brocatelles, les tapisseries (*fig.* 69), succèdent au bois, au cuir, pour recevoir plus moelleusement l'assiette.

Les canapés (*fig.* 82), les sièges en général, plus larges que les précédents, sont mieux rembourrés. Leur proportion vaste s'explique par l'ampleur des costumes dont les broderies ont une certaine rigidité à ménager. Les franges à la base du dossier et à l'entour du siège, ainsi

---

1. Voici quelle est l'origine des quarante fauteuils échus à nos Immortels : « Le cardinal d'Estrées, devenu très infirme, et cherchant un adoucissement à son état dans son assiduité aux assemblées de l'Académie, demanda qu'il lui fût permis de faire apporter un siège plus commode que les chaises qui étaient alors en usage, car il y avait seulement un fauteuil pour le Directeur. On en rendit compte à Louis XIV qui, prévoyant les conséquences d'une pareille distinction, ordonna à l'intendant du garde-meuble de faire porter quarante fauteuils à l'Académie et confirma par là l'égalité académique. »

que les gros clous de cuivre garnissant le bâti du dossier, demeurent encore en souvenir de l'époque précédente. Mais chacune des parties du fauteuil s'est développée, élargie, et ses pieds à pilastres rectangulaires, terminés par des bases feuillues, des griffes de lion, sont solidarisés par une entretoise.

Fig. 66. — *Table Louis XIV* (musée des Arts Décoratifs).

Des accoudoirs majestueusement incurvés, perpendiculaires au dossier, complètent l'aspect d'un fauteuil typique dont les pieds peuvent être aussi bien indépendants ou reliés par une entretoise en forme de croix ou par des barres à godrons, sur les côtés, que réunis transversalement, tandis qu'une autre barre, en façade du meuble, s'orne, au milieu, d'un large motif, une tête de satyre par exemple.

Il y a des fauteuils Louis XIV à dos et fond cannés, des chaises aussi, et des fauteuils de dimension moindre que celle plus haut décrite. D'aucuns indiquent le milieu du règne, avec des formes mouvementées de la cein-

9

ture et des pieds, avec la torsion des accoudoirs et de leur chute. Les bois des premiers sont carrés, ronds ceux des seconds. Quant à l'ornementation, elle comporte des médaillons, des losanges, des feuillages, sculptés à fleur du bois. La coquille, souvent en vedette, au milieu de la ceinture ou sur les côtés, n'est pas moins caractéristique que les consoles, que les balustres aplatis et les godrons, ces derniers très xviie siècle. Et les bras des sièges, de même que les pieds et les entretoises sont plus abondamment décorés de feuilles d'acanthe, de chimères, etc.

Plus de coussins sur les meubles à dessus en bois, le rembourrage est fixe, et le fauteuil constitue le siège noble où prennent place les personnages de distinction, tandis que, sur des carreaux jetés par terre, s'asseoit le commun.

Vers 1650, les formes carrées des meubles en général s'assouplissent (nous avons vu les fauteuils devenir à ce moment moins monumentaux), les tables (*fig.* 61, 63 *et suivantes*) perdent leurs arcs-boutants et reposent sur quatre pieds affranchis tandis que les commodes commencent à prendre du ventre.

Et ces tables et ces commodes avec les comptoirs se voient supplantés par de grands bureaux à qui sourit la grâce inédite des consoles (*fig.* 67, 84 *et suivantes*), encoignures, étagères, lutrins (*fig.* 84 *et* 95) et torchères (*fig.* 89).

Les tiroirs de ces bureaux sont maintenant placés sous le plateau et de chaque côté de la table. Auparavant ils s'accumulaient au dessus. Et un espace vide, au milieu, permet le passage des jambes. Pareillement, dans la commode, trouvons-nous les tiroirs occupant toute la surface du meuble, sous la table.

Tandis que le cabinet tend à disparaître — le bureau et la commode (*fig.* 91) dérivent de lui — le petit meuble fait son apparition discrète. Il commence à solliciter la futilité, l'accessoire. Son emplacement n'est plus impératif, il balance des symétries ou les agrémente au gré du caprice. Il n'est point d'utilité essentielle, mais, uniformément, tables, médailliers, commodes, guéridons, consoles, etc., sont coiffés d'une tablette de marbre.

FIG. 67. — *Console Louis XIV* (musée des Arts Décoratifs).

Cette tablette de marbre — il en est aussi en précieuse mosaïque due aux frères Migliorini, — apporte ici son caractère de pesanteur à des meubles qui ne deviendront légers qu'au XVIIIe siècle. Malgré qu'à cette dernière époque la tablette de marbre n'ait point disparu, elle ne repose plus, comme sous Louis XIV, sur de lourds guéridons et consoles, elle fait partie de la légèreté de ces petits meubles, volants pour ainsi dire.

Et le bois de tous ces meubles Louis XIV, auxquels viennent se joindre les crédences et les gaines, ces dernières créées par Boulle pour y placer ses belles pendules, des cassettes, etc., et le bois, disons-nous, de tous ces chefs-d'œuvre d'ébénisterie, est marqueté, orné d'appliques de cuivre, fondues, ciselées et dorées. Des placages précieux dissimulent les ajustages, et, de vastes tiroirs se substituent, pratiquement, aux petits compartiments de la Renaissance. Ces meubles sont grands, sinon toujours de dimension, d'aspect, de ligne du moins. Les armoires (il en est de basses) sont à larges vantaux (*fig.* 79), et, sans nous arrêter aux lourdes tables uniquement d'apparat, encombrées, ceinturées d'ornements à jour et surdorées, les tables proprement dites, Louis XIV, souvent à balustres aplatis, généralement d'une grande volée, sont confortables et d'une forme ornementale bien comprise.

Nous en arrivons aux meubles de Boulle. André-Charles Boulle, né et mort à Paris (1642-1732), a créé des meubles typiques, d'un art incontestable sinon d'un goût indiscutable dans la recherche de l'éclat et de la richesse. Les meubles de Boulle sont de deux sortes : tantôt en marqueterie de bois précieux, tantôt en marqueterie où l'écaille se marie avec des incrustations de métal.

Boulle fut un marqueteur extrêmement habile et, dans la première manière il sut, en combinant les différents bois de l'Inde et du Brésil, représenter les décors naturels les plus divers, paysages, sujets de chasse, d'histoire, etc. Dans la seconde manière, le maître ébéniste excella à l'association de l'écaille rouge, noire ou blonde, de la mosaïque, du bronze, de l'étain, de l'ivoire, du cuivre, voire de l'or, avec l'ébène. Le plus souvent, le bois disparaît sous la matière appli-

Fig. 68. — *Ecran Louis XIV* (musée des Arts Décoratifs).

quée et, des bronzes ciselés par Domenico Cucci, lorsque le burin de Claude Ballin ou de Duval n'est point encore sollicité, viennent apporter le concours de leur beauté complémentaire à la forme.

Voici des commodes de marqueterie de cuivre et d'écaille ornées de bas-reliefs en cuivre ou d'un panneau en marqueterie de bois; voici des armoires décorées d'incrustations d'écaille sur fond de cuivre ou bien de cuivre sur champ d'écaille. Voici des pendules à gaines, sur consoles; les deux parties en marqueterie de cuivre et d'écaille; voici des bureaux, des secrétaires où le bois d'ébène, apparent, s'adorne seulement de panneaux de cuivre ciselé, dont les pieds, ainsi que la tablette, sont bordurés d'ornements ciselés.

Autant de précieux meubles, à forme relativement calme, où le décor joue un rôle prépondérant : rinceaux, volutes symétriques mêlés à des figures allégoriques, etc.

Fig. 69. — *Tapisserie Louis XIV.*

Autant de créations par pur plaisir d'embellissement — au mépris du goût souvent même, répétons-le — en contradiction aussi et sans aucun bénéfice ni rapport avec l'utilité pratique.

A côté de Boulle, on pourrait citer les noms de ses fils, mais ils s'éclipsent à vrai dire devant la renommée du père, alors que les Jacques Sommer, les Pierre Poitou, les Jean Oppenord font encore excellente figure. Et, parmi les meilleurs sculpteurs sur meubles, nous détacherons des personnalités comme Philippe Caffieri (1634-1716), Pierre Lepautre, Jean-Baptiste Tuby, qui contribuèrent par leur goût et leur talent à la somptuosité du meuble sous le Grand Roi.

Rien à dire de très spécial du lit Louis XIV (*fig* 86 *et* 96). Il ne diffère guère de celui de Louis XIII, enveloppé qu'il est d'étoffe; ses boiseries étant plutôt inexistantes (ou dissimulées), malgré que Caffieri (et Le Brun, et Lepautre dessinèrent, dit-on, plusieurs de ces meubles qui nous échappent) soit cité comme l'auteur d'un grand

Fig. 70. — *Écran Louis XIV* (musée des Arts Décoratifs).

lit de bois doré destiné au grand salon de Versailles. Il s'agit sans doute de quelque couche d'apparat, dans le genre de celle qui figure actuellement au palais de Versailles et qui n'est d'ailleurs qu'une reconstitution due aux indications de Louis-Philippe...

Puisque nous parlons de ce lit, notons l'unique authenticité du dais et de la courte-pointe en dentelle (la balustrade en bois doré qui en défend l'accès, est aussi de l'époque) jetée sur le sommier large et rectangulaire reposant sur une marche.

Généralement, le dais est aussi long et large que le lit et, d'amples courtines, retenues par des embrasses, pendent à ses côtés. Une riche étoffe de la largeur du lit tapisse le fond, contre le mur, et relie le traversin au dais, souvent couronné de panaches de plumes.

A côté du lit de milieu — sans colonnes, muni d'un seul dossier — ou lit de cérémonie sur lequel, selon la mode du temps, la maîtresse de céans, en grande toilette, reçoit — il en est un autre dans une alcôve dont les ruelles ne sont pas moins fréquentées maintenant par les *précieuses*, dignes filles de celles qui les précédèrent sous Louis XIII.

Mais les lits, d'une façon générale, ne sont plus clos sur chacun de leurs côtés, par des courtines, comme au règne précédent. De même, sous Louis XIII, le baldaquin s'adornait de quatre bouquets de plumes qui correspondaient aux quatre colonnes et, maintenant, les colonnes ayant disparu, le baldaquin ne comporte plus que deux panaches sur sa partie avancée.

Quant à la richesse de la garniture de ces lits, elle répond à la magnificence du décor tout entier. Les plus beaux brocarts, les velours les plus fins, les satins les plus chatoyants, tamisés par les points de Malines et d'Alençon les plus impalpables, sont jetés sur ces couches avec le geste de l'art le plus délicat.

En dehors du lit royal du palais de Versailles, dont l'aspect d'ensemble est seulement à retenir, nous conseillons d'examiner avec soin celui que possède le musée des Arts Décoratifs, (*fig.* 86) d'une authenticité parfaite. On en cite encore un, particulièrement beau, et de source aussi certaine, dans la collection de M. M. Lowengard. Il est entièrement recouvert de tapisserie à l'aiguille.

Fig. 71. — *Chaise Louis XIV* (musée des Arts Décoratifs).

En ce qui concerne la reproduction, la copie et le faux, les meubles de style Louis XIV tentent peu le commerce ou la fraude : ils sont trop coûteux à réaliser. Parce que trop volumineux, étant donné leur ampleur qui nécessite beaucoup de bois et de tapisserie, on les rencontre donc rarement dans les catalogues de l'industrie courante. Leur richesse, en un mot, ne les a pas mis à la mode du faubourg Saint-Antoine et le fraudeur est déconcerté autant par l'avance de fonds que lui coûteraient ses artifices que par le peu de gain que lui réserverait la vente.

Autre observation : les meubles ne sont encore ni nombreux ni portatifs, sous Louis XIV, d'où un choix limité de pièces et des nécessités de pesanteur qui ne sont pas encore pour inciter au commerce de l'imitation ou de la fraude. Un intérieur Louis XIV serait bien délicat à réaliser en sa puissance et en son opulence. Mais, en revanche, les fauteuils Louis XIV, surtout ceux de l'époque de transition, les plus petits, pullulent : ils exigent moins de place... et de bois.

Méditons enfin sur ces meubles, aux musées du Louvre et des Arts Décoratifs où il y en a de fort beaux ; feuilletons avec attention les recueils d'ornements des frères Lepautre, des Bérain, de Paul Androuet du Cerceau, frère de Jacques, qui dessina de si jolies arabesques sous la Renaissance. Inspirons-nous aussi, attentivement, de l'art de Le Brun et courons visiter à Versailles; les beaux intérieurs où hante encore la solennité de Louis le Grand, son esthétique autoritaire et disciplinée. Les lambris dorés, miraculeusement sculptés, de la demeure royale, ont réfléchi l'ombre majestueuse du monarque, ils en ont gardé la beauté noble et l'éclat du soleil semble s'être accroché éternellement à ces plafonds aux lourds cartouches, à ces meubles, à ces mille détails brillants qui sont autant de souvenirs hautains.

CHAPITRE VIII

LE XVIIIe SIÈCLE :

Le Meuble sous la Régence et sous Louis XV.

Après la force : la grâce ! Le col distendu va reprendre maintenant ses aises sur des torses moins rigides. La noblesse s'humanisera comme le geste, dans moins d'emphase. De demi-dieux, les hommes seront devenus simplement des hommes, et les femmes sacrifiées au xviie à la morgue d'Apollon-Roi, seront des reines au xviiie siècle. Aussi bien l'Art aura des échappées de liberté. Le génie, moins contraint, connaîtra plus d'originalité, avec un Jean-Antoine Watteau, avec un François Boucher, avec un Jean-Honoré Fragonard, parmi les peintres ; avec un J. A. Gabriel, un Robert de Cotte et un Germain Boffrand, parmi les architectes ; avec un Coustou et un Bouchardon, parmi les sculpteurs.

Il est vrai que Robert de Cotte et Boffrand, architectes de transition entre le règne de Louis XIV et celui de Louis XV, tiennent une place de faveur dans l'opinion des censeurs en raison de leurs chefs-d'œuvre, certes, mais aussi parce qu'ils n'effarouchèrent pas l'esprit conservateur. Et alors que Gabriel, le plus célèbre des artistes du règne de Louis XV, est prôné d'ailleurs à sa juste valeur parce qu'il avait résisté autant que possible aux influences de la mode, Oppenord ne trouve point grâce devant les écrivains classiques pour les raisons contraires.

Cependant, en ce qui concerne du moins le meuble,

le père de la « rocaille » mérite toute notre reconnaissance.

De l'exagération qu'il indiqua, naquit un esprit décoratif nouveau.

Mais il est entendu, dans la sévère classification des historiens que « la frivolité et le dérèglement auraient brusquement remplacé (après Louis XIV) l'ordre et la majestueuse unité... » Quel singulier besoin de flétrir aujourd'hui au nom d'hier! Fort heureusement les époques diffèrent de beauté entre elles et, les chefs-d'œuvre se rient de certain ordre et de certaine majesté indiqués par le classicisme et l'académisme. Qui dira le préjudice causé à l'émanation personnelle par la régression antique, au nom de la discipline! Quand donc brisera-t-on le sceptre gréco-romain, à la base sempiternelle de nos institutions esthétiques?

Pourquoi ne pas revenir tout simplement, dans la conception, à la tradition de notre art national?

Il est vrai qu'en matière d'architecture et de mobilier, les lois constructives sont impératives et conservatrices, tandis que les arts plastiques sont plutôt d'ordre sentimental et irrégulier. Mais, en ce qui concerne encore l'architecture et le mobilier, en dehors de leur solidité, source de sécurité et de durée, consacrées par l'expérience, la logique et la méthode, il demeure l'originalité de varier le confort, de servir les besoins nouveaux en les entourant de beauté.

Et c'est ainsi que la maison et le meuble se sont réellement renouvelés à travers l'expression des siècles: ils ont accompagné le confort avec grâce. Ce fut leur originalité qu'il ne faudrait point confondre avec l'excentricité, qui consiste à innover contradictoirement — pour le plaisir.

Les meubles du xviie siècle, ceux de Louis XIV surtout, étaient volumineux, ceux du xviiie siècle seront menus. C'est tout le passage de la force imposante à l'élégance insoucieuse, de l'indication des aises à leur réalisation dans l'aménité.

Fig. 72. — *Fauteuil Louis XIV* (musée des Arts Décoratifs).

Il importe, au surplus, de clamer que Watteau vaut Le Brun, et que si les meubles de son Maître sont superbes, ceux du xviiie siècle sont charmants. Nous abandonnerons, ainsi, aux pontifes, les hautaines controverses, et bénirons la frivolité et les mœurs dissolues de la Régence et du bon Roi pour la beauté sans conteste qu'elles nous renouvelèrent.

Fig. 73. — *Motif Louis XIV.*

Au nom de Gilles Oppenord [1], que nous citâmes parmi les innovateurs du style qui nous occupe, nous ajouterons celui de Just-Aurèle Meissonier [2]. La manière de ces deux artistes originaux, du moins, « révolutionnaires », triomphe donc de Robert de Cotte et de Boffrand, architectes classiques. Et ces créateurs de l'un de nos styles les plus français seront d'origine étrangère !

« A une société amoureuse avant tout de bien-être, éprise de confort, ne demandant qu'à se laisser vivre le plus joyeusement du monde, les lignes fermes et rigides et les angles droits devaient sembler non seulement déplaisants à la vue, mais surtout rudes au toucher. Aussi est-ce le mobilier qui marque le point de départ de l'évolution et qui donne sa note la plus vraie. »

Cette opinion de M. Henry Havard (*Les Styles*) se rencontre avec la nôtre, et l'auteur, après avoir donné la

---

1. Architecte et plutôt dessinateur.
2. Architecte, peintre, sculpteur, dessinateur, décorateur et surtout orfèvre.

Fig. 74. — *Fauteuil Louis XIV* (musée des Arts Décoratifs).

physionomie du meuble de la Régence, confirme son sentiment, non sans l'accompagner d'une judicieuse critique : « Et voilà comment l'architecture, qui pendant près de cinq siècles avait gouverné tout le reste, se laissa à son tour imposer par le mobilier une statique, une ordonnance, une décoration et des formes qui ne semblent point faites pour elle... »

Effectivement, l'adaptation de la matière rigide, de la pierre à la souplesse propre au métal, au bois, était, architecturalement parlant, une erreur, mais à l'extérieur de l'édifice plutôt, car on se plaît à constater que les architectes du temps de Louis XV « répudiaient avec raison toutes les formes anguleuses et qu'ils avaient très bien compris qu'à l'intérieur on ne saurait effectuer les masses et les saillies qui sont le propre de la pierre et doivent être réservées pour le dehors ».

Aussi bien on concède que ces mêmes architectes « s'efforçaient de satisfaire à la fois, et le mieux possible, aux conditions d'une commodité parfaite et d'un agrément qui avait son prix ».

Mais passons, et le reproche d'une architecture contournée, infléchie au mépris de la matière (à l'extérieur), ne pourrait guère s'adresser qu'à Oppenord et à Meissonier, puisque Gabriel, d'ailleurs plus exactement rattaché à la gloire esthétique de Louis XIV, est un architecte nettement classique. Et, en ce qui concerne notre travail, nous constaterons simplement que les deux premiers artistes furent des apôtres de l'originalité du meuble, originalité à laquelle le troisième ne prit aucune part.

Renouvelons donc à Oppenord et à Meissonier notre gratitude d'avoir, en créant, sous la Régence, le style « rocaille » ou « rococo », construit et orné le siège sur lequel s'assoieront Philippe d'Orléans et — après d'intéressantes retouches, — Louis XV.

D'ailleurs, Gabriel, architecte somptueux, conservateur hautain de la tradition, n'eût pu, décemment, concéder à l'oubli des règles, non plus que Robert de

Cotte et Boffrand, demeurés dignes de Mansart leur maître et, d'autre part, le meuble, tout en appartenant par le rapport de la construction et de l'aspect, à l'architecture, peut se permettre des licences que l'archi-

FIG. 75. — *Bergère à joues Louis XIV* (musée des Arts Décoratifs).

tecture ne saurait admettre. Convenance de matière différente et destination autre...

Nos préférences vont donc à Oppenord et Meissonier en tant que dessinateurs-décorateurs innovateurs, et non point à leur manifestation architecturale.

Le nom de Robert de Cotte reviendra une dernière fois sous notre plume, en raison de l'occasion qu'il nous donne d'enregistrer son « audacieuse » instauration des glaces au-dessus des cheminées.

Ainsi disposées, ces glaces « répandaient dans les appartements, par le prolongement perspectif des lignes d'architecture et le réfléchissement infini des lumières, un charme dont l'idée, néanmoins, ne laissa pas que d'être fort critiquée ». On fit « particulièrement remarquer combien il était peu censé de figurer un percé là même où le coffre de la cheminée nécessitait une partie pleine ». Il n'empêche que ce contre-sens dure encore de nos jours, consacré par la logique de l'habitude. Et combien de préventions initiales en sont là ! Or, le symbolisme de ces glaces où se répercutent à la fois la lumière et la beauté, n'est pas fait pour nous déplaire à cette heure de luxueuse dissipation.

Nous allons donc voir, dès la Régence, les métamorphoses de la ligne inflexible sous Louis XIV et, sans nous occuper de l'architecture, nous examinerons le meuble cabriolant maintenant, non plus dans d'immenses pièces mais dans de petits appartements. C'est le meuble qui commandera aux emplacements de se faire à son élégance, à sa rotondité aimable, à sa convenance douillette. Et les angles, tout d'un coup, s'aplatiront, et les courbes naîtront comme des révérences autour du meuble infléchi, pour donner l'exemple.

Les axes sont chavirés, la symétrie rompue, tandis qu'une ornementation nouvelle paraît. Le xviie siècle avait chanté l'orgueil de l'Homme, le xviiie siècle célèbrera la grâce de la Femme.

Toute la différence du décor, de la grandeur au charme, tient en la différence des deux cultes.

Louis XIV se fut offensé de cette basse préoccupation de confort à laquelle, au contraire, condescendit avec empressement Louis le Bien-Aimé, sous le sourire des favorites. Philippe d'Orléans, en donnant l'exemple des mœurs dissolues, ne se doutait point que la galanterie dût un jour flatter l'esthétique et, sans le geste lascif de son auguste maître, François Boucher ne se fût jamais avisé d'ouvrir la cage de ses Amours dégénérés des enfants héroïques précédents.

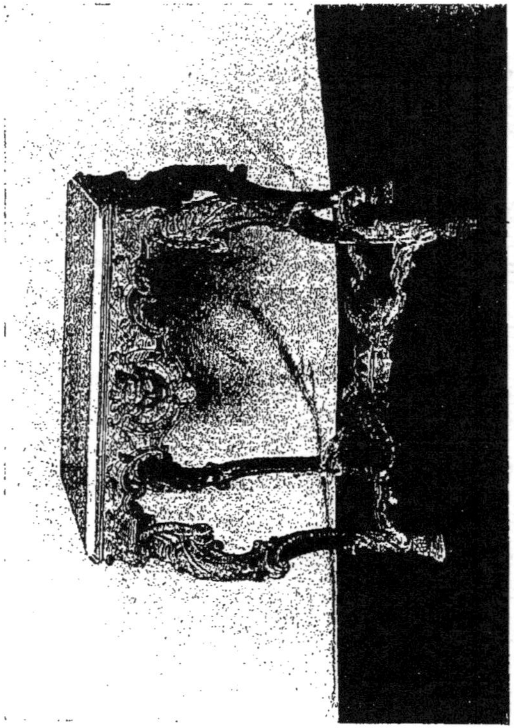

Fig. 76. — *Table Louis XIV* (musée des Arts Décoratifs).

Réactions miraculeuses pour l'Art, et, en ce qui nous concerne, voici le mobilier transformé, du sévère au frivole.

Toutefois il faut reconnaître au style Louis XV l'ordonnance quasi-classique du tarabiscotage et du contourné de la Régence. Et, d'aucuns qui distinguent dans le style mobilier dont nous nous occupons, une expres-

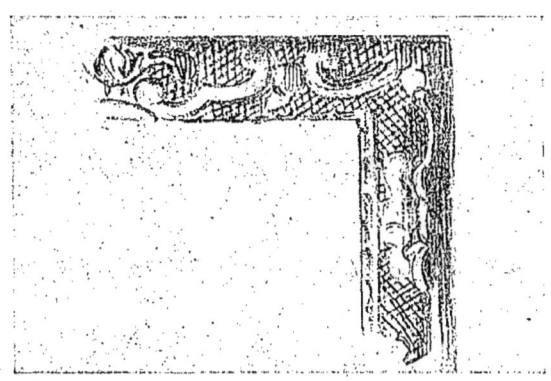

Fig. 77. — *Motif de cadre Louis XIV.*

sion « Pompadour » sont ceux-là même qui confondent ou, mieux, ne départagent pas les deux manifestations. Des documents établissent indubitablement l'influence de la prodigue marquise non pas seulement sur les peintres et les littérateurs de son temps, mais encore sur le style du mobilier de son époque.

« Elle (Mme de Pompadour) ne créa pas le style auquel on a donné son nom, mais elle refléta de la manière la plus heureuse l'évolution artistique de son temps... » Et, en matière de meuble, on pourrait lui attribuer ceux qui inclinent à la sobriété classique, dans le calme de la ligne, non dans sa rectitude, mais dans sa torsion raisonnable mise au service d'une décoration tempérée et de bon goût. On devrait, en somme, à Mme de Pompadour, le pur style Louis XV. Au nom de la favorite, il faut alors ajouter celui de son frère, directeur des bâtiments royaux, le marquis de Marigny, artisan avec sa sœur et le graveur Cochin, de la réaction que nous venons d'indiquer. C'est alors le pressentiment du retour à l'antiquité que la Du Barry

Fig. 78. — *Fauteuil Louis XIV* (musée des Arts Décoratifs).

accusera encore, grâce à des maîtres ébénistes et ciseleurs comme Riesener et Goulhière, sans parler des architectes Ledoux et Gabriel, surtout, qui embellirent les aises de cette autre favorite du roi avec un art plus assagi, que, plus tard, au xviiie siècle, Marie-Antoinette et Louis XVI, brusquant et matant, convertiront nettement alors, à l'esprit antique, à la grecque.

En attendant, après la Régence, la grâce bizarre du

décor « rocaille » (*fig.* 97 et 98) distingue toutes les productions décoratives et architecturales de Louis XV, mais dans une mise au point, dans une stylisation d'une sobriété et d'un goût supérieurs qui interdisent de n'y voir qu'une simple prolongation de l'exubérance rocaille ou rococo.

Ce n'est pas, comme on l'a dit, un alourdissement de cette rocaille qui naîtra après la Régence, c'est la stylisation, l'altération de cette imitation de rocaille au point que le modèle inspirateur se dérobera.

Issue de l'interprétation des roches, des coquillages, des grottes — déjà au xvie siècle on avait esquissé un pas vers cette imitation — la rocaille fut, à vrai dire, dans le meuble, le fait d'une des deux expressions de la Régence, car il en est une autre où persiste encore la symétrie de Louis XIV avec un décor à peine varié.

Dans la première de ces expressions, la transition échappe. La rocaille intempestive et charmante, d'ailleurs, se mêle à des guirlandes de fleurs, à des roseaux, etc. (*fig.* 97 et 103). Son tarabiscotage et son contourné ont rompu franchement avec le style précédent dans la rupture des axes. La seconde expression marque la transition, sans brusquerie, avec le Louis XIV : les axes sont respectés, mais les courbes apparaissent dans ces axes plus gracieusement.

Attachons-nous donc à ne pas confondre les prudentes et sobres manifestations transitoires dues aux Robert de Cotte et Boffrand, avec les nettes diversions de Oppenord et Meissonier. Aussi bien l'esthétique de Gabriel n'a rien de commun avec le goût baroque.

Toutefois, revenons-y, c'est bien le génie emphatique et redondant des artistes d'origine étrangère, Oppenord et Meissonier, qui donna au style Louis XV sa base. Nous la nationalisâmes, cette base, comme de coutume, en la tempérant à notre mesure, à notre tact, mais il ne faut pas oublier que l'originalité ne consiste pas à revenir au chef-d'œuvre du passé, bien au contraire.

Fig. 79. — *Armoire Louis XIV* (musée des Arts Décoratifs).

Et les novateurs, les esprits originaux, sont trop pressés de briser un moule pour avoir le temps d'en créer un autre : ils n'en peuvent tenter que l'ébauche, qu'il appartiendra à la modération des successeurs, de préciser au nom des principes conservateurs, du classique ou de la tradition.

Nous avons signalé les méandres rocailleux — du plus au moins — sous la Régence et sous Louis XV, nous allons examiner maintenant un autre mode ornemental, d'une caractéristique secondaire, mais encore inséparable de l'ensemble décoratif qui nous occupe : c'est le décor de « chinoiseries ».

Les « chinoiseries » avaient débuté à la fin du règne de Louis XIV, au bout du pinceau de Watteau. Ces « magots » auxquels la majesté du Grand Roi avait daigné consentir au couchant de son astre, étaient descendus de ces fines porcelaines et laques de Chine importées alors d'Extrême-Orient. Et ce mode de décor devait être en faveur jusque dans la première moitié du xviiie siècle, singulièrement associé aux exhumations gréco-latines de l'époque.

A côté des « chinoiseries », séparément ou mêlées à elles, on goûtait vivement aussi, sous la Régence et Louis XV, la représentation des singes. Le peintre Huet excellait à faire gambader ces quadrumanes parmi des arabesques de fleurs, de guirlandes et coquilles, où l'on voyait aussi des personnages vêtus à l'orientale, des Chinois, etc. (*fig.* 99).

Sans insister sur Boucher qui, moins encore que Watteau, s'adonna à cet exotisme, il faut citer, après Huet, Pillement, auteur de scènes enfantines européennes travesties à la chinoise. Et les noms d'Aubert et de Jeaurat, vulgarisateurs habiles des sujets à la mode, ne doivent pas non plus être oubliés.

Nous verrons, au surplus, le célèbre ébéniste-sculpteur Cressent faire danser des singes délicatement ciselés sur les bas-reliefs en bronze de ses somptueuses commodes (*fig.* 100) et le vernis Martin disputer aux laques

Fig. 80. — *Fauteuil canné Louis XIV* (musée des Arts Décoratifs).

de Chine et du Japon non seulement leur matière rare mais encore leur décor.

Avant d'aborder le meuble, nous le situerons parmi les boiseries claires, parmi les moulures et encadrements de panneaux aux agréments souvent dorés, finement sculptés et se détachant sur un fond uni, blanc, gris, bleu de ciel, citron. Et nous jetterons un dernier regard sur le caprice étonnant de ces courbes et volutes comme fraisées en souvenir de la coquille, mises en valeur par le contraste calme de quadrillages à crossettes.

Ces volumes asymétriques où s'entrechoquent les motifs, se balancent harmonieusement. Point de pivot central à la composition ; celle-ci jaillit d'une pirouette sans jamais néanmoins faillir à l'équilibre. Elle retombe sur ses pieds avec grâce, et ce sont des guirlandes, des rinceaux de feuillage qui se tordent avec la plus adorable fantaisie. Partout des glaces pour multiplier ce sourire pour lequel le délicieux peintre François Boucher a été créé. En Boucher « revit l'esprit de la Régence et le goût des salons de l'époque Pompadour ». Les amours hantent alors, à profusion, les trumeaux, les plafonds. On ne voit plus qu'allégories, bergeries et paysanneries. L'heure n'est plus à la gloire, à la grandeur, elle succombe au charme, et tout le décor palpite dans un long baiser.

Le peintre de Cupidon devait succéder logiquement à Watteau, interprète raffiné des « conversations galantes ».

C'est Antoine Watteau qui devra documenter, tout d'abord le lecteur, sur l'époque « rococo ». A cet égard, ses *Grandes et Moyennes Arabesques* sont à consulter et, de même, les *Ornements trophées et culs-de-lampe*, de Claude Gillot, son maître ; sans oublier, naturellement, les recueils de dessins de Just-Aurèle Meissonier (le *Livre d'ornements en trente pièces ;* le *Livre d'Orfèvrerie d'église en six pièces*, entre autres, et ceux de Gilles-Marie Oppenord.

Nicolas Pineau, F. de Cuvilliès, Lajouc aussi, et les œuvres des célèbres orfèvres Germain et Babel renseigneront encore copieusement sur la décoration de l'époque.

Fig. 81. — *Fauteuil Louis XIV* (musée des Arts Décoratifs).

Toutefois, en ce qui nous concerne ici, nous recommanderons spécialement l'*Art du Menuisier* de Roubo le Fils. Ce « compagnon menuisier » de génie, a résumé dans ce manuel édité en 1768, les principes de sa technique de constructeur, d'ébéniste et de décorateur, avec une conscience qui, de nos jours encore, en impose à la menuiserie du bâtiment et à l'ébénisterie autant qu'elle nous éclaire fructueusement sur l'art du meuble à l'époque dont nous nous occupons.

Quant à l'architecture, nous l'abandonnerons à sa façade demeurée fidèle aux données classiques du xvii° siècle, et principalement à la majesté de Louis XIV, du moins en ce qui concerne les édifices publics, car, dans l'architecture privée, sous la Régence et sous Louis XV, nous assistons à une beauté moins tendue, plus amène. Toutefois, répétons-le, c'est le mobilier qui commande aujourd'hui à l'architecture et nous savons plutôt son obéissance à l'intérieur qu'à l'extérieur, comme de raison. Aussi bien nous ne répéterons plus que le sceptre classique a été maintenu très haut au xviii° siècle, par Gabriel, et nous ne manquerons pas de nous délecter à la vision des gravures du traité de Jacques-François Blondel : *Distribution des maisons de plaisance et de la décoration des édifices en général.*

C'est parmi ce décor envisagé spirituellement par Blondel que nous nous figurerons la disposition des meubles dont nous allons maintenant parler.

Dès la Régence, les meubles vont devenir nombreux. Ils seront légers, ainsi que leur époque, et prompts à accueillir comme à servir les moindres besoins et gestes. De même que le fond sur lequel ils se détachent, leur ébénisterie sera plus claire que précédemment, et nous insisterons sur la grâce de tous ces sièges, consoles, commodes, encoignures, etc., dont les inflexions, les galbes, sont autant de révérences.

Une pièce inédite dans l'appartement : le boudoir, est d'une éloquence charmante. Dans les appartements réduits maintenant à des proportions intimes, le boudoir joue un rôle typique. Il est le temple de la Femme et c'est une bergère (*fig.* 109 *et* 139) — meuble nouveau aussi, du moins sous Louis XIV les bergères étaient moins agréables et charmantes, — qui accueillera sa grâce menue, douillettement. Pareillement, un chiffonnier — autre meuble hier inconnu — jouera le rôle d'une armoire, mais avec un sourire condescendant,

LE MEUBLE SOUS LA RÉGENCE ET SOUS LOUIS XV 173

car cette armoire a perdu maintenant sa taille majes-
tueuse. Aussi bien, tout à l'entour, le cadre des armoires, canapés, banquettes, commodes (*fig.* 108, 111

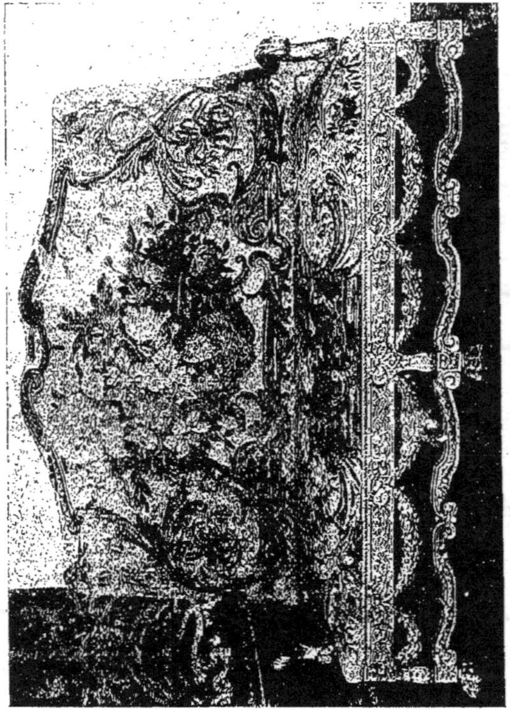

FIG. 82. — *Canapé Louis XIV* (musée des Arts Décoratifs).

et 114), fauteuils, etc., s'est amoindri, amenuisé. La silhouette du mobilier en général, capricieusement découpée, a abattu ses angles pour mieux répondre à l'emplacement que leur ménagent les courbes de la pièce où ils figurent.

Et, dans ces saillies émoussées, dans ces surfaces incurvées, les meubles ont fatalement horreur de la ligne droite et de la simplicité.

Les voici harmonieusement conçus en rapport avec la souplesse voulue, avec la décoration affectée des plafonds, lambris et cadres de glaces où se reflètent des personnages faisant la courbette.

Les commodes seront maintenant ventrues comme le geste unanimement sera rond, et les sièges répondront au toucher par une caresse.

Le fauteuil (*fig.* 105 *et suivantes*) de Louis XIV a perdu son dossier vaste et carré. Il est plutôt bas, échancré ou arrondi, dans sa partie supérieure, tandis que ses côtés s'évasent ou bien se cintrent. A la ceinture, même mouvement que ponctue une coquille (ainsi qu'au fronton du dossier et au départ des pieds de devant) ou des fleurettes. L'entretoise qui solidarisait auparavant les pieds des sièges, est généralement supprimée. D'où plus de légèreté. Les bras et les accoudoirs sont élégamment contorsionnés ainsi que les pieds, en S. Les bras du meuble méritent bien leur nom à la façon confortable dont ils rappellent la ligne sinueuse des bras du personnage, moelleusement et profondément assis, plus bas qu'autrefois, son dos étant, au surplus, mieux accueilli par un rembourrage convexe.

Les moulures sont saillantes sur des surfaces bombées. Les sculptures moins en relief qu'au xviie siècle, sont plus délicatement, plus finement fouillées, et les palmes, les roseaux, l'acanthe retroussée et échevelée (mêlés à des contorsions de lignes où l'inspiration de la rocaille s'est pour ainsi dire évanouie), constituent les emprunts les plus coutumiers à la plante, dans l'orne-

Fig. 83. — *Glace Louis XIV* (musée des Arts Décoratifs).

mentation. Ornementation qu'une guirlande de fleurs et un ruban enlacés, piquent çà et là.

Et cette feuille d'acanthe est perlée tout au long de sa nervure médiane, et la rocaille est représentée par une stylisation déchiquetée, percée de jours arrondis ou ovales, ondulée, à la distinction de laquelle il faut

FIG. 83 bis. — *Console Louis XIV*, sur laquelle repose la glace précédente (musée des Arts Décoratifs).

se familiariser. Tantôt cartouche obliquement disposé, tantôt motif distendu dans un ensemble de volutes au mouvement contradictoire. Tour à tour en bois sculpté ou en métal appliqué, la rocaille, qu'il ne faut pas confondre avec la coquille qui, elle, demeure conforme à la nature, n'est plus qu'un jouet amorphe, qu'un prétexte séduisant au bout du crayon qui l'indique.

En décrivant le canapé (*fig.* 114 *et* 116) et la chaise, nous risquerions de nous répéter. Cependant de nouveaux noms viennent de leur être donnés qui désignent des formes à retenir. Ce sont des *gondoles* (sièges dont les dossiers sont arrondis), des *cabriolets* (fauteuils de boudoir de petite taille et particulièrement légers), des *vis-à-vis* (petits canapés permettant à deux personnes assises de pouvoir converser face à face), des *sophas* (sorte de lits-canapés à trois dossiers), des *chaises*

Fig. 84. — *Lutrin Louis XIV* (musée des Arts Décoratifs).

longues (*fig.* 130), des *bergères* — déjà nommées — ou fauteuils à joues pleines recouverts d'un coussin, etc.

Et Lalonde, et Radel, conçoivent encore de charmants canapés, *en corbeille, à médaillon, à joues*...

Toutes ces variétés de sièges correspondaient à autant de satisfactions raffinées; ils se disputaient le bénéfice de cette coquetterie et de cette amabilité que le lit cumulera avec un luxe et sous une multitude de dénominations où la vue et la volupté trouvaient leur compte.

Notons que les bois, dorés au début, ont presque complètement renoncé à cette parure précieuse par la suite.

Ils inaugurent la peinture claire, conformément à l'exemple des appartements. Les voici gris, blancs, céladons (vert pâle).

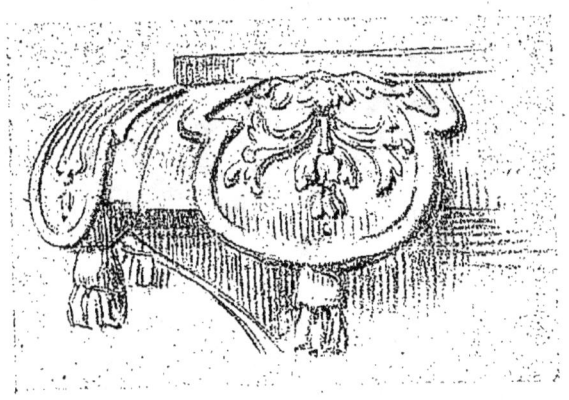

Fig. 85. *Motif Louis XIV, (lambrequin)*.

Nous parlerons maintenant de la tapisserie de ces meubles. La tapisserie proprement dite, que les lambris maintenant nus, que les boiseries sculptées remplacent, joliment tachées de rose et de bleu tendre, faits d'un coin de ciel où palpite la chair de Cupidon, est reléguée à la garniture des sièges.

La manufacture de Beauvais flatte aussi ces écrans, ces paravents aux bâtis ornés de torches enflammées et de carquois. Oudry, directeur de Beauvais, donne des sujets de chasse, des décors de fleurs qui, exécutés en tapisserie, alternent avec ces scènes ou champêtres ou lascives qui sont le propre du temps.

« ... Pasteurs amoureux et galantes bergères, tambourins, fifres, cornemuses et pipeaux » sont aussi

Fig. 86. — *Lit Louis XIV* (musée des Arts Décoratifs).

communs à l'œil que la rocaille souple au toucher, caressante sous toutes ses formes — depuis les boutons de portes, jusqu'aux ferrures des meubles (*fig.* 110), jusqu'à leur clé même.. Depuis la moindre moulure éclose aux boiseries, depuis la faïence ou la porcelaine,

Fig. 87. — *Fauteuil Louis XIV* (musée des Arts Décoratifs).

qu'elle soit vulgaire ou rare, jusqu'aux plus précieux candélabres et à la plus mignonne tabatière — jusqu'à la canne !

Mais, en dehors de la tapisserie, les damas les plus fins, les lampas les plus fantaisistes, les satins et les soies les plus chatoyants, les plus douces brocatelles recouvrent encore les bois délicatement maniérés de cette époque. A la tendresse des sentiments du cœur répond la fraîcheur printanière des tissus et de leur décor à fleurettes, à bouquets.

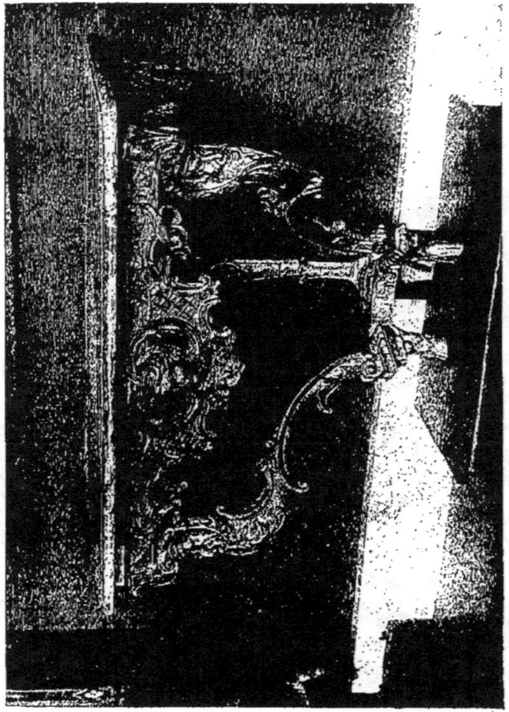

Fig. 88. — *Console Louis XIV* (musée des Arts Décoratifs).

Le velours n'est pas moins apprécié comme garniture, pour sa douceur et son reflet qui font valoir la matité des bois. On les canne aussi, volontiers, ces sièges, et ils n'abdiquent cette fois que leur moelleux; il est vrai

Fig. 89. — *Torchère Louis XIV* (musée des Arts Décoratifs).

que ce moelleux est tout un programme : jamais on n'a été mieux assis qu'à cette époque !

Nous aborderons ensuite les commodes, buffets, bureaux, meubles d'appui, etc.

L'ébène triste, chère à Boulle, eût fait tache parmi la clarté des petits appartements actuels. Et ce fut l'avènement de la marqueterie aux tons frais. Marqueterie de bois de rose, d'amarante, de thuya, de violette et autres bois de rapport. Bois de satiné, bois coloré, disposés en damier ou représentant de fins sujets; bois le plus souvent accompagnés de cuivres ciselés avec la plus exquise délicatesse. Meubles essentiellement fé-

Fig. 90. — *Fauteuil Louis XIV* (musée des Arts Décoratifs).

minins que ceux-là, et par la dimension et par la grâce autant que par le décor.

Nous avons parlé de la nouveauté du chiffonnier, armoire coquette et réduite, nous lui adjoindrons comme inédit : le meuble dit d'appui, qui se plaçait contre un mur, à demeure. Ce dernier meuble résulte de l'encombrement auquel il faut remédier maintenant. On épargne la place, et le *cartel* que l'on suspend au mur, succède un peu, pour la même raison, à la massive horloge précédente. Mais il existe aussi des cartels sur les cheminées, de même que les horloges de Boulle, notamment sous Louis XIV, reposaient souvent sur des consoles et non point toujours sur de majestueuses gaines (*fig.* 139). La nouveauté du meuble d'appui, au surplus, n'est que relative : sa signification plutôt s'accuse à l'heure présente au point d'apparaître nouvelle.

Nous répéterons que ces commodes et ces chiffonniers, qui vont maintenant être légion, prennent du ventre. L'horreur unanime des surfaces planes en est la cause. Et voici des commodes dites *à la Régence*, *à la Bagnolet*, *à la Dauphine*, *à la Harant*, *à la Charolais*, etc., mises en vogue par Cressent.

Ce n'est pas assez que la Chine ait conseillé ses dessins de lampas, aux peintres, aux ébénistes ; ils abandonneront souvent leurs habiles placages en faveur de la laque, autre importation asiatique qui nous vaudra la révélation du vernis Martin.

Dans l'ordre sentimental, la table-bureau précédente deviendra le bureau secret. Après l'empire du Milieu, l'empire du cœur ; autre foyer d'inspiration et d'aspiration. Les billets d'amour ont leur place, tout comme les médailles au médaillier et les livres à la bibliothèque.

On innovera des bureaux à *cylindre* plus nombreux sous Louis XVI (*fig.* 161 *et* 166), dont la fermeture hermétique n'aura plus de nécessité galante et précisera le bureau d'affaires qui, de nos jours, s'est renouvelé sous le nom de bureau... américain !

Le « bonheur du jour », autre innovation, sera le petit bureau féminin pour la correspondance ; il enfermera aussi les objets précieux. Il existe des meubles pour tous gestes et intentions. Puis, voici des armoires-encoignures qui, avec de multiples consoles plus gracieuses les unes que les autres, ajoutent encore au bien-être, la frivolité presque, de leur commodité. Frivolité adorable à voir se répercuter dans les

LE MEUBLE SOUS LA RÉGENCE ET SOUS LOUIS XV   185

trumeaux tout en glaces qui surmontent de petites cheminées en marbre clair! Bibelots menus, candélabres, coffrets, appliques, médaillons, statuettes,

Fig. 91. — *Commode Louis XIV* (collection Armand de Sevin).

Nous classifierons maintenant un peu ces meubles en indiquant leurs auteurs à côté d'une description complémentaire.

C'est à Charles Cressent, ébéniste et sculpteur du Régent, que l'on doit les meubles les plus caractéristiques de cette époque. Son style réside en l'empiètement luxueux des ornements de cuivre sur le fond de bois : c'est-à-dire que le célèbre artiste relègue au second plan l'ébénisterie. « L'ameublement coquet de la Régence, écrit A. de Champeaux (*le Meuble*), semble inspiré par Watteau, créateur de charmantes compositions où les femmes du monde facile sont travesties en bergères. On retrouve aussi les lignes de Robert de Cotte dans le profil des meubles de Cressent ; mais les sujets de ses bas-reliefs sont le plus souvent tirés des compositions de Gillot (maître de Watteau avec qui il collabora) ; graveur fécond, qui exerçait alors une réelle influence sur les artistes. »

Retenons donc ces caractères distinctifs auxquels nous ajouterons l'aspect de légèreté des bronzes finement ciselés, capricieusement disposés sur le bois ; une apparence générale robuste, moins lourde que les créations de Boulle et moins mièvre que les productions de Louis XVI.

Parmi les orfèvres, avec Just-Aurèle Meissonier, déjà vu, nous citerons Jacques Caffieri, fils de Philippe Caffieri, le maître sculpteur de Louis XIV. Tel père, tel fils ; même magnificence d'expression.

Tout comme Meissonier, Caffieri adjoignit à son art d'excellence celui d'ébéniste. Néanmoins Caffieri, ébéniste, a signé quelques beaux meubles d'un « sentiment supérieur de grâce et d'élégance » comparés à ceux de Cressent qui témoignent de « plus de grandeur et de sève ».

Mais restons-en aux rares ouvrages de ciselure de Caffieri que, de même que les précédents, dus à Cressent, disputent au bois sa beauté qu'ils épousent, accompagnent, plaquent et flanquent, contournent,

Fig. 92. — *Médaillier*, par A.-C. Boulle
(musée du Louvre).

encadrent et dominent enfin, inséparables de lui.

Aussi bien Caffieri a donné aux flambeaux et candélabres, aux pendules — tout en bronze — une beauté souveraine que partagent les appliques (*fig.* 113) en

Fig. 93. — *Tabouret Louis XIV* (musée des Arts Décoratifs).

général. Ces appliques, qu'un inconcevable irrespect de la matière revêtira parfois de peintures claires pour les assortir à la fraîcheur du meuble!

Nous aborderons maintenant plus essentiellement le règne de Louis XV, avec J.-F. Oëben et Riesener.

Peu de caractéristiques différentes. La facture de tous ces bronzes appliqués sur des bois de rapport, continue à être parfaite. Cependant, quelque sobriété s'ob-

LE MEUBLE SOUS LA RÉGENCE ET SOUS LOUIS XV 189

serve comparativement aux précédentes expressions. La marqueterie de couleur claire s'affranchit davantage du bronze. Nous la verrons même, sous des mains moins précieuses, abandonner presque ce riche revêtement qui ne subsistera guère plus qu'aux frontons, encoignures, entrées de serrure et sabots.

FIG. 94. — *Banquette* (fin du XVIIe siècle) (musée des Arts Décoratifs).

Mais, avec Oëben, l'ébénisterie tient du chef-d'œuvre et relève du musée, après avoir fait l'admiration de la Cour.

Songez que le luxe... et l'aberration allèrent jusqu'à incruster les meubles d'émaux et de porcelaines, jusqu'à les orner de peintures, et nous n'avons pas encore parlé des riches revêtements de laque, ce dernier accompagnement d'une appropriation au moins plus judicieuse.

Dans quel état de décrépitude ont dû nous parvenir, logiquement, ces joyaux ! et quel art ou... quel arti-

11*

190 L'ART DE RECONNAÎTRE LES MEUBLES ANCIENS

fice, a présidé à la présentation de ces débris chez l'antiquaire! Sans compter que la Révolution anéantit les chefs-d'œuvre du passé avec un soin au moins égal à celui qui les ressuscita... ou les créa, de toutes pièces...

Fig. 95. — *Lutrin Louis XIV* (musée des Arts Décoratifs).

Avec Oëben (Jean-François), élève de Ch.-A. Boulle, nous retrouverons, sous Louis XV, l'ébénisterie proprement dite. Ebénisterie somptueuse de forme et d'esprit autant que d'exécution où les garnitures de bronze ne sont maintenant plus que l'accessoire judicieusement accompagnateur. Le superbe bureau du roi Louis XV, commencé par Oëben et terminé par Rieséner, son élève, nous est, au Louvre, un exemple frappant de la tradition du goût sobre (relativement) auquel revint Oëben et que poursuivit son digne disciple.

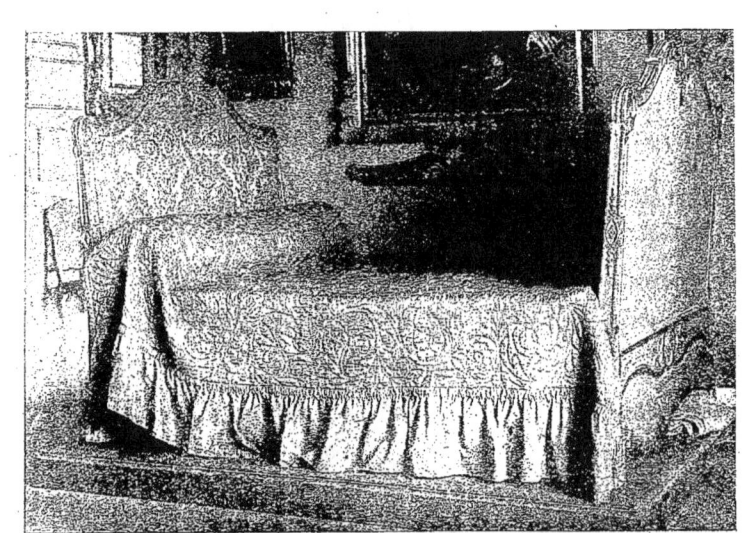

Fig. 96. — *Lit Louis XIV* (musée des Arts Décoratifs).

Quant à distinguer à travers les expressions diverses un style réellement personnel, nous nous y refuserons, presque toujours, au-delà de la preuve faite par une signature. Pourtant, la manière de Delafosse, de Boucher Fils, par exemple, s'explique par la similitude de certains meubles avec les gravures ou dessins de ces artistes. Nous renvoyons donc le lecteur à cette consultation. De même que nous l'avons vu pour Cressent, dont les ornements métalliques sont le plus souvent inspirés des compositions de Watteau et de son maître Claude Gillot (bustes de femmes à collerettes plissées et à plumes, à corselets, singeries, etc.), Delafosse affectionne les cuivres à tête de béliers et Boucher Fils, lui, serait reconnaissable à l'abondance de ses sculptures sur bois qui, au mépris de la matière, tendent à rivaliser avec les ciselures du bronze.

Feuilletons donc les albums de cette époque, et nous risquerons de découvrir parfois la manière de leur auteur, si toutefois cette subtilité offre des chances ou d'ajouter à la beauté d'un meuble ou de lui donner davantage de prix.

Aux ébénistes précédemment cités, nous joindrons L. Boudin, Cremer, Olivier, Louis Delanoy, Jean-Charles Ellaume, etc. La nomenclature des ébénistes, au chapitre xiv, éclairera d'autre part, le lecteur.

Nous voici arrivés aux laques d'Extrême-Orient renouvelées en France par les frères Martin. Ce mode de décoration typique cristallise, sous le miraculeux vernis dit Martin, des représentations de personnages, des paysages, des fleurs, dans le goût de la Chine et du Japon. Ces sujets se détachent en or sur fond noir. Ils corrigent leur gravité sombre par cet agrément métallique et aussi par une addition de couleurs dont le brio s'harmonise avec l'éclat des bronzes de garniture.

Les Martin ne se sont points bornés au fond noir, ils ont peint encore sur fonds verts, jaunes et mordorés, leurs précieuses commodes et secrétaires, leurs coffrels, leurs carrosses. Et, n'était le soupçon de déca-

dence marqué par ce mode d'embellissement quelque
peu intempestif sur des meubles d'usage, meubles

FIG. 97. — *Console Régence* (musée des Arts Décoratifs).

français au surplus, singulièrement « exotisés », on admirerait sans réserve. D'autant que la facture de cette expression est de toute beauté.

Cette critique, d'ailleurs, s'adresse également, avec les mêmes louanges, aux gracieuses porcelaines de la manufacture de Sèvres que la porcelaine de Saxe entraîna dans le goût allemand, au xviii° siècle.

L'aggravation de la décoration rocailleuse devait tenter, effectivement, l'esthétique teutonne, par sa lourdeur et la patience de ses tarabiscotages illimités. De là à donner la paternité de la rocaille elle-même à l'Allemagne, il n'y a qu'un pas que plusieurs auteurs ont franchi.

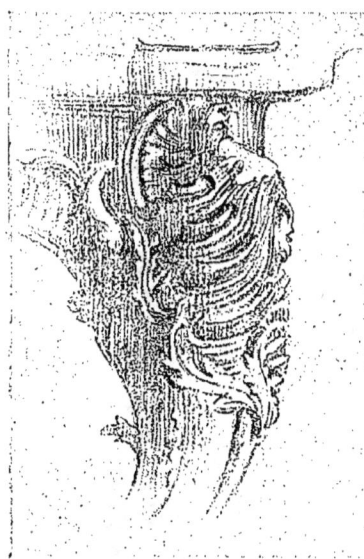

Fig. 98. — *Motif « Rocaille »*, *emprunté au meuble précédent.*

Mais la question indiffère au-delà du regret que la pâte dure de Sèvres ait servi à la répétition de petits sujets, pour la plupart d'un goût artistique discutable (voyez aussi l'appropriation erronée de la porcelaine aux pendules, aux lustres, en place du métal !) et d'une mièvrerie bien banale.

Nous terminerons notre exposé du meuble par la description du lit. Le lit achève harmonieusement ce chapitre voué à la grâce, à la volupté, à la douceur de vivre d'une époque de manières et d'alanguissement.

Pendant la Régence, sous Louis XV, on pourrait écrire dans tout le xviii° siècle, le lit a été l'objet des plus délicates attentions. Il répond au poème du boudoir en accueillant favorablement sa promesse. L'un sera mys-

LE MEUBLE SOUS LA RÉGENCE ET SOUS LOUIS XV 195

Fig. 99. — *Ecran Régence* (musée des Arts Décoratifs).

térieux comme un aveu, l'autre sera radieux comme un cri d'amour. Et quelle variété auront ces couches délicieusement parées !

Avec leurs châlits spirituellement contournés — châlits souvent ornés de peintures et sculptés à profusion — avec les panaches de plumes qui couronnaient leur dais, avec leurs clairs rideaux de perse ou de velours, ces lits avaient grand air sous leur sourire. Ils s'intitulent : à la *duchesse*, à la *polonaise*, à la *turque*, à l'*ange*, à *balustrade*, etc., lorsqu'ils sont réservés aux princes, aux princesses, aux grandes dames.

Les *ruelles* ont disparu ; le cercle des beaux esprits qui s'y tenaient, au xviie siècle, s'est évanoui devant les propos galants. Le lit, sous Louis le Bien-Aimé, est revenu à la forme du lit romain — n'y voyez surtout aucune intention académique, — il s'entoure d'un dossier sur ses trois côtés et, ces dossiers rembourrés comme un canapé, sont recouverts de riches damas avec un encadrement dans le style de l'époque.

La gravure, plutôt, nous a conservé des modèles de lits ravissants. Notre imagination en les dorant, en les fleurissant à l'excès, serait encore au-dessous du miracle de leur vérité. Si, maintenant, nous plaçons à côté de sa couche quelque poupée du temps, nous ne pourrons manquer de jeter à ses genoux quelque petit abbé. La tache rose et la tache noire apparaissent inséparables en notre esprit. Aussi bien la tendresse de la scène a mis en liesse, dans les trumeaux, aux plafonds, tous les petits Amours qui s'y tapissaient, et c'est un nuage de poudre de riz que percent leurs flèches pour rire...

Au résumé, les mobiliers Régence et Louis XV, malgré souvent leur grâce maniérée et leur souplesse fatigante, malgré aussi certaines erreurs de leur parure mal appropriée à la matière, contredite tant en son inspiration propre qu'en son but, demeurent les témoins d'un art délicat et complet.

Fig. 100. — *Commode Régence*, par Cressent (musée du Louvre)

Mais nous n'avons point ajouté : définitif, car les expressions des siècles se doivent chacune à leur mentalité, à leurs mœurs différentes, de créer diversement pour l'honneur et le respect des artistes.

CHAPITRE IX

LE XVIIIᵉ SIÈCLE (*suite*) :
Le Meuble sous Louis XVI.

Il y a lieu de noter, au début du xviiiᵉ siècle, une expression nouvelle de l'ébénisterie sur laquelle nous insisterons avant de poursuivre plus avant. La marqueterie, qui fit ses principaux progrès en Italie, à la fin du xvᵉ siècle, avait été introduite en France vers le commencement du xviᵉ siècle. Or, la pratique luxueuse et charmante de la marqueterie dont le mobilier du xviiiᵉ siècle devait s'emparer si joyeusement sous la Régence et sous Louis XV, en faisant appel davantage aux bois exotiques, innova aussi la mode du placage.

Le placage des meubles fut une révélation économique. On sait qu'il consiste à tromper l'œil et la matière, grâce à l'apposition chatoyante d'une feuille de bois de choix sur l'épaisseur d'un bois commun. Cette illusion d'un plein bois précieux, dérivée du principe luxueux et artistique de la marqueterie, ce subterfuge avantageux pécuniairement parlant et vis-à-vis d'une satisfaction superficielle autant que sans délicatesse, ouvrit le champ à l'industrie de la pacotille.

Le germe de la camelote remonterait donc à l'époque de transition des styles Louis XV et Louis XVI. Du moins, c'est entre les deux rares expressions que se fit jour la conception du « mobilier complet » et « à bon marché ». C'est-à-dire qu'à ce moment, déjà, l'idée de certain faux luxe naissait, dans le commun et à son profit, ni plus ni moins que, de nos jours, fleurit l'aberration dans la banalité au faubourg Saint-Antoine, à Paris.

L'abaissement du prix de la main-d'œuvre, dû aux concessions de l'art s'immolant au mercantilisme, en-

Fig. 101. — *Fauteuil Régence* (musée des Arts Décoratifs).

gendra la constitution d'un véritable « marché du mobilier », sous l'aiguillon venimeux de la concurrence.

Ainsi donc, c'est au moment où s'élabore, dans une réaction particulièrement séduisante, le meuble (rationnel et sobre) par excellence, que le commerce tend à s'emparer de sa beauté pour la vulgariser. Et cela, en somme, n'étonne pas, puisque, dans cette seconde moitié du xviiie siècle, une mise au point du mobilier

Fig. 102. — *Console Régence* (musée des Arts Décoratifs).

et de l'appartement va s'accentuer, qui, au xixe siècle,

du moins dans la dénomination du mobilier et l'agencement pratique de l'appartement, sera sans changement.

De là à mettre en vente la chambre « complète », il n'y a qu'un pas, et la vulgarisation seule de ce mobilier nous choque. Peu à peu les aises sont fixées dans le confort et, en se civilisant, certaine beauté rare s'industrialise. Le goût non éclairé de la démocratie régnera fatalement à la fin du xviiie siècle, sur les cendres du plus délicat des styles, peut-être, et en tout cas du mieux conçu.

Ce préambule nous apparaît intéressant au seuil de l'époque que nous allons examiner. De même, il nous semble utile de noter, en passant, l'excentricité, l'emphase, les erreurs, que devait immanquablement engendrer l'exemple du style Louis XV dans les pays où l'on copiait avidement notre art national sans y apporter la mesure et le tact qui sont le propre de notre manière. Et nous ne reviendrons plus sur la redondance espagnole, la lourdeur flamande, le brio souvent immodéré des Italiens, sur le mauvais goût allemand qui, naturellement, traduisirent chacun à sa façon le modèle français que l'on avait eu tant de peine, déjà, à assagir chez nous.

Ces altérations du style que nous venons de quitter, seront autant de caractéristiques auxquelles se reconnaîtront les expressions étrangères. La pureté d'un style met sur la voie de son origine natale et il n'est pas douteux que, depuis la Renaissance où, quoique inspirés des Italiens, nous avons dominé en matière de meuble par la qualité du goût, nos créations, imitées partout ailleurs, n'ont jamais été égalées nulle part.

En touchant au règne de Louis XVI, nous citerons A. L. T. Vaudoyer : « Au goût un peu aventuré du règne précédent, écrit l'auteur, on voulut opposer un style d'architecture plus sévère, et l'on ne parvint à créer qu'un genre mesquin et dépourvu d'originalité. On retrouve toutefois dans quelques produc-

FIG. 103. — *Console Régence* (musée du Louvre).

tions de cette époque, certains détails qui ne manquent ni de grâce ni de coquetterie. Ajoutons que, tout en se transformant, notre architecture conservait une grande unité, et que la France possédait encore le sceptre des arts, tandis que l'Italie, qu'elle avait longtemps prise pour guide, avait vu son architecture, comme ses autres arts, subir une décadence complète ».

Entre parenthèses, et avant d'entamer l'époque de Louis XVI, nous indiquerons les signes de la transition entre le Louis XV et le Louis XVI. Cette transition se reconnaît notamment au renflement de la tête des pieds d'un meuble, immédiatement sous le corps. Alors que le Louis XVI pur poursuit dans la ligne verticale du haut en bas, son aspect, l'époque transitoire offre le décrochement que nous avons dit. Exemple la figure 154 (voir le renflement des pieds qui indique la transition) et la figure 157 qui nous montre une commode de pur Louis XVI.

Autre particularité du style Louis XVI : ses cannelures, empruntées à l'antique, sont meublées d'*asperges*, petits motifs décoratifs insérés dans une partie de ces cannelures.

Les roulettes sous les meubles, encore, vont apparaître à cette époque, mais timidement, en souvenir de celles que la deuxième partie du xviie siècle réservait à ses sièges de malades. Ce n'est guère que sous la Restauration que l'usage des roulettes se généralisera.

Nous avons rencontré quelquefois des roulettes curieusement aplaties, notamment sous les pieds de la table à ouvrage de la figure 163. La stabilité de ce petit meuble est ainsi assurée sans que sa mobilité en souffre si on la désire.

L'architecture préludant au meuble, ainsi que nous le savons (la voici redevenue maîtresse du mobilier), s'inscrit au fronton de notre matière et, la grande tradition française, en somme, poursuit noblement sa carrière, malgré les tentatives d'une originalité intempestive de Ledoux et d'un véritable engoûment (dont il ne reste plus guère de traces) pour le style des temples grecs de Præstum, que l'on venait de découvrir.

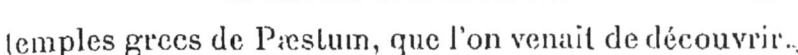

Fig. 104. — *Fauteuil Louis XV* (musée des Arts Décoratifs).

C'est d'ailleurs dans des fouilles antiques que le

règne de Louis XIV trouvera le germe de sa propre beauté esthétique. Et puis, la pensée singulièrement factice de cette époque, s'illusionne d'un retour à la simple nature, en réaction du style tourmenté précédent. Elle tombe alors dans une autre affectation qui nous vaut le spectacle de l'idylle et de la bergerie dans un décor

Fig. 105. — *Table-bureau Louis XV* (musée des Arts Décoratifs).

d'opéra, où les arbres sont plantés dans des jardins (ceux de Trianon, en l'occurrence), selon un style décrété *chinois* et que nos jours dénomment *anglais*.

« On essayait, dit René Ménard, de réaliser dans la nature les paysages artificiels que Boucher et Fragonard mettaient dans leurs tableaux. »

Est-ce sous l'empire d'une régression morale que nous verrons aboutir la réaction qui nous intéresse ici spécialement? Cela n'apparaît guère à la Cour où le petit-fils de Louis XV, caractère faible, est impuissant à refréner les dépenses exagérées de Marie-Antoinette qui ne songe qu'au plaisir et au luxe.

Fig. 106. — *Fauteuil Louis XV* (musée des Arts Décoratifs).

Les raisons de ce retour à l'antiquité — source de vertueuse censure esthétique — sont d'ordre symbolique et, nous oserons conjecturer cet émoi, instinctif. D'ordre symbolique, en ce sens que la ligne droite succédera à la ligne tourmentée comme gage de rectitude imagée; d'émoi instinctif parce que certaine sensibilité n'est qu'un pressentiment de gravité et que l'orage de la Révolution tremble au cœur de cette fin de siècle.

Toujours est-il que le style du mobilier, sous Louis XVI, trouvera dans le programme du retour à la ligne droite sa grâce faite de distinction, sa légèreté toute de sobriété constructive et ornementale, sa couleur discrète. Autant de charmes pénétrants qui prêtent au meuble en question la fragilité d'aspect, la froideur et le caractère distant d'où émane sa beauté. Cette beauté frêle mais robuste, au demeurant, cette beauté d'expérience, pour ainsi dire mise au point, dont nos jours ont peine à s'affranchir tant sa base s'impose à la raison, se raidit donc, fièrement, sous la menace instinctive de la Révolution.

C'est dans la décoration héroïque gréco-romaine, c'est dans sa religion d'art qu'elle puisera les forces de sa hautaine expression, à l'ombre de la guillotine qui met en déroute les derniers Amours roses, les colombes se becquetant, les bergers et les bergères enrubannés.

Aussi bien l'ornementation des moulures à la façon antique et avec les motifs antiques, oves, rais de cœur, palmettes, postes, oves, etc., prêchent le calme à une construction mobilière où les lignes architecturales dominent mais dont la géométrie régit la silhouette.

L'influence des fresques de Pompéi et d'Herculanum, récemment exhumées, trace une voie de grandeur dans la simplicité qui rompt avec les ors et les peintures éclatantes, « ce ne sont plus que des camaïeux, des roses, des violets passés, des gris pâles, des verts d'eau, rehaussés discrètement d'un filet d'or. »

On retiendra ce souci délicat du xviiie siècle, de

s'harmoniser non seulement avec la peinture du bois des meubles, mais encore avec la couleur des tentures. A la sensiblerie de l'heure défaillante, des peintres

Fig. 107. — *Commode Louis XV* (musée des Arts Décoratifs).

comme Vien (et plus tard L. David), des philosophes comme Diderot, des archéologues comme le comte de Caylus, opposent la férule antique au nom du retour « aux idées des belles formes » et pour « leur faire sentir la nécessité d'une précision dont le prétendu goût d'aujourd'hui et le faux brillant de la touche (il s'agit ici des peintres) ne les écartent que trop souvent ».

En attendant, Jean-Jacques Rousseau publie son *Émile* et, dans une philosophie mal assimilée où la vérité de la nature se confond avec le besoin d'une restauration académique, l'originalité française ne perd point ses droits. Nous le verrons bien dans le mobilier que nous allons décrire. Mais auparavant, il importait de dégager de ce mobilier sa physionomie, la volonté de sa manifestation et de son essor ; autant de soucis qui pourraient étonner, alors qu'ils sont à la base même de toute étude raisonnée.

Le lecteur, au surplus, voudra bien ne point perdre de vue les conseils de tempérance donnés aux meubles de son époque par la marquise de Pompadour (qui semble, insisterons-nous, avoir créé le pur style Louis XV auquel on pourrait associer son nom : style Louis XV ou Pompadour), et c'est une autre favorite de Louis XV qui achèvera la précédente leçon de vertu. A tel point que quelques auteurs ont prétendu que la reine Marie-Antoinette s'était installée tout simplement dans le mobilier de la dernière maîtresse de Louis le Bien-Aimé.

A vrai dire, étant donné la subtilité si difficile à déterminer de l'accord des acquits avec les prémices d'une époque à l'autre, la thèse pourrait se soutenir. Toutefois, il importe de demeurer catégorique en présence de deux expressions, du Louis XV au Louis XVI, totalement opposées. Mettons que le style Louis XV épuré de la rocaille, dans la manifestation la plus rigide de sa dernière période, se rapproche du style Louis XVI et nous toucherons ainsi sans doute, autant à la logique qu'à la vérité.

Fig. 108. — *Bergère Louis XV* (musée des Arts Décoratifs).

Le règne de Louis XVI fut, a-t-on dit, celui des tapissiers. Le luxe discret dans les étoffes d'ameublement nous valut, effectivement, les plus agréables dispositions, les plus délicates combinaisons de draperies. Cet agencement chatoyant prépara harmonieusement le décor, flatta doucement les bois et boiseries de Louis XVI sans les égarer dans un brio que les réacteurs jugeaient sévèrement.

Fig. 109. — *Amorce d'une poignée de tiroir Louis XV.*

Examinons maintenant les éléments décoratifs usités.

Voici tout l'arsenal, spirituellement francisé, de l'antiquité classique : emblèmes, guirlandes, sphinx, torchères, hippogriffes, génies, trépieds, thyrses, brûle-parfums, mais aussi médaillons, perles, boudins et nœuds de rubans, lyres, houlettes, arcs et flèches, torches ; agréments inédits, et ceux-là bien français.

Non moins français seront ces trophées, si peu à l'antique, où paniers fleuris, râteaux, houlettes, faucilles, pipeaux, flûtes de Pan, cages et nids d'oiseaux, etc.. chanteront fraîchement la rusticité à l'ordre du jour.

Autant les trophées sous Louis XIV avaient l'air guerrier et leur lourdeur était majestueuse, fortement

Fig. 110. — *Commode Louis XV* (collection R. Roger).

sculptée dans les panneaux et surdorée, autant les trophées sous Louis XVI seront printaniers et riants, à fleur de boiserie et discrètement peints ton sur ton, ou délicatement dorés.

Et puis, qui oserait disputer à notre génie national l'idée des cannelures verticales, quelquefois enroulées en spirales, autour du pied des lits et des sièges? Ces pieds en carquois, en toupie; ces colonnettes, toute cette légèreté ingénieuse, tapie modestement dans l'ombre de l'esprit classique comme pour se donner une contenance!

Que les moulures empruntent à l'ornementation grecque ses tores de chêne, ses feuilles d'eau, elles n'en demeurent pas moins françaises, non moins que ses fins rinceaux en arabesques, tant en faveur, et ses culots d'acanthe ou de laurier caractéristiques.

Pour reconnaître les arabesques du Louis XVI et et nous pénétrer d'une façon générale de l'esprit ornemental de cette époque, nous consulterons utilement les albums de Prieur, de Salembier, Cauvet, Pillement, Lavallée-Poussin, Leriche, A. Ranson et autres dessinateurs de modèles pour les ornemanistes. Aussi bien c'est le pinceau des Pater, des Natoire, des Lépicié, que nous associerons, pour la peinture des trumeaux, des dessus de portes, à cette unanimité décorative.

Moulures souvent simples, c'est-à-dire non ornées; décorations de fruits, de fleurs exprimées avec quelque maigreur tant leur sculpture est fine, tant les rinceaux qu'ils agrémentent ont de ténuité. Ce n'est plus à la palme qu'ils (les feuillages d'ornement) empruntent leurs formes, observe E. Vallon, mais à la feuille du persil. Et, dans l'*Histoire du meuble*, du même auteur, nous trouvons ces remarques complémentaires « ... le principe de l'ornementation était la fleur, qui a été interprétée, à cette époque, d'une façon merveilleuse, les guirlandes ne sont plus formées de masses de fleurs détachées comme sous Louis XIV et Louis XV, mais par une seule grande masse plus forte au milieu de la

Fig. 111. — *Chaise cannée Louis XV* (musée des Arts Décoratifs).

guirlande, avec les fleurs des feuillages d'ornement en rinceaux, avec figures, ou à plat sur le dessus d'une console, les lauriers en guirlandes unies, des ornements courant sur les moulures et les frises, tels que rais de cœur, entrelacs, piastres, perles, etc. ».

Maintenant, les axes ont repris, dans les panneaux, leur rigidité : la symétrie des motifs est revenue.

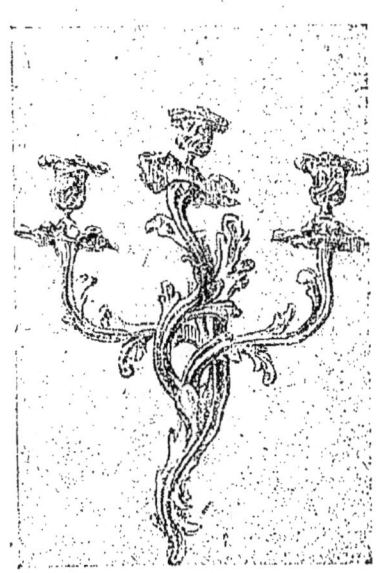

Fig 112. — *Applique Louis XV.*

Les angles aigus, sur les lambris, aux meubles, refrènent le sourire des ors qui ont disparu ou presque. Quelque préciosité s'attache à ce décor dont toute la richesse est hautaine, dont le sentiment est à la fois pédant et sincère, dont toute la gracilité répond à son caractère éphémère, à son noir pressentiment.

Les guirlandes et couronnes de roses que cette époque inquiète a semées dans son décor, ses fins bouquets, ont ce parfum de sensibilité qui embaume aimablement après la brutale effluve précédente. Cette sensibilité, parfois même, induit à la puérilité, et l'on relève, parmi ce souci général de délicatesses, dans ce rejet systématique des « masses », des défauts de solidité.

Aussi bien, l'œil, dans maints bibelots du temps, ne saurait se reposer, souvent, tant l'ornementation fouillée à l'excès et nulle part ménagée, l'accapare au détriment de l'intérêt personnel de la matière.

Ces menues critiques se retrouveront certaines fois dans la construction du meuble fragile, dans tout le xviiiᵉ siècle, après avoir été robuste au xviiᵉ. Mais, sous Louis XVI, on a renoncé aux déchiquetures du bois et le mobilier est judicieusement orné en sa silhouette carrée et pleine.

Il faut harmoniser enfin, imaginativement, cette intransigeance de la ligne aiguë au décor ambiant, frais et un peu froid.

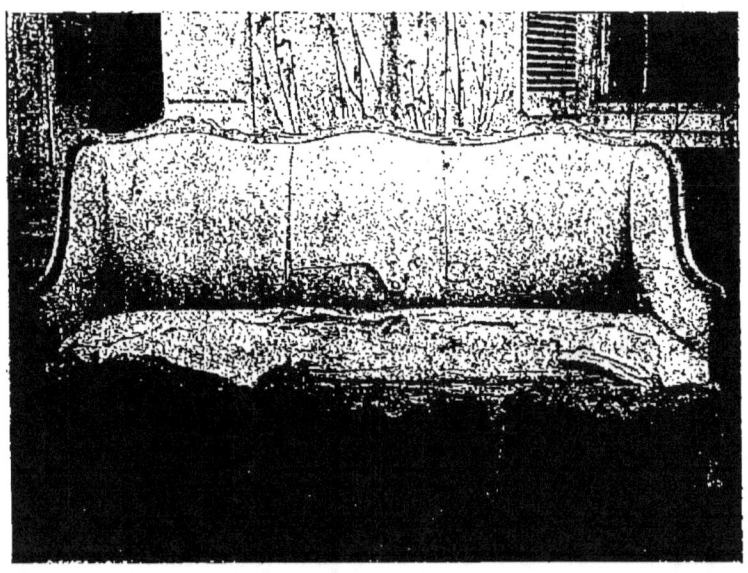

Fig. 11 ₀₀ — *Canapé Louis XV* (collection Armand de Sevin).

Cheminées carrées, le plus souvent en marbre blanc rehaussé de sculptures ou de bronzes ciselés. Cheminées, meubles à l'échelle réduite des appartements ; cheminées surmontées de glaces en deux pièces, (puisque leur fabrication d'un seul morceau est encore inconnue), incarcérées dans la boiserie aux tons pâles.

Bref, amenuisement général, aspect presque grêle, vis-à-vis des lignes ronflantes de l'époque précédente qui eussent marqué la décadence du meuble si le Louis XVI n'avait régi, après la Pompadour et la Du

Barry, courtisanes curieusement mêlées, avons-nous dit, à la régression de la ligne égarée.

Examinons maintenant, spécialement, le mobilier. Nous en préciserons ainsi, au fur et à mesure, l'aspect et la physionomie décorative.

Le siège, sous Louis XVI, présente des formes variées. A côté du fauteuil au dossier carré, le fauteuil, la chaise à dossier arrondi et ovale, à cartouche, en médaillon (*fig.* 160) — le médaillon en souvenir du camée des Grecs, est très prisé alors. Mais ce dossier « en médaillon » souvent encadré d'un bâti rigide, cannelé (les cannelures sont typiques, une perle, un culot de feuillage les agrémente, à leur extrémité) obéit à la rectitude générale. A la hauteur de la ceinture du siège, entre la base des accoudoirs et le départ du pied, on observe fréquemment une rosace de feuillage inscrite dans un carré très typique.

Cette rosace, adoptée couramment dans la sculpture, la ferronnerie, le cuivre ciselé et dans l'architecture, a toute la force d'une signature.

Pieds droits, minces et fuselés, en carquois (avec cannelures verticales ou en spirales), pieds carrés légèrement retroussés à leur base. Dossiers « en lyre », au cadre couronné d'une ligne droite ou bien incurvé sur chaque côté, présentant de la sorte, au milieu, une saillie ; ces derniers, dits dossiers « à chapeau » (*fig.* 147). Les dossiers, à leur extrémité, sont ponctués gracieusement d'un pommeau, d'un panache, d'une toupie.

Accoudoirs calmes et rembourrés dans leur milieu (mesure générale au xviiie siècle) ; base des accoudoirs en console.

Bandeaux droits ou infléchis avec frise de postes, de perles, de rubans, etc.

Point de franges : celles-ci ont vu leur règne finir avec le xviie siècle.

Chaises, fauteuils, confortables, à dossier arrondi, d'un moelleux raisonné, légers et maniables comme tout le mobilier de cette époque qui accentue son

Fig. 114. — *Chaise Louis XV* (musée des Arts Décoratifs).

affranchissement de la muraille avec laquelle il ne fait plus du tout corps.

On constate que la bergère, par exemple, s'assortit au reste des sièges. Elle convertit simplement son moelleux à un confort moins alangui, et sa carrure l'uniformise. Même observation pour la duchesse, ou chaise longue en deux parties, pour les bouts-de-pied, qui prolongent aussi la chaise, les demi-bergères, les bergères-confessionnal, autres sièges à la mode dérivés de la douillette bergère du style Louis XV. Le meuble s'harmonise dans la forme générale et l'appropriation-type.

Les fauteuils à accoudoirs munis de manchettes, ainsi que les fauteuils à oreilles (de chaque côté du dossier) fixes ou mobiles, datent du xviie siècle. Ils se poursuivront au xviiie, exemple : le fauteuil « confessionnal », à joues et oreilles fixes. Le canapé à joues ou sans, garni d'oreillers sur ses côtés, rappellera aussi celui du règne précédent. En somme, il est des indications de confort qui deviennent définitives depuis le xviiie siècle surtout, qui, en supprimant notamment l'entretoise des meubles, indiqua leur légèreté et détermina aussi la base d'une assiette agréable.

Ce qu'il importe enfin de souligner dans cette harmonie du meuble, c'est son individualité.

Les Ranson, les François de Cuvilliès (1734-1805), les Lalonde, malgré qu'ils furent des « ensembliers », ne dédaignèrent pas de dessiner un meuble isolé, un fauteuil, un canapé. Et, toujours ce meuble demeure harmonieux dans l'ensemble, artistiquement distant de l'entreprise commerciale que la Révolution, en supprimant la corporation des tapissiers et des menuisiers-ébénistes, devait favoriser.

Bref, l'unité d'un style ne s'explique que par l'accord direct entre le goût et l'art, et il ne s'agit point encore de relations entre fabricants et clientèle.

Aussi bien pendules, chenets (*fig.* 152) et tous bibelots, s'inspirent sous Louis XVI, autant de la décoration

tif et volant. Leur nombre s'accentua aussi, classique-
ment.

à la fois classique et ingénue que d'un caractère porta-

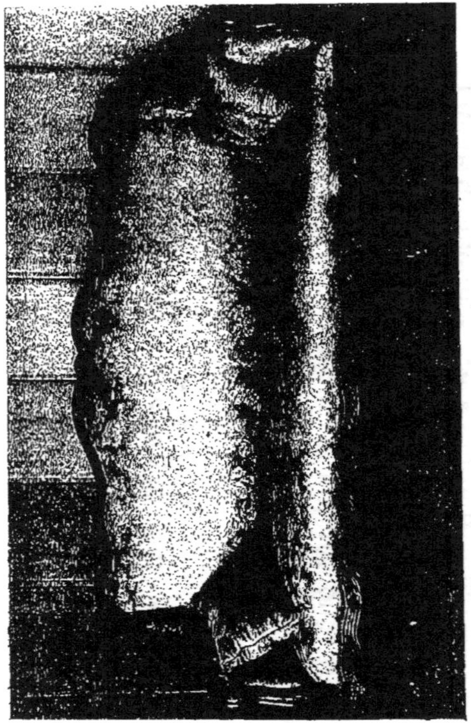

FIG. 115. — *Canapé Louis XV* (collection Arnold Seligmann).

Qu'importe que les canapés (*fig.* 159 *et* 168) soient plus étroits que les précédents, ils n'en sont pas moins confortables, et nous parlerons, enfin, de leur garniture.

A côté de la tapisserie sévère, les tissus chatoyants, les soies moirées, brochées, pailletées, sont adoptées à l'envi. Leur décor fait de bandes longitudinales semées de fleurettes, de rubans, est à la fois discret et spirituel. Un mobilier d'été, particulièrement frais, adopte la toile imprimée qui vient de naître. Les tissus de coton ou *indiennes*, la cretonne ou la toile de Jouy que l'Allemand Oberkampf a « lancée », n'ont pas moins de faveur.

C'est dans le pli d'un rideau, — ces rideaux qui obstruent en partie les fenêtres, maintenant — c'est sur les courtines revenues au lit, c'est dans la tapisserie du siège, qu'alors sourit la peinture. Car, depuis la Régence, les grandes peintures ont déserté les plafonds, et les dessus de portes achèvent leur disparition.

A l'aspect de maigreur des appartements, les rideaux, les courtines, opposent leur importance. Rideaux jaillissant d'une cantonnière rigide et dont un gland lourd souligne le retroussis « à l'italienne » ; courtines opulentes faisant valoir par la masse de leurs plis la légèreté des panaches épanouis au sommet des larges baldaquins.

Avant de parler du lit, dans l'enchaînement de la matière souple, nous regarderons une dernière fois la construction rigide et « classique » du siège, sa carrure élégante mais inflexible, la rigidité fluette de ses pieds, la douceur du tissu qui recouvre son confort sans mollesse, la sobriété et la finesse des sculptures de son bois dont la ceinture affectionne de symétriques bouquets de fleurettes, au milieu et au-dessous des accoudoirs, comme au milieu du dossier. La rosace inscrite dans un carré, la cannelure garnie d'ornements de faible saillie, les rubans (ondulés, en spirales, noués,) les perles, la grecque, etc., sont non moins caractéristiques de l'ornementation des bois qui nous occupe, et il nous faut citer enfin la pomme de pin, aboutissant au pied cylindrique des meubles, le vase grec d'où partent des guirlandes, servant de pivot à tant de décors...

Fig. 116. — *Chaise Louis XV* (musée des Arts Décoratifs).

Nous voici revenus au lit (*fig.* 167).

Sous Louis XVI, l'alcôve fait souvent partie de la menuiserie. La simplicité du lit emprunte à la fois au style de la Renaissance et au style de Pompéi. Les panneaux du châlit sont en marqueterie ou formés d'étoffe rembourrée et piquée. D'aucuns, plus rares, sont ornés de peintures galantes. En général, le lit Louis XVI a perdu l'allure monumentale précédente. Il est d'une modestie charmante dans l'alcôve et sans morgue sous les courtines. Quant à son décor sculpté, il ne marchande point les guirlandes légères, les rosaces, les cannelures et autres motifs déjà dits.

Le lit, plutôt bas et étroit, assez sec et chaste, relativement, après la volupté du précédent.

Néanmoins, le lit de Louis XVI, à Versailles, poursuit « plus noblement, plus sévèrement, mais non moins somptueusement, les coquets ajustements du règne précédent ». Qu'on en juge ! Ce lit était « à la Duchesse, avec l'Impériale en voussure, terminée par une couronne royale posée sur un carreau, ornée d'une corniche taillée de divers ornemens, de casques, têtes et dépouilles de lions, de lauriers, attributs militaires et enfans tenant des couronnes, le tout sculpté et doré ».

Fig. 117. — *Motif Louis XV.*

La couche de Marie-Antoinette n'était pas moins magnifique, « surmontée d'un couronnement richement sculpté, ornée d'une corniche à contours, fleurs et guirlandes surmontées d'enfans en diverses attitudes, tenant des branches de lis et couronnés de fleurs. »

Mais ces lits de parade constituent, en réalité, des exceptions, à une époque où le meuble commence à prendre une uniformité, son acception mobilière typique, et, pour le style Louis XVI, nous devrons envisager le lit « moyen » plus haut décrit.

Le meuble sort maintenant de la Cour et du musée,

il se rapproche de nous, tant par les années que par sa conception.

Si nous abordons ensuite, dans l'ébénisterie proprement dite, les commodes, bureaux, etc., nous observons que maintenant ces meubles ont perdu leur

Fig. 118. — *Fauteuil de bureau tournant Louis XV* (musée des Arts Décoratifs).

ventre. Répondant à la loi du style actuel, les bijoux reprennent leur aplomb et la marqueterie domine l'emploi des bronzes.

C'est l'heure déclinante de Oëben et l'aube de Jean-Henri Riesener. Après avoir collaboré à l'admirable bureau de Louis XV, Riesener, élève de Oëben, poursuivra sa gloire en dépit de la chronologie. Mais

Riesener est incontestablement le premier des ébénistes du xviiie siècle qui vivaient sous le règne de Louis XVI.

Nous savons qu'à partir de Boulle, la marqueterie, dont le rôle s'accentua au xviiie siècle, peut être considérée comme un art essentiellement français. Il n'empêche que la contribution étrangère, celle des Italiens notamment — nous ne parlons pas de l'importation allemande — contribua à la beauté des créations « purement françaises » de Boulle, desquelles on ne peut détacher, par exemple, la collaboration d'un Philippe Caffieri, d'un Domenico Cucci.

Pareillement, notre art français du xviiie siècle nationalisera-t-il les deux Allemands Oëben et Riesener, au point qu'on a pu même les proclamer parisiens ! Malgré l'originalité de ces ébénistes d'origine germaine, il faut admettre l'influence directrice des Levasseur, des Lebesgue et de tant d'autres purs Français qui, à cette époque, gouvernèrent l'esprit de la ligne et régirent le goût. C'est à cette ambiance, souvent plus occulte que catégorique, que Oëben et Riesener durent d'être refrénés en l'essor de leur lourdeur, de leur faux goût natals.

Mais avec quelle flamme innée Riesener — pour ne parler que de ce maître — versa-t-il dans notre idéal !

Au nom de Riesener il faut associer celui du célèbre ciseleur Gouthière. Nous avons dit que l'abondance des cuivres dorés et ciselés avait fait place à la mesure, sous Louis XVI. C'est rendre à Gouthière cette justice d'avoir accompagné avec un art d'une sobriété et d'une finesse incomparables, l'expression sobre et de grand ton d'un ébéniste tel que Riesener.

Sur les meubles en acajou de Riesener, aux panneaux de mosaïque délicatement ombrés, représentant des fleurs ou des oiseaux, ou bien simplement revêtus de marqueterie losangée du fini le plus exquis, Gouthière a appliqué ses motifs de bronze fouillé avec la préciosité d'un métal d'or ou d'argent. Et ce sont des rinceaux minutieusement détaillés, des médaillons

Fig. 119. — *Armoire Louis XV.*

agrémentés de guirlandes, des enlacements symétriques

de feuillage, des sphinx, des cariatides, des griffons, qui accompagnent sagement la forme et la ponctuent.

Frises, chutes (*fig.* 144), frontons, sabots, ces décors métalliques à l'unisson enrichissent et détaillent la

Fig. 120. — *Fauteuil Louis XV* (musée des Arts Décoratifs).

silhouette comme le corps du meuble. Des baguettes de cuivre guillochées, cannelées, bordent les angles des pieds, accusent les encoignures, précisent les tiroirs. Et, pour quitter les pièces somptueuses de Riesener et de Gouthière en abordant l'expression générale du style qui nous occupe, nous dirons l'importance de la petite galerie de cuivre, aux balustres minuscules, si typique autour du plateau des tables, des dessus en marbre, des secrétaires.

Souvent, les bordures de cuivre sont unies ou simplement perlées. Elles s'étendent jusqu'aux entrées de serrures. Et de simples bagues ornent les pieds à leur base, répondant à la symétrie d'une bague plus importante située à chacun de leur sommet.

Des anneaux unis ou perlés, suspendus à des

Fig. 121. — *Console Louis XV* (musée des Arts Décoratifs).

attaches figurant des nœuds de ruban, des rosaces feuillées, unies ou perlées, servent à tirer les tiroirs.

Il y a aussi des meubles Louis XVI sans garnitures qui ont leur prix et nous citerons encore, à côté de cette modestie, l'ornementation luxueuse de plaques de porcelaine de Sèvres, de pierres dures de couleur, de peintures en camaïeu, à laquelle Riesener a naturellement eu recours, ainsi qu'Avril, que Carlin et autres maîtres ébénistes à sa suite.

D'autre part, les panneaux en laque de Chine n'ont point abdiqué la parure des meubles riches, et ce sont des porcelaines dures ou tendres, des statuettes en biscuit de la manufacture de Sèvres, voire de Saxe aux magots persévérants, qui disputeront aux pièces d'orfèvrerie leur place sur des consoles.

Fig. 122. — *Fauteuil Louis XV* (musée des Arts Décoratifs).

Et tous ces vases et tous ces flambeaux et pendules emprunteront à l'antiquité leur forme, tandis que leur couleur sera de fraîche jonquille, de rose ou de bleu tendre.

Sur la silhouette un peu grêle du meuble de l'époque, au service d'une dimension réduite, la fragilité des porcelaines, leur pâleur, seront séduisantes et harmonieuses.

Meubles empruntant maintenant (depuis Œben)

leur beauté, répétons-le, à la marqueterie et mettant au second plan l'ornementation de bronze, mais

FIG. 123. — *Commode Louis XV* (musée des Arts Décoratifs).

meubles d'ébène, d'acajou aussi, dont il faut retenir le retour à l'austérité dans la couleur du bois, si clair sous la Régence et sous Louis XV.

Et ce sont des commodes (*fig.* 143 *et suivantes*) à coins arrondis, des étagères (bordées d'un motif « draperie » carastéristique), des bureaux-chiffonniers, des horloges, des tables-pupitres et des baromètres à gaine, des torchères, des consoles, des petites tables en forme de « rognon », des « poudreuses », des cabinets, des petits bureaux à cylindre, des petits bureaux plats, des cabinets-secrétaire, des bonheurs-du-jour, des secrétaires, (*fig.* 146), des meubles d'appui, etc.

Retenons que lorsque la traverse sur laquelle reposent les tiroirs est non apparente sur la façade, par exemple d'un secrétaire ou d'une commode Louis XVI, cette particularité qui en fait un meuble de salon, lui donne davantage de valeur.

Aussi bien l'imitation du genre Boulle revit avec Philippe-Claude Montigny, ébéniste sous Louis XVI, et les bois d'amarante, de rose, poursuivent leur charmante carrière d'effet concurremment avec les bois teints, veinés, etc., qui opposent, varient la curiosité d'un aspect toujours rare.

Les lustres en bois doré du xviie siècle ont abdiqué au xviiie devant le métal et le cristal. Et ce sont des parquets en mosaïque de bois de rapport qu'ils éclairent maintenant dans tout le xviiie siècle.

Ce goût pour la finesse qui s'étendit jusqu'à l'échelle même des meubles, des bibelots et de l'architecture, nous vaut cette unité et cette monotonie séduisantes que la moindre pendulette, que la moindre applique ou le moindre chenet reflètent comme tout le décor en général.

Cette froideur harmonieuse offre une sincérité attachante qui est à la base du geste même, un peu las, de l'époque en question.

Au nom des grands ébénistes précédemment cités, nous ajouterons ceux de Jean Pafrat, de J.-F. Leleu, de

Fig. 124. — *Fauteuil Louis XV* (musée des Arts Décoratifs).

C. Saunier, dignes émules de Riesener. Et, dans l'art de Gouthière, nous voyons faire excellente figure, les Thomire, Gall, Bardin, Feuchère.

Aux côtés d'Oëben et de Riesener viennent se ranger, enfin, d'autres ébénistes allemands : Beneman, Schwerdfeger, Ch. Richter, A. Weisweiler, David Roëntgen, que l' « Autrichienne » manda auprès d'elle.

FIG. 125. — *Table à jeu Louis XV* (musée des Arts Décoratifs).

Ces artistes distingués s'employèrent avec talent à créer des meubles pour leur royale compatriote. Guillaume Beneman se chargea de l'entretien de l'ameublement de la Couronne, et on lui doit des pièces rares exécutées en collaboration avec Thomire et Bardin, notamment. Saint-Cloud commanda d'autre part, à Beneman, plusieurs meubles dont J. D. Dugourc, dessinateur du cabinet du comte de Provence, lui fournit les modèles.

Quant à Schwerdfeger, c'est l'armoire à bijoux de

Marie-Antoinette qui le mit en vedette (au Petit-Trianon). OEuvre d'une parfaite technique, malgré que, dans cette armoire, l'ébénisterie ne joue qu'un rôle secondaire... Mais, en revanche, on y observe que la décoration métallique (cuivres ciselés et dorés, arabesques

Fig. 126. — *Fauteuil Louis XV* (musée des Arts Décoratifs).

sous verre bordées de nacre de perle, etc.) n'échappe point à la tare native de l'artiste dans sa richesse faite de lourdeur et de sécheresse. Car, malgré l'évidente naturalisation à notre goût français de ces Germains très habiles, un rien trahit leur essence, et surtout la qualité de l'ornementation.

« Le style plus que simple des meubles de Roëntgen,

écrit A. de Champeaux (*le Meuble*) et leurs ornements de bronze, d'une pauvreté mesquine, font pressentir la nudité des compositions qui furent adoptées à la chute de la royauté...

« Tout ce qui est sorti de l'atelier de cet ébéniste, présente, comme forme, on ne sait quoi de sec et de banal auquel il manque la délicatesse du travail parisien. »

Et ainsi de suite pour les ébénistes allemands que nous avons énumérés à côté d'un Oëben, d'un Riesener, artistes que nous avons fait nôtres et à la célébrité desquels, ne l'oublions pas, contribuèrent de purs Français comme Gouthière, Thomire, parmi les ciseleurs, comme Charny, Martin, Vallois, Boizot, parmi les sculpteurs sur bois; comme Cauvet, Lalonde, Salembier, Gondouin, etc. Et Delafosse, au style Louis XVI si délicieusement composite. Delafosse qui inaugura une décoration fantaisiste au nez et à la barbe de l'antique.

Nous terminerons ce chapitre, en renvoyant le lecteur au musée pour y parfaire son éducation visuelle d'un style particulièrement apprécié de nos jours, au point que gravite autour de lui l'originalité du meuble moderne.

D'ailleurs, nous en arrivons au poids mort de notre tâche. La chaîne des styles classiques est prête à rompre. Elle est rompue même, si l'on ne concède au meuble Empire (Napoléon Ier) une originalité véritable. Mais nous défendrons sur ce point les créations intéressantes de cette dernière époque, malgré qu'elle ait, pour ainsi dire, improvisé sa manière sur le fond de la dépouille antique, sans la délicatesse spirituelle et imaginative des précédents styles.

Toujours est-il qu'en principe, le confort résultant tant de la ligne logique du meuble que de son moelleux, est maintenant établi sur des bases d'expérience.

Voici l'instant de réagir. Cela est fatal — et la Révolution guette. Les meubles fragiles que nous venons d'examiner, tremblotent maintenant sur leurs pieds.

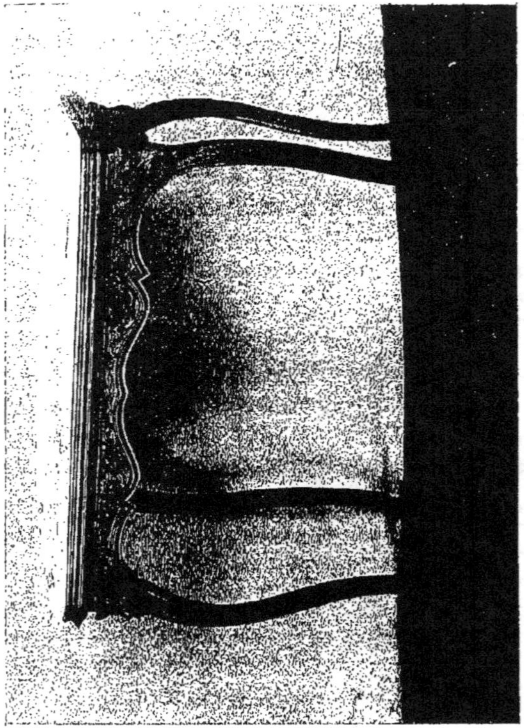

FIG. 127. — *Table Louis XV* (musée des Arts Décoratifs).

Et, avant qu'on ne les détruise, allons les regarder au Louvre, à Chantilly, à Cluny, aux Arts Décoratifs, un peu partout, car faut-il qu'ils aient été nombreux pour qu'il nous en demeure tant après la catastrophe!

Nous ne surprendrons point enfin le lecteur, en lui disant que l'industrie de la pacotille a particulièrement comblé de ses faveurs l'ébénisterie du xviii° siècle, en raison de l'économie du bois qu'elle présente et du prix avantageux qu'offre le moindre tarabiscotage demandé à quelque « margoulin » du faubourg Saint-Antoine.

CHAPITRE X

Le Meuble sous la Révolution, et sous Napoléon Ier

Sous la Révolution, l'art, fatalement, fut relégué à l'arrière-plan, et le meuble ne devait point peser lourd dans la balance, en dehors de sa valeur intrinsèque. Le creuset guettait la matière précieuse et la vente à l'encan dispersait le reste. Les meubles conservés dans les églises, palais et châteaux, durent contribuer à procurer de l'argent, des armes, des vivres à une société nouvelle échafaudée sur des ruines.

Ce fut la ruée, l'action brutale au nom d'un seul idéal politique, et pourtant il y eut, dans cette révolution, une armistice esthétique, un sacrifice consenti à la beauté : on ouvrit le musée à quelques chefs-d'œuvre du passé.

Comme s'il se fut agi de conserver l'étalon d'une race, on mit à l'abri des modèles d'hier, dans cet éclair de discernement qui prélude à la colère et semble garder instinctivement du remords.

Il n'empêche que nombre de beaux témoins de notre expression mobilière — pour ne parler que de celle-là — émigrèrent à l'étranger, lorsqu'ils ne furent point purement et simplement immolés sur l'autel de la Terreur.

La décadence du mobilier, la fin de son histoire, pour ainsi dire, après Louis XVI, coïncidait logiquement avec cet accès de vandalisme, avec cette rage de l'impuissance qui confondit avec la Liberté toutes les libertés.

Les corporations furent abolies. Plus de privilèges! Et tout le monde put, dès lors, s'établir fabricant ou marchand, pour le plus grand essor de la malhonnêteté et de la fraude.

Fig. 128. — *Chaise Louis XV* (musée des Arts Décoratifs).

Aussi bien l'honneur professionnel des artisans n'étant plus sauvegardé, le chef-d'œuvre banalisé, industrialisé, perdit sa couronne.

Ne pouvant créer, la Révolution copia, démarqua, tandis qu'elle proscrivait les industries du luxe, s'attachant à démocratiser le bien-être, à installer enfin le peuple dans un intérieur de beauté en simili. Et ce n'était point, pourtant encore la fin de la beauté, qui

ner son élan. A la mort de Louis XVI, les dignes fils de nos grands ébénistes poursuivirent la tradition du

d'un seul coup, sur la foi d'un décret, ne pouvait borner

Fig. 129. — *Chaise de repos cannée Louis XV* (musée des Arts Décoratifs).

beau métier, qui ne devait guère s'altérer que vers le milieu du xixe siècle.

Il ne faut pas oublier, cependant, que les plus belles pendules Louis XVI ont été ciselées sous la Ré-

Fig. 130. — *Fauteuil Louis XV* (musée des Arts Décoratifs).

volution et sous le premier Empire. Et que de meubles, Louis XVI encore, furent dus à ces époques où la noblesse de la technique ne voulait point encore mourir!

Mais ces générations vaillantes devaient disparaître, victimes du bon marché et de la production intensive qui annihilent les créateurs et font du bon ouvrier une machine.

Les meubles en carton-pâte de la Révolution, les

Fig. 131. — *Chaise à porteurs Louis XV* (musée des Arts Décoratifs).

zincs d'art économiques de la même époque, eussent mal servi la forme, ils préférèrent la trahir, et nos jours ont conservé ce goût du luxe à la portée de tous, mensonge de la beauté.

Fig. 132. — *Chaise Louis XV* (musée des Arts Décoratifs).

Voici donc l' « art » simpliste de la Révolution qui substitue aux fleurs de lys d'une horloge un bonnet phrygien, qui cache un blason sous un faisceau de licteur, qui arrache la bordure d'une précieuse tapisserie où figure quelque sceptre royal.

Point de style ici. Un arrêt seulement dans l'évolution des styles, par ordre. Et l'on installe, pour commencer, la République sur le modèle de l'ancienne Rome.

Nous savons les vertus de l'antiquité en matière de mobilier et, en attendant que le Directoire et le Consulat, qui sont des phases du style Empire, aient laissé pour ainsi dire une marque reconnaissable ou à peu près, de leur expression, il faut se complaire à de l'incohérence.

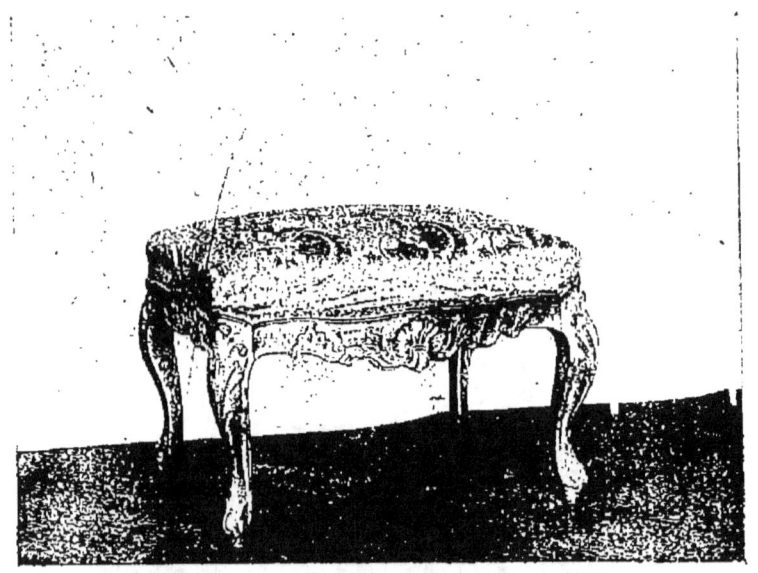

Fig. 133. — *Tabouret Louis XV* (musée des Arts Décoratifs).

Mais déjà, brutalement, le siècle de Périclès a été inventorié et l'on se fait une âme héroïque à l'instar de Brutus. La Révolution s'achemine gauchement vers le style de Napoléon Ier, à travers des élucubrations sur lesquelles nous ne nous appesantirons point, étant donné qu'utilement le lecteur ne saurait les connaître et que, tout au plus, il les pourra identifier par la gravure, à défaut de meubles véritables.

Examinons maintenant l'erreur du meuble « réactionnaire » : il est devenu symbolique. « Le besoin d'expliquer toutes les formes, écrit M. H. Havard, dans son *Dictionnaire de l'Ameublement*, de les légitimer par la présence d'accessoires, le plus souvent inutiles, avait fait renoncer à cette construction naturelle et logique, qui distinguait les meubles les plus anciens.

Fig. 134. — *Chaise Louis XV* (musée des Arts Décoratifs).

L'ornement n'était plus le complément naturel de l'objet. Il le dominait et l'asservissait à ses fantaisies. De là l'adjonction intempestive de trophées de bronze, de médaillons de porcelaine ou de biscuit, prenant une telle importance qu'on est réduit à se demander si ces décorations ont été faites pour le meuble ou le meuble pour les décorations. »

Le bois, d'autre part, empruntait illogiquement ses

formes au métal et avec une lourdeur inévitable. On vit des trépieds imités du bronze antique, en bois! Et de même les chaises curules en ivoire de l'ancienne république romaine rééditées en bois! Et tous ces guéri-

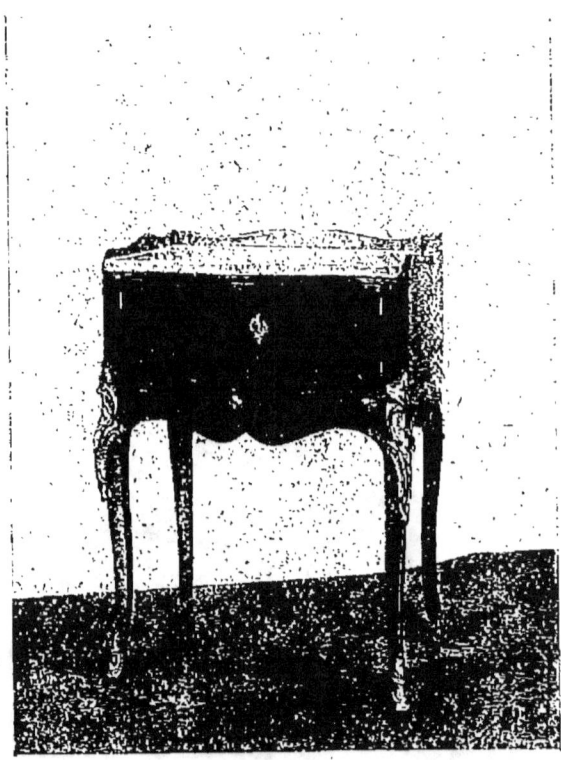

Fig. 135. — *Petit secrétaire Louis XV* (musée des Arts Décoratifs).

dons, encore, si pesants, construits contradictoirement à la légèreté antique, en acajou!

Car l'acajou, plaqué par grandes feuilles, se substituera, sous l'Empire premier, aux délicates marqueteries précédentes. L'acajou est inséparable du règne de Napoléon Ier; il contribuera à son style par sa belle couleur brune si favorable à l'éclat des motifs de cuivre appliqués.

Mais nous n'en sommes point encore au meuble de Napoléon Ier, dont l'intérêt, malgré ces critiques et d'autres que nous formulerons plus tard, demeure vif, d'autant qu'il succéda périlleusement au style

Fig. 136. — *Fauteuil canné Louis XV* (musée des Arts Décoratifs).

Louis XVI. Le meuble Empire, au surplus, tranche victorieusement sur celui de la Restauration. Tout est relatif.

Avant d'en arriver au style du mobilier Empire, il nous faut revenir à son prélude, dans l'atmosphère à l'antique forcené qui, avec la Révolution, succéda à l'indication spirituelle et originale gréco-romaine précédente.

Certes, l'ombre du peintre Louis David se profile déjà sur ces meubles tendancieux, mais on ne n'oserait les lui attribuer tant ils témoignent de désordre.

Fig. 137. — *Table-bureau Louis XV* (musée des Arts Décoratifs).

David et ses dignes capitaines, Percier et Fontaine, laissent donc passer le vent de folie. En attendant, ils surveillent les plis de leur chlamyde et assurent à leurs pieds, le cothurne.

Fig. 138. — *Bergère Louis XV* (musée des Arts Décoratifs).

La Révolution se fût déshonorée dans une couche royale, elle sommeilla dans un lit « à la Révolution », « à la Fédération ». Et ces lits chantent tout un poème d'hérésie ornementale et constructive. Les extrémités du lit « à la Fédération », par exemple, sont formées par quatre faisceaux de licteurs d'égale hauteur, reliés à leur base par une mince traverse ornée d'entrelacs. Cette architecture grêle s'aggrave d'un sommier monumental, agrémenté, aux deux bouts, d'un minuscule traversin et encadré par la chute de rideaux jaillissant

Fig. 139. — *Pendule à gaine Louis XV* (musée des Arts Décoratifs).

d'une *impériale* en forme de bouclier couronné d'un panache blanc. Sous les faisceaux, un pied de cuivre, en toupie dénommé « à l'antique ». Le tout peint en gris blanc ou bleuté, verni, hormis les liens des faisceaux et leurs haches en saillie qui sont dorés tandis que le bouclier de l' « impériale » est bronzé.

Fig. 140. — *Fauteuil Louis XV* (musée des Arts Décoratifs).

Insister sur la disproportion des parties de ce lit entre elles serait cruel, et son symbolisme n'exclue pas davantage l'incohérence des couleurs : violettes, rouges, blanches, associées à des franges d'or qui s'ajoutent à sa parure irrationnelle.

A côté du lit « à la Fédération », nous décrirons une chaise dite *étrusque*, non moins inesthétique. Deux trompettes symétriquement croisées et liées par un ruban, l'embouchure en bas, à un thyrse vertical débordant sur un cadre plat, large et anguleux, ajourent, trouent plutôt, le dossier de ce siège où l'on s'assied

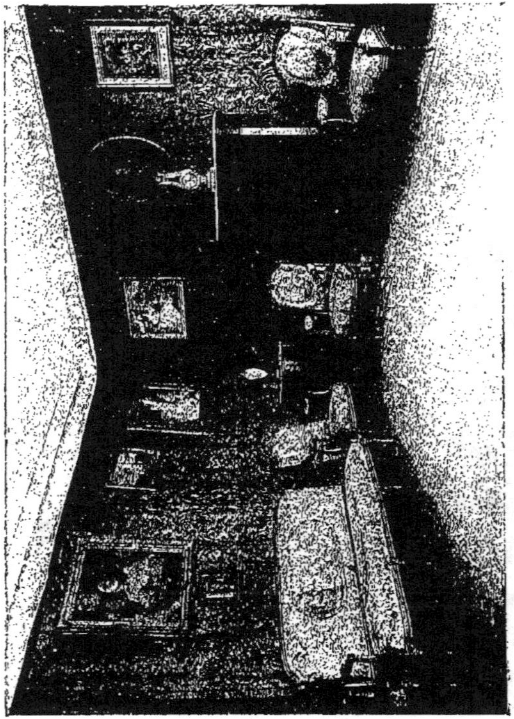

Fig. 141. — *Meubles Louis XVI* (collection Alavoine).

trop bas. Et ce siège en bois d'acajou porte sur des pieds en cuivre massif !

La garniture de cette chaise — couleur *brun étrusque* et jaune — ne rachète point l'harmonie détestable de sa forme, et nous nous en voudrions de ne pas joindre à ce siège, son digne pendant : un fauteuil « à l'antique ».

Le fauteuil « à l'antique » comportait un dossier démesuré, plié en rouleau à son sommet ; ses accoudoirs à angles aigus, aboutissaient à une « grecque ». L'ensemble du bâti, carré, offrait un siège très bas, reposant sur des pieds de cuivre, en toupie. Quant à la couleur grise de son bois, elle s'harmonisait fadement au rouge, au brun « étrusque », au bleu de ciel de la tapisserie où s'épanouissait un losange en rappel de celui qui centrait le dossier. Il y a aussi des dossiers en forme de *pelle* (que nous retrouverons, harmonieux, sous l'Empire premier), d'autres ornés de camées, et certains lits affectent des allures de chaires à prêcher...

Fig. 142. — *Motif Louis XVI*.

Si les pierres de la Bastille servent à confectionner des encriers, des bijoux même ! les attributs de la Liberté, non plus comme ornements mais impérativement dans la structure, dominent avec le bonnet phrygien au sommet. Le souvenir de l'Arc de Triomphe élevé au Champ de Mars, le jour de la Fédération, se perpétue dans un bois de lit et l'autel fédératif du Champ de Mars revit dans une pendule...

Autant de sottes adaptations baptisées : *à l'anglaise*, *à la chinoise*, *à la polonaise*, suivant une fantaisie abracadabrante qui ajoute à l'impuissance de créer prétentieusement travestie.

L'archéologie va bientôt entrer en action. Le classicisme gréco-romain guette l'indigence imaginative, prêt

Fig. 143. — *Commode Louis XVI* (musée des Arts Décoratifs).

à lui venir en aide. Il représente la tradition. Nous l'avons vu s'offrir au style de la Renaissance, puis à ceux de Louis XIII et de Louis XIV, à celui de Louis XVI aussi. Maintenant il sourit au règne de Napoléon Ier. Chacune des apparitions de l'archéologie gréco-romaine fut une réaction vertueuse. On l'appela toujours à soi aux heures de détresse et pour faire échec aux théories d'hier. Nous ne pouvons encore nous en débarrasser de nos jours!

Le meuble transitoire Révolution était en somme inexistant. On avait seulement brûlé le passé dans un coup de haine. Les artistes français émigrés à l'étranger parce qu'ils mouraient de faim chez eux attendaient, pour réintégrer leur patrie, la fin de l'orage qui les avait dispersés.

Les armées de la République, toujours victorieuses, si elles éclairèrent la France de leur gloire, ne firent rien pour l'art, tandis que le général Bonaparte, avec les campagnes d'Italie et d'Égypte qui préfacèrent le Consulat, devait nous ramener le goût de la beauté.

Fig. 144. — Chute Louis XVI.

Napoléon disait : « Je ne fais pas la guerre aux arts », et l'on peut penser qu'ainsi il encouragea l'art, non point à la manière magnanime d'un Louis XIV, mais pour auréoler son faste de conquérant.

Cependant, si la monarchie de Louis XIV s'est connue par moment et définie aussi bien que l'empire de Napoléon, c'est que le goût du beau et le besoin des jouissances de l'esprit, c'est que le génie politique de nos grands hommes et nos victoires se sont rencontrés à cette heure dans une ambiance gracieuse, fine et polie où se reflète quelque chose de la majesté et de la puissance de Rome au temps d'Auguste, un peu de la civilisation d'Athènes.

Ce sont toujours les artistes, les écrivains, les philosophes qui, nés à la faveur de ces aspirations de l'âme, flattent leurs protecteurs et enorgueillissent leur temps par l'exemple. Sans le grand Corneille, a-t-on dit, J.-J. Rousseau n'aurait peut-être pas évoqué avec une si mâle éloquence l'ombre de Fabricius au milieu de la corruption du xviiie siècle ; et, au début de la Révolution, Mirabeau n'aurait pas parlé de Marius et des

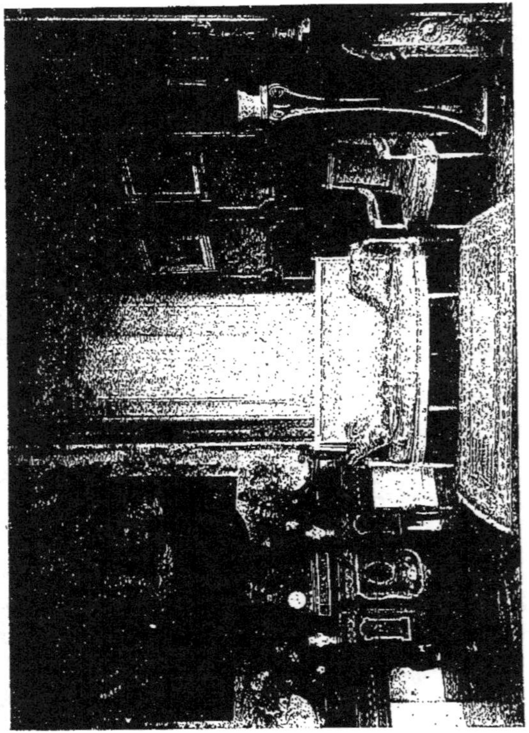

FIG. 145. — *Meubles Louis XVI* (collection Alavoine).

Gracques d'une voix aussi assurée et si retentissante. Aussi bien le grand peintre Louis David allait, sous Napoléon 1er, faire une entrée sensationnelle, en instituant le style du Premier Empire.

Fig. 146. — *Secrétaire Louis XVI.*

Rome et Sparte vont maintenant refleurir en France, au mépris de notre art national, de notre originalité traditionnelle. Le peintre des Sabines s'est réfugié sur les sommets de l'Olympe après avoir poignardé le dernier Amour de Boucher. Dictateur des Arts renouvelé de Charles Le Brun sous le roi Soleil, David, grand maître des cérémonies de la Révolution, deviendra l'ami de Bonaparte et le peintre de la *Distribution des drapeaux* et du *Couronnement*.

Fig. 147. — *Fauteuil Louis XVI* (musée des Arts Décoratifs).

C'est l'heure où des théories de courtisanes franco-athéniennes, à peine vêtues, imitées de Lucien, vont se dérouler à travers des architectures plus ou moins romaines, dans des mobiliers plus ou moins grecs...

C'est l'instant — le règne de Napoléon Bonaparte ne dura guère qu'une quinzaine d'années et combien pour-

FIG. 148. — *Commode Louis XVI* (collection Arnold Seligmann).

tant il fut fertile en génies et en magnificences ! — où les architectes Percier et Fontaine s'appliqueront, modestement, à « épurer le goût avec des monuments dignes de l'ancienne Rome, élevés dans le sein de la capitale... »

David, même, ne craint pas de renchérir sur l'amour de l'antiquité affiché par ses lieutenants, lorsqu'il écrit : « Nous cherchons à imiter les anciens dans les arts, etc. ne pourrions-nous pas faire un pas de plus et les imiter aussi dans leurs mœurs et les institutions qui s'étaient établies chez eux pour porter les arts à la perfection ? »

Fig. 149. — *Petit bureau Louis XVI* (musée des Arts Décoratifs).

Et la passion pour le grec fut poussée si loin,

conclut P. Lacroix, « que les trumeaux de l'*infâme* Boucher s'exposaient à terre sur les quais ; les *obscènes* Clodion n'osaient se montrer que sur des socles pourvus d'un mouvement de Lepaute, et on trouvait *honteux* de laisser le *Départ pour Cythère* du galant Watteau dans la galerie du Louvre... »

Voici dans quelle atmosphère l'esthétique napoléonienne germa ! Quand le nouvel ordre de choses fut consolidé et que les arts commencèrent timidement à renaître, profitant de ce que les artistes de l'ancienne France vivaient encore, on eût pu sauver de la misère un Gouthière, ou donner des commandes à un Riesener. On préféra adopter les idées nouvelles : vive l'antique ! et ce furent les sempiternels Percier et Fontaine qui se virent chargés par l'empereur d'exécuter ces coûteuses contrefaçons de l'art ancien dont nous trouvons des exemples au Garde-Meuble, à Versailles, au Musée des Arts Décoratifs, et ailleurs.

Le seul survivant de ces merveilleux artistes qui, comme l'Allemand David Roëntgen, de Neuwied, ou Joubert, avait fabriqué les derniers spécimens du style Louis XVI, était Riesener, l'auteur du somptueux bureau-secrétaire de Louis XV qui l'exécuta, ainsi que nous l'avons vu précédemment, en collaboration avec son patron, Oëben. J.-H. Riesener mourut le 6 janvier 1806, ne laissant aucun souvenir de sa manière sous l'Empire : on sait seulement qu'il racheta quelques meubles aux ventes ordonnées sous la Révolution. Mais un autre ébéniste de talent, Georges Jacob, mort en 1789, avait deux fils, dont l'un prit le nom de Jacob Desmalter. Quittant la rue Meslée, Jacob Desmalter alla s'établir rue des Vinaigriers où il travailla sous la direction de Percier.

C'est là qu'il œuvra ces meubles en acajou et en bois précieux, décorés de cariatides et de figures de sphynx en bronze revêtus d'une patine verte, qui firent sa réputation.

Avant de nous étendre davantage sur le meuble du

premier Empire, nous nous attacherons d'abord à le situer dans son cadre et ensuite à classifier ses différentes étapes esthétiques.

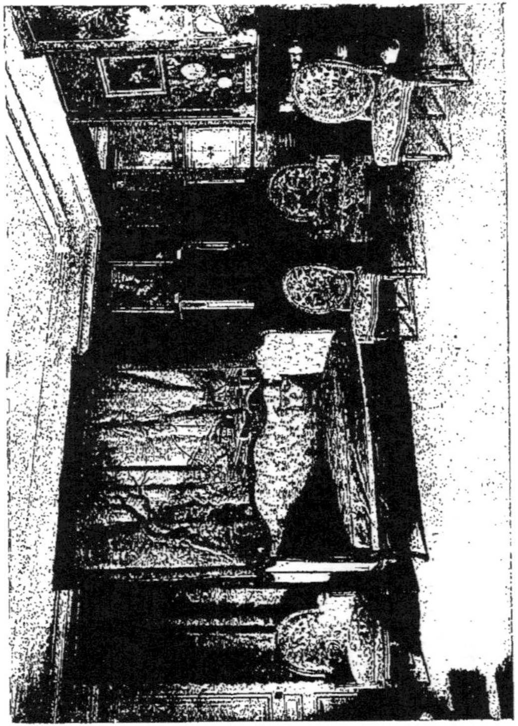

FIG. 150. — *Meubles Louis XVI, canapé Louis XV* (collection Alavoine).

Malgré que ce meuble n'ait point hérité des grâces précédentes, il serait injuste de ne point souscrire à sa curiosité, sinon à sa beauté.

Il faut lui savoir gré de son improvisation autant que de son originalité, en dépit du thème antique qui lui servit de base. Le système qui consiste à déprécier une beauté par une autre est profondément injuste. Il importe, éclectiquement, d'être accessible à toutes les beautés, en s'efforçant de découvrir l'intérêt qui dort dans chacune des expressions de l'art soumises à l'appréciation.

La manifestation d'une époque de gloire ne peut laisser indifférente la postérité, et il n'y a point d'exemples qu'un passé vénérable n'ait imposé le respect. Le culte du souvenir, certes, dore les êtres et les choses, mais, en ce qui concerne le mobilier — pour ne point sortir de notre objet — nous avons étudié ici des modèles de beauté incontestable.

Et, en ce qui concerne le mobilier de l'Empire, si on lui pardonne quelque altération, s'il porte en lui des traces évidentes de décadence, comment résister, répétons-le, à son éloquence typique? N'est-il pas le dernier style avéré?

Examinons son étonnant accord avec les mœurs transposées du temps! Voyez combien il suit héroïquement l'architecture! Cette architecture qui, plus ou moins bien copiée d'après les monuments grecs et romains, sous la Révolution, avec une froideur où perçait sa non-conviction, et plus fortement assimilée sous Napoléon Ier, s'attacha à réaliser à cette dernière époque, une harmonie, étrange sous notre ciel, incontestablement anachronique, mais d'une unité résolue.

L'art de Napoléon fut officiel comme celui de Louis XIV, et cela démontre, chez les artistes de cette brève époque, une discipline vers un idéal réactif qui, malgré que cet idéal ait été plus étroitement mesuré que sous le Grand Roi, ne pouvait qu'être fructueuse pour une certaine originalité créatrice.

Soyons indulgents envers le meuble de style Empire, nous à qui l'œuvre personnel de nos modernes artisans n'a pu en imposer encore à la vogue illogique, surannée, des modèles en simili du passé...

Ne critiquons donc pas, sans mesure, ces maisons à allure de temple ou de tombeau dont le mérite, au moins, est de marquer l'esprit d'un temps. Les arcs de

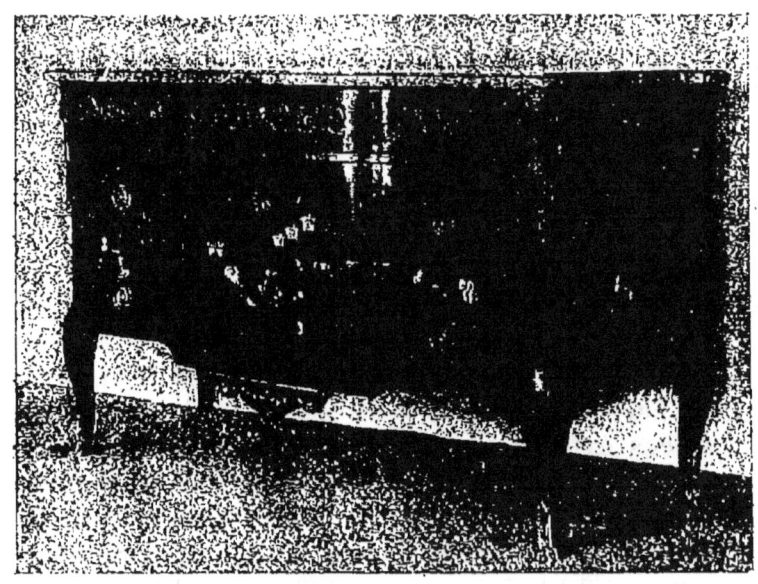

Fig. 151. — *Commode Louis XVI* (collection Arnold Seligmann).

triomphe qu'avait aimés Louis XIV en souvenir des Grecs, retrouvaient logiquement leur symbole sous Napoléon avec la victoire. Les temps héroïques sont frères.

Aussi bien, si la forme de ces arcs, si le jet de ces colonnes commémoratives sont d'essence antique, leur style décoratif est originalement renouvelé autant sous Louis XIV que sous Napoléon. Ici, de la grandiloquence, là, de la sécheresse; mais ces différences ornementales sont déjà la preuve d'un style. Nous préciserons même l'éloquence d'une phase du style Empire, à l'aide presque exclusive du décor employé, lorsque nous parlerons du style *Messidor* ou du *Directoire*.

Préparons auparavant la salle dans laquelle nous installerons nos meubles pour les identifier harmonieusement.

Les lambris en bois sculpté ont été rejetés dès la Révolution. La toile imprimée du xviiie siècle agonisant, avait alterné déjà sur le mur avec le papier peint. Les « dessins arabesques » de celui-ci, que coupaient singulièrement des colonnettes, balustres et corniches, poursuivaient leur grande vogue dans des tons jaunes, roses, vert antique. Les panneaux unis, blanc ou gris de lin bordés de jaune, de rose, de bleu tendre et de vert, ne furent pas moins appréciés dans la suite.

Une certaine préciosité, une recherche du goût rare associait ces couleurs, s'acheminant parallèlement vers cette curiosité de la forme mobilière qui devait retourner à l'antique descendu de la fresque.

A côté du papier, de la peinture à la colle genre Pompéi, de la toile imprimée et des riches tentures de soie brochée, de velours frappé, particulières à l'Empire, les décorations en pâte ou en plâtre, en stuc, s'appliquèrent sur les murs au moyen d'un gaufrage de certaine composition analogue à notre moderne linoléum, mais avec des arêtes plus fines et plus vives.

Ce fut le commencement de la fortune des *pâtissiers*, qui devait se continuer sous la Restauration, jusqu'à la fin du second Empire, et même jusqu'à nos jours où, au milieu des moulures banales de la corniche du plafond des maisons à loyers, s'épanouit l'éternelle rosace Louis XVI que salit la fumée de la suspension bourgeoise...

Nous voici arrivés au mobilier. Dans le mobilier de Napoléon Ier, on distingue deux phases différentes, qualifiées *Messidor* ou *Directoire* et *Empire* proprement dit. D'aucuns voudraient, subtilement, en discerner une troisième dénommée *consulaire*.

Nous croyons qu'il ne faut point se leurrer à l'égard

de cette dernière caractéristique qui serait plutôt d'ordre imaginatif.

Mais, en revanche, entre le Directoire et l'Empire, les différences sont assez nettes.

Nous savons que, d'une manière générale, le placage de bois précieux s'est substitué maintenant au bois

Fig. 152. — *Chenet Louis XVI* (musée des Arts Décoratifs).

massif, et nous avons dit que le placage employé à l'époque présente est le plus souvent d'acajou.

Autre observation d'ensemble : le bronze tend à remplacer le bois; la marqueterie et les ornements sculptés, sans être abandonnés, sont moins fréquents qu'auparavant. Nous répéterons, enfin, que les formes du meuble sont souvent travesties en bois d'après l'exemple métallique gréco-romain, en ajoutant que la carrure plutôt massive de ces meubles de couleur sombre, ne sourit guère que grâce à l'éclat des cuivres qui les parent souvent excessivement, mais avec une variété et une finesse captivantes.

Lorsque nous aurons présenté à nouveau les inspirateurs fanatiques de l'expression qui nous occupe : le grand peintre Louis David (1748-1825), les architectes Charles Percier (1764-1838) et Pierre-François-Léonard Fontaine (1762-1853), et le célèbre ébéniste Jacob Desmalter, inséparable avec les parfaits ciseleurs Pierre-Philippe Thomire (1751-1843) et Odiot, du mobilier de Napoléon, nous poursuivrons notre matière par l'énumération des motifs ciselés dans le bronze appliqué sur le mobilier.

L'ornementation de bronze ciselé dominant la forme du bois, nous suivons l'ordre de notre sujet.

Cette ornementation comporte des lyres, caducées, bucranes, rinceaux, Renommées, Victoires, la Force, les Grâces et les Muses, autels du sacrifice, trépieds à encens, sphinx, cygnes, oiseaux, torches, carquois, arcs, flèches, médaillons peints en camaïeu ou en porcelaine, de face et de profil, chimères, chars, couronnes de laurier (*fig.* 188) — la palmette bien typique dans sa sèche stylisation — la feuille de fougère, une couronne de roses, souvent à l'entrée des serrures, guirlandes, casques, piques, griffons, sirènes, cornes d'abondance, foudres sous l'aigle impériale, abeilles, glaive, lion, etc.

Et, que ce soient des scènes ou des ornements inspirés des vases grecs ou des bas-reliefs romains, le décor tout entier s'amaigrit dans la précision d'une nature stérilisée, dans l'alanguissement d'une grâce guindée, sous une fonte et un ciseau impeccables.

Evanouis les fameux emblèmes de la Révolution : faisceaux consulaires, mains fraternelles, niveaux égalitaires, bonnets phrygiens, auxquels le calendrier républicain avait ajouté le niveau, la cocarde, la pique, la charrue, le compas, le faisceau, le canon, le chêne, etc.

Maintenant ce sont des variations dans le genre de celles que les frères Piranesi avaient exécutées sur le même thème antique, mais plus proches de la formule aride du sculpteur anglais Flaxman, autre pontife du gréco-romain.

Nous nous garderions d'oublier la physionomie cu-

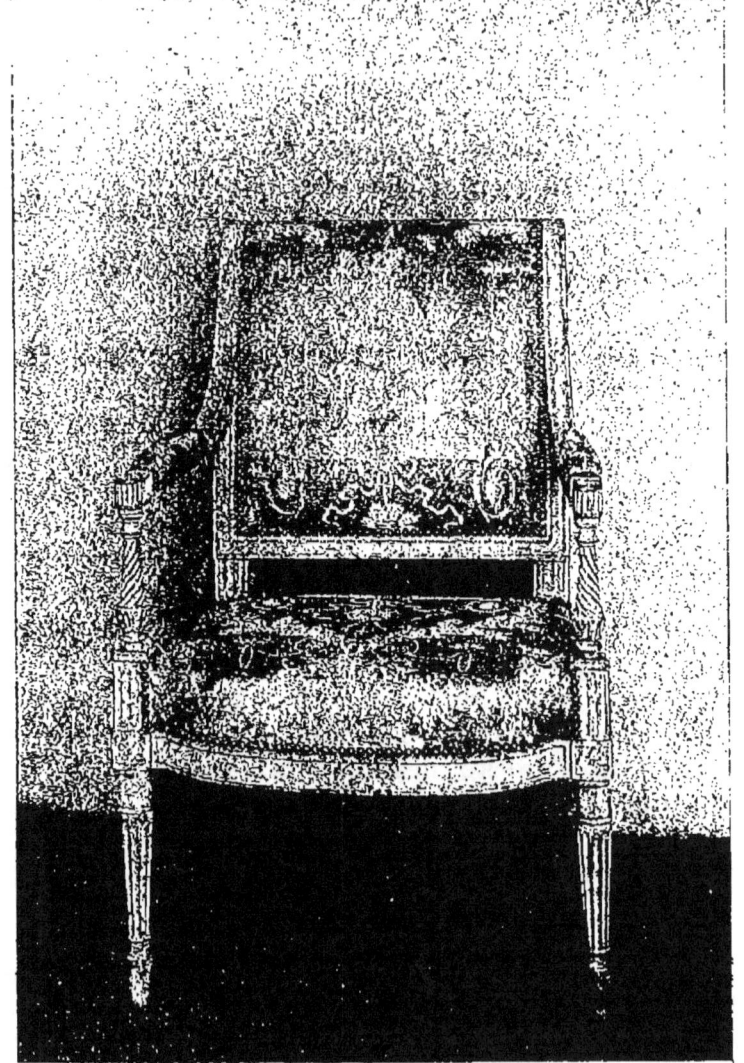

Fig. 153. — *Fauteuil Louis XVI* (musée des Arts Décoratifs).

rieuse d'un P. Prud'hon (1758-1823) parmi l'expression qui nous occupe.

Après avoir crayonné, sous la Révolution, des en-têtes administratifs, aux heures de gêne, le doux peintre Pierre Prud'hon, que l'Empire ne devait point apprécier à sa juste valeur, dessinera le berceau du roi de Rome (au palais de Fontainebleau).

Meubles de style Messidor ou Directoire. — Le Consulat pourrait se distinguer, à la grande rigueur, à son exagération exacerbée de l'esprit antique; mais cela n'est guère une indication. Le Directoire, lui, moins ténébreux, fut une étape de grâce inspirée encore de la sobriété des lignes du Louis XVI.

Poursuivons ses caractéristiques. Le bois des meubles de cette époque est généralement peint en couleur claire : grise, blanche, soufre, rehaussée des mêmes tons plus foncés. Il existe cependant des sièges du Directoire en acajou. Ces derniers sont en bois découpé, à la façon des sièges anglais de Chippendale. Leur dossier, « en gondole » souvent, est *enroulé* à son sommet comme tous les sièges Directoire, et fréquemment, le faîtage des lits de la même époque est composé de lignes croisées et coupées au milieu par une bande pleine, horizontale, ponctuée d'étoiles, de marguerites ou de losanges.

La forme de ces sièges et lits (*fig.* 180) est davantage anguleuse et sèche que sous Louis XVI.

Pour revenir aux sièges les plus courants : fauteuils, chaises, leur dossier toujours enroulé (*fig.* 175 *et* 177) s'arrondit avant sa dernière spirale. S'ils sont peints, leur dossier est marqué simplement de l'étoile, du losange ou de la marguerite ci-dessus notés, ornements en léger relief, dorés ou peints de manière à ce qu'ils tranchent sur la couleur du fond.

La bergère Directoire est aussi moelleuse que sa devancière; ses accoudoirs portent sur une colonnette légèrement renflée vers la base qui repose sur une petite pièce cubique ornée d'un losange rempli de petites cannelures horizontales, tandis qu'à la ceinture, sous ce losange, à la tête des pieds en carquois sans ornements, on aperçoit, dans une autre petite pièce cubique une marguerite sculptée au milieu d'une circonférence ou d'un motif « parasol » ou éventail (très fréquent aussi dans la décoration murale). *Nota bene.* Les colonnettes des accoudoirs font double emploi avec le

Fig. 154. — *Socle Louis XVI et groupe en terre cuite de Chinard*
(collection Arnold Seligmann).

bâti à jour légèrement incliné en arrière qu'elles dissimulent rigidement, et le dossier est droit ; mais cet exemple de bergère n'est point exclusif. Nous le choisîmes simplement parmi les plus classiques.

Retournons au lit, maintenant. Son faîtage, au fronton triangulaire, bas et allongé, s'agrémente toujours des mêmes signes que le siège — une urne grecque, cependant, s'y voit souvent aussi, et les colonnettes qui le flanquent, le plus souvent non cannelées, sont coiffées d'un pommeau en forme de vase, et reposent sur des pieds en quenouille après des successions de balustres carrés aboutissant à des cubes ornés, superposés.

Ce lit-là a un faux air Louis XVI, mais il a plus de sécheresse ornementale, moins de grâce et de fini. A noter, fréquemment, en plus des sculptures, des ornements peints en camaïeu.

Dans le reste des meubles Directoire, les mêmes caractéristiques s'observent.

Il ne faudrait pas pousser trop loin la recherche de cette phase d'un style. En dehors des signes que nous venons d'indiquer, il serait dangereux, par exemple, de rattacher exclusivement au Directoire les apports esthétiques de l'Egypte : sphinx, têtes d'Isis, pharaons, éventails, momies, lotus, etc.

Certes, chronologiquement, la campagne d'Egypte s'enclave dans le Directoire, mais n'avons-nous point vu que la plupart des belles pendules Louis XVI furent exécutées sous l'Empire ?...

N'oublions pas que si le passage du Caire naquit de cette vogue, avec la Fontaine du Palmier (place du Châtelet), à Paris, l'obélisque de Louqsor ne fut érigé sur la place de la Concorde qu'en 1833.

Nous nous bornerons donc à joindre ces atouts décoratifs d'essence africaine imprévue que le style de Napoléon Ier vulgarisa dans son meuble, à ceux révélés par les fouilles d'Herculanum et de Pompéi, précités.

Aussi bien la décoration égyptienne et celle gréco-romaine alternent, lorsqu'elles ne la cumulent pas, leur fantaisie inséparable du style Empire tout entier.

Et, pareillement le Directoire ne se dissocie point, dans son ensemble et malgré sa nuance d'expression, du tour napoléonien.

Fig. 155. — *Armoire Louis XVI* (musée des Arts Décoratifs).

Étudions ensuite l'aspect plus général — sinon plus typique — du mobilier qui nous occupe.

Il est carré, lourd et massif. Il affectionne les surfaces lisses et nues. Ses courbes, comme ses silhouettes, sont très peu mouvementées. Son pittoresque est bourgeois malgré ses grands airs; il est compassé et cossu, triste et sévère, mais il est quelqu'un.

Nous avons dit son bois préféré : l'acajou plaqué qu'égaient, distribués avec mesure, des bronzes ciselés et dorés ; nous nous garderions de passer sous silence un autre de ses bois, plus rare mais non moins caractéristique : la racine d'orme. Le berceau du roi de Rome, notamment, est en racine d'orme ; le palissandre et le citronnier furent aussi employés. Pour aborder le détail de ces meubles, nous ne saurions mieux choisir que le lit, si original.

Alors que le Directoire, répétons-le, semblait une sorte de compromis entre le Louis XVI et l'Empire, voici donc le style essentiellement Empire, si l'on peut dire, représenté d'abord par le lit.

Ces lits, que l'on nous montre somptueux, ornés de camées représentant Vénus et les Muses, où les rideaux se rattachent avec les attributs de l'Amour, dont la table de nuit est un autel... ont pour pendants des lits en forme de bateaux, « à flasques », c'est-à-dire à dossiers renversés.

Lorsqu'ils ne se drapent point « d'une tente guerrière retenue par des aigles que surmontaient des lances en croix, ou d'un pavillon orné de guirlandes de roses »; ils sont « à l'antique », c'est-à-dire arrondis à la tête et au pied, munis chacun d'un traversin rond aussi, incrustés de camées en émail et couronnés d'un baldaquin « dont la couronne de fleurs sculptée et dorée porte des panaches de plumes blanches ».

Il y a des lits « soutenus par quatre pattes de lion, aux trois faces incrustées de bas-reliefs d'argent »; d'autres adornent le sommet des pilastres engagés qui supportent, de chaque côté, la courbe « en bateau », d'une sorte de corne d'abondance symétriquement opposée. Cette courbe est bordée de feuillages, tandis que les pilastres reçoivent des figures et les cornes d'abondance une chimère. Tous ces ornements en bronze doré sur bois d'acajou.

Fig. 156. — *Petite table Louis XVI* (collection Arnold Seligmann).

Il n'empêche que le lit de Napoléon Ier, au palais de Fontainebleau, révèle une forme alourdie du Louis XVI. Son baldaquin carré, aux draperies massives, bourgeoisement ordonnées, répond à un ensemble puissant, mais sans grâce, ni réelle originalité de silhouette.

C'est là l'acheminement vers le lit Empire rationnel,

vers la couche modeste et courante de cette époque, que nous nous représenterons dans la même forme, mais dépouillée de ses riches ou extravagants agréments.

Nous répéterons que l'on s'assied alors, dans un fauteuil renouvelé de la chaise curule. Il en est dont le dossier « en pelle » est fait, à claire-voie, de bandes verticales, dont les accoudoirs minces reposent horizontalement sur l'extrémité de l'aile de deux chimères formant les pieds de devant, tandis que ceux de derrière, simples montants en bois, s'écartent. Bois d'acajou, chimères dorées, coussin rouge sombre ou vert « empire », décoré de couronnes jaunes.

D'autres fauteuils, en velours, sont complètement dorés. Tous ces fauteuils carrés et spacieux, à accoudoirs et à pieds plutôt bas. En voici dont les accoudoirs reposent sur des chimères allongées sur le siège, ou sur des cols de cygne dont le dossier, à pans aplatis, est sculpté d'ornements (palmes et rinceaux, motifs en éventail) dorés sur fond blanc ou vert d'eau. Ces ornements sont pris dans l'épaisseur du bois, ils ne saillissent pas. Le dossier affecte la découpure du fronton d'un temple grec. Sur la ceinture de ce siège on verra, par exemple, des palmes dont le centre est une petite rosace, s'opposer symétriquement, sèches et rigides. Et les pieds, couronnés d'une petite rosace comme celle du bandeau, auront pour point de départ une feuille d'acanthe prise également dans l'épaisseur du bois, sans saillie, ainsi que la bordure qui accompagnera la forme à peine mouvementée.

Nombre de fauteuils et de chaises — ces dernières ornementées dans l'esprit, et du même aspect que les fauteuils — ont aussi des bâtis arrondis. Cette observation, d'ailleurs, concerne tous les meubles de l'époque. On cite des fauteuils d'acajou incrustés d'argent comme on en note de tout simples, sans décor métallique.

Ce sont des tables ou des chaises terminées par des griffes de lion, des têtes de sphinx en bronze doré, dont le corps — simple montant en acajou carré — aboutit à des pattes d'animaux également en bronze doré.

De lourdes tables, des guéridons (fig. 178) surmontés d'une plaque de marbre — la table du grand Tria-

FIG. 157. — *Commode Louis XVI* (collection Arnold Seligmann).

non porte sur six chimères posées sur des bases-rayons dont le centre est marqué par un petit vase, et certain guéridon est soutenu par des pégases de bronze — s'opposent à des secrétaires non moins pesants, rectilignes et sans d'autre inflexion ni sourire que leur garniture, une simple bordure de cuivre.

Pareillement pour les consoles dont les colonnes rondes ne sacrifient point à l'élégance, malgré leur chapiteau corinthien, en dépit de leur base en bronze doré. L'Empire a exagéré les bagues de cuivre indiquées par le Louis XVI. Ces bagues aux meubles deviennent des bracelets unis, quadrillés et ponctués d'un o minuscule, ou bien représentent des fleurs de lotus, des feuilles d'acanthe, des perles.

Les meubles, tout en métal, ne sont pas rares aussi. Il rentre si peu de bois, d'autre part, dans tant de jardinières!

A côté des toilettes — beaucoup portent sur des pieds en X réunis au milieu par une traverse ornée — à côté des bonheurs-du-jour, chiffonniers, commodes, buffets, etc., à la mode du temps, nous apercevons des meubles inédits comme la *méridienne*, sorte de canapé dont le dossier, sur un seul côté, est plus élevé à la tête qu'au pied où il aboutit en mourant; comme le *paphos* ou lit-canapé étroit et droit drapé à l'antique; comme la *psyché* ou grande glace mobile sur des tourillons portés par un châssis; comme l'*athénienne*, sorte de console, de vase à fleurs.

Voici encore des X faits de deux glaives entrecroisés, des chauffe-dos, des écrans. Les écrans comme les psychés aux montants composés de deux lyres, de deux torches enflammées, de deux victoires ailées.

Si les noms *otio* qui désignaient un genre de chaise-longue et *somno* une table de nuit (*fig.* 182 *et* 193), ont disparu, le *lavabo* est demeuré. Joignons maintenant à la beauté singulière et trapue de ces ébénisteries — d'où la marqueterie n'est pas bannie — après l'agrément des bronzes appliqués, la richesse de leur garniture. Et, nécessairement, ces velours, ces satins, ces soies sont ornés à la grecque, à la romaine, de trophées et emblèmes. Souvent un peu ridicules en leur cacophonie, mais si riches et si curieuses, ces aberrations décoratives !

Fig. 158. — *Écran Louis XVI* (musée des Arts Décoratifs).

Nous avons parlé de Jacob Desmalter, le plus grand ébéniste de ce temps, nous y reviendrons.

Jacob Desmalter, fournisseur de Marie-Louise à laquelle il vendit pour cinquante-trois mille francs l'armoire aux bijoux qui est actuellement au palais de Fontainebleau (*fig.* 184), travailla pour le directeur des Musées impériaux, Vivant-Denon, pour les frères de l'empereur, pour l'empereur de Russie, pour l'Espagne, l'Angleterre, etc. A l'exposition de l'an IX, Desmalter obtint la médaille d'or, et en l'an X (1802), nous le voyons encore exposer — mais hors concours cette fois, — avec Burette, Papst, Baudon-Gaubaud (auteur de meubles en orme, noueux et chargés d'ornements en bronze doré), Neckel et A. Rascalon, ébénistes presque inconnus aujourd'hui.

Quelques meubles de Jacob Desmalter (caractérisés par une ornementation curieuse dont le fond était la déesse égyptienne Isis) figurent à Versailles, au Garde-Meuble, au cabinet des médailles (grande vitrine), à Saint-Nicolas-des-Champs (banc d'œuvre, 1806), à l'ambassade d'Allemagne, à Paris.

Nous dirons enfin que l'on trouve aussi de beaux spécimens des meubles de style Empire à Fontainebleau, à Compiègne (la chambre à coucher de Napoléon Ier fort curieuse — le lit surtout, si théâtral !), au musée des Arts Décoratifs et au Louvre. La Mésangère, au surplus, a publié dans son fameux Journal la plupart des modèles de meubles de cette époque.

Inséparable du nom de Jacob Desmalter est celui de Pierre-Philippe Thomire (1751-1843) dont nous reparlerons avec Odiot (1763-1850).

Après avoir travaillé pour Louis XVI, Thomire fut chargé, sous l'Empire, de nombreux travaux : torchères, consoles, candélabres, supports de vases, etc. C'est alors qu'il exécuta, avec le fameux orfèvre Odiot, les surtouts de table destinés aux Tuileries, la psyché et la toilette avec le fauteuil et le miroir d'argent doré, avec plaques de lapis, d'après les dessins de Prud'hon, offerts à l'impératrice Marie-Louise par la ville de Paris, le 15 août 1810, ainsi que le berceau du roi de Rome, déjà cité, modelé par Radiguet.

Mais, au-dessus de ces brillants exécutants, il faut voir planer leurs inspirateurs : L. David et surtout Percier et Fontaine qui ne cessèrent de dessiner des étoffes, d'esquisser des meubles, de donner des modèles pour le bronze, les cristaux, l'orfèvrerie, etc., travaillant pour les manufactures de tapis et de papiers peints, produisant des compositions pour les décorations de théâtre, répandant enfin à foison leur érudition rétrograde certes, mais avec une conviction qui en a souvent imposé.

Fig. 159. — *Canapé Louis XVI* (musée des Arts Décoratifs).

Le triomphe de Percier fut la création de l'hôtel de Mme Récamier, rue du Mont-Blanc, dont on trouve la description dans les *Souvenirs de Paris en* 1804, de Kotzebue. Percier et Fontaine, « les deux *Etrusques* », comme on les nommait à l'Académie de France, sacrifièrent à Minerve, la déesse au hibou, en haine de Vénus et de ses colombes, et on leur doit un style d'épopée qui se rencontre, en somme, harmonieusement avec l'héroïsme antique.

Les gracieuses mythologies de Watteau cédèrent le pas à une mythologie plus sévère, ayant *plus de carac-*

16*

tère, suivant l'expression qui s'est conservée depuis cette époque prétentieuse. C'est dans l'ordre des réactions qui valent mieux, au demeurant, que la routine et l'avilissement.

CHAPITRE XI

Le Meuble sous les deux Restaurations,
sous Louis-Philippe,
sous le second Empire et de nos jours.

Après le premier Empire, la tradition s'est évaporée. Il n'y a plus d'idéal : la pratique industrielle dirige seule le goût vers les redites et le démarquage. On s'installe dans une bourgeoisie béate. Les artistes assistent les bras croisés à l'évanouissement du rêve de beauté qu'ils eussent poursuivi sans doute, si la matière ne s'était point dérobée sous leurs mains pour séduire artificieusement, à bon marché.

Les meubles du premier Empire — si critiquables soient-ils dans la forme — conservent le mérite d'un métier superbe. L'ébéniste qui les construisit fit honneur à son art et, le mode de placage qu'il adopta, dérivé de la marqueterie, ne dérogea point. Mais cette indication encore somptueuse, devait déchoir dans le mercantilisme. Le luxe seul pouvait sauver la façade d'un beau subterfuge dont la vulgarisation causa l'avilissement.

Aussi bien il faut admettre que le style puisse un instant s'essouffler dans la course au chef-d'œuvre. On en arrivait peut-être au point mort du génie, et l'on n'avait point la force de rénover ou mieux d'innover. L'exemple écrasant du grec et du romain avait triomphé plus que jamais avec le style du premier Empire. On ne savait maintenant plus à quelle fantaisie l'accommoder. En revanche, le confort avait été réalisé par l'expérience, on ne peut mieux. La bourgeoisie ne se sentit plus d'aise dans ces fauteuils si commodes et, c'est avec la plus ample satisfaction qu'elle se mira dans l'armoire à glace en acajou, si détestable, que nous ont léguées nos arrière-grand'mères.

La Restauration estima ainsi qu'elle n'avait point à créer un art propre : elle continua simplement à suivre les errements de l'époque impériale en l'entraînant à l'abîme de la banalité.

L'acajou, économiquement dispensé, continua de vêtir les meubles, mais les riches garnitures de bronze furent écartées d'une forme simplifiée où il ne persista que la lourdeur.

Point non plus de sculptures : les surfaces lisses exagèrent leur nudité. On s'y reflète comme dans les parquets. L'astiquage est, au bout de la propreté, une vertu bourgeoise qui a son chatoiement et son lustre harmonieux.

Jamais, en vérité, les meubles n'ont été aussi pratiques. On finit même par s'attendrir sur leur confort, sur leur solidité, sur l'agrément suranné qu'ils présentent. Buffets, commodes, armoires, tables de la Restauration, sont inséparables de ce sourire fané qui dort au sein du daguerréotype représentant l'aïeule dont on hérita...

Les plus vilains meubles que l'on possède chez soi — les mieux conçus peut-être pour la satisfaction domestique — proviennent de ce passé attendrissant et laid qui n'a que la vertu du souvenir pour excuse.

La mode a accordé, il y a peu de temps, de l'intérêt esthétique à ce mobilier dont nous parlons. Elle n'aboutit qu'à une curiosité rétrospective, qu'à la réminiscence « select » d'un parfum d'hier.

Sous Louis-Philippe, on ne peut donc réellement se complaire qu'à de la commodité, malgré que le goût de la pacotille n'ait point encore contaminé cette expression qui semble nous défier par la solidité aussi

Fig. 160. — *Fauteuil* (médaillon) *Louis XVI*
(musée des Arts Décoratifs).

bien de sa construction, de son placage, que de sa tapisserie.

Et ce placage renouvelle l'attrait de l'acajou par celui du palissandre et du noyer. Quant à la garniture des meubles, elle continue à chanter, dans des harmonies sombres ou bigarrées sans goût, l'attirail symbolique précédent, jusqu'au moment où larmoiera le « romantisme ».

Car, vers 1830, sous l'empire de la confusion des styles, il fallait tout une rénovation, sinon inspirée de la nature, du moins puisée dans une doctrine.

Et, les progrès aidant de l'archéologie, c'est une révolution morale qui s'opéra, après l'autre révolution politique et sociale. Toutes les façons de penser et de sentir furent transformées et, cette fois, on se rallia au vers célèbre : « Qui nous délivrera des Grecs et des Romains ? »

Le père du classicisme, L. David, le peintre des *Sabines*, se heurta ainsi à son élève et collègue A. J. Gros, père du romantisme avec les *Pestiférés de Jaffa*.

Retenons seulement, pour ce qui nous intéresse ici, la curiosité d'une archéologie renonçant à l'antiquité en faveur du moyen âge réhabilité !

Et ce furent des esprits distingués et originaux comme les architectes Viollet-le-Duc et Didron qui conduisirent le mouvement.

Résultat pratique en matière de mobilier : le style *troubadour*, né d'une compilation de l'art ogival, une parodie plutôt de la tradition du xiiie siècle ; une faute de goût entre toutes, dans l'adaptation !

Cela nous valut une théorie de chaises, de pianos décorés en acajou, avec les découpures de la pierre, dans l'esprit ogival ! Ces découpures se détachant sur une étoffe grenat, vert foncé, donnèrent au dossier d'un siège, au fronton d'un piano, un petit aspect de cathédrale infiniment stupide.

« Le style de l'Empire, observent MM. G.-Roger Sandoz et Jean Guiffrey, avait marqué un retour à l'anliquité classique; le style de la Restauration, par réaction contre tout ce qui rappelait le souvenir de la Révolution et de l'Empire, ne tarda pas à suivre le goût nouveau que la littérature et la peinture avaient

FIG. 161. — *Bureau à cylindre Louis XVI* (collection R. Roger).

imposé par leurs chefs-d'œuvre. Un almanach de la Révolution n'avait-il pas fait cette prédiction amusante : « Nous avons tant épluché les modes, tant raffiné sur les goûts, tant retourné les meubles et les ajustements que, rassasiés, excédés de jolies choses, nous redemanderons le gothique comme quelque chose de neuf. » On adopta les hauts dressoirs chargés d'orfèvrerie et de faïences anciennes, on voulut pour s'asseoir des chaises monumentales pareilles à des stalles de chanoine ; le bric-à-brac gothique et romantique envahit tout ; on collectionna les armures, les vieilles chasubles.

La mode est au moyen âge ; Victor Hugo va ressusciter les vieilles églises avec *Notre-Dame de Paris;* Walter Scott, en Angleterre, popularise toute la chevalerie avec ses tournois, ses manoirs, ses pages, ses châtelaines. Viollet-le-Duc restaurera plus tard châteaux et monastères en ruines. Partout c'est le même enthousiasme pour le moyen âge ; les artistes prennent pour modèle ce qui subsiste de la vieille France. Le décor est partout gothique ; la reliure se fait « à la cathédrale » comme les meubles se sculptent d'après les vieux bahuts de chêne et les crédences féodales. Les fabricants font d'étranges amalgames au goût du jour ; orfèvres, bijoutiers, ébénistes, tapissiers, bronziers n'ont d'admiration que pour l'ancienne France et suivent l'architecte Hittorf dans cette évolution ; on réagit contre la froideur immuable du classique qui relevait de la seule raison ; c'est en somme la lutte de l'art chrétien contre l'art païen... »

« ... Le moyen âge a l'air déjà rassasié des charmes de l'antique, écrivait la marquise de Créqui dans ses *Souvenirs* publiés trente-sept années après sa mort ; le moyen âge a l'air de nous arriver à pas de loup, comme il a déjà fait au temps de la décadence et du règne de Constantin. J'ai déjà vu des panneaux de voiture et des empreintes de cachets, avec lettres gothiques... »

Et la même marquise ne prédisait pas moins le retour de la Renaissance qui devait suivre dans l'altération et la copie mal assimilée, le pastiche moyenageux.

Fig. 162. — *Chaise Louis XVI* (musée des Arts Décoratifs).

Parallèlement, on assistait au retour tout aussi imprévu du meuble de Boulle, avec ses riches parures en simili, pour bourgeois cossu mais « regardant ».

Puis, au milieu du XIX° siècle, la collection Campana révèle un style *étrusque* sur lequel on se rue. Cette résurrection archéologique n'a point davantage de succès que les précédentes compilations. La conviction s'use, le modèle antique ne montre plus que ses rides et, désormais, on copiera tout simplement, sans même se donner le mal d'adapter.

Ce qu'il importe de retenir dans ces élucubrations, éphémères d'ailleurs, c'est la physionomie d'un style Louis-Philippe, plus frappant, où se mêlent néanmoins les caractères désuets, les essais rétrospectifs et vains que nous venons d'indiquer. Tout ce tâtonnement dans la copie, toute cette indécision dans l'expression, semblent s'être confondus dans une seule et même présentation. De Louis-Philippe date l'avènement du goût régi par le confort dans l'économie. A sa suite le plagiat a fleuri. Autre phase d'évolution. Une mauvaise invite à la Démocratie devait, à travers les ondes des régimes, succéder à l'ère de la Bourgeoisie.

Mais nous y reviendrons. On s'est grossièrement trompé sur les aspirations du peuple. On s'est lourdement mépris sur la simplicité grande de l'idéal qui lui revient.

Plaçons donc auparavant, à l'ombre du fameux parapluie de Louis-Philippe, son fauteuil dégénéré de celui de Napoléon, sa chaise « curule » où plus tard H. Monnier fera asseoir son Joseph Prud'homme qui, éternel, hante le musée du Louvre où il s'extasie sur la collection de M. Thiers !...

Sous les sièges pourvus de housses, les roulettes se sont affirmées, tandis qu'un globe de verre coiffe la pendule de la cheminée, entre les deux flambeaux qui lui font pendant.

Et le devant du foyer de cette cheminée est tout un poème de mauvais goût. Il se dissimule sous des fleurs de laine aux tons crus, piquées dans un tapis de mousse ou bien sur une déplorable mosaïque d'étoffe, à moins qu'il ne soit un châssis tendu d'un papier d'ameublement au milieu duquel flamboie quelque estampe enluminée !

On aperçoit, derrière les vitres des bibliothèques, des dressoirs, des bas d'armoire, une lustrine plissée, verte, grenat, qui dissimule leur contenu.

Fig. 163. — *Petite table à ouvrage Louis XVI*
(collection R. Roger).

Et, en passant, nous remarquerons que les sièges, fauteuils, chaises, affectionnent une garniture de crin finement tressé. Ce tissu de crin uni, généralement noir, s'orne souvent de paysages et de personnages. Autres garnitures typiques : le reps, le damas de laine et de soie, la cretonne, la tapisserie. Le reps vert, grenat, est typique. Il répond sévèrement aux rideaux de colonnade jaune, ton sur ton, bordés d'une passementerie à frange courte, qui veulent être sémillants. Il est vrai que les rideaux de soie, vieux rose, jonquille, relevés par des embrasses, soutenus par de larges patères rondes en cuivre tout comme les anneaux et la tringle où ils sont appendus, sont assez souriants.

Cette soie, au décor ton sur ton, largement bordurée, tamise discrètement un ensemble de correction et de suave banalité que des tentures de papier, souvent à lourdes bandes verticales, accompagne.

Néanmoins, répétons-le, le confort alors réalisé n'a rien de comparable avec la pacotille de nos jours. Le bois conserve son épaisseur comme l'ébénisterie la qualité de son placage. Les meubles ne sont point encore à bon marché et, si l'on examine les rares ornements qui les parent, on peut s'intéresser quand même à leur époque.

L'histoire ne nous a pas révélé le nom des grands ébénistes de Louis-Philippe mais elle nous permet, par de nombreux exemples, de conclure à leur excellente technique. On peut s'en rendre compte en visitant notamment le musée des Arts Décoratifs et le palais de Fontainebleau où l'on a reconstitué éloquemment les anciens appartements du bon Bourgeois couronné que fut l'époux de la vertueuse mais inélégante Marie-Amélie.

Ces appartements, coupés par des cloisons pour les réduire au format d'une cour étriquée, d'une époque terne et d'un esprit rétréci, se passent de commentaires comme il portent en eux leur cachet.

Chaque temps a, instinctivement, marqué son pas-

sage. L'outillage de la sculpture sur bois — pour re-

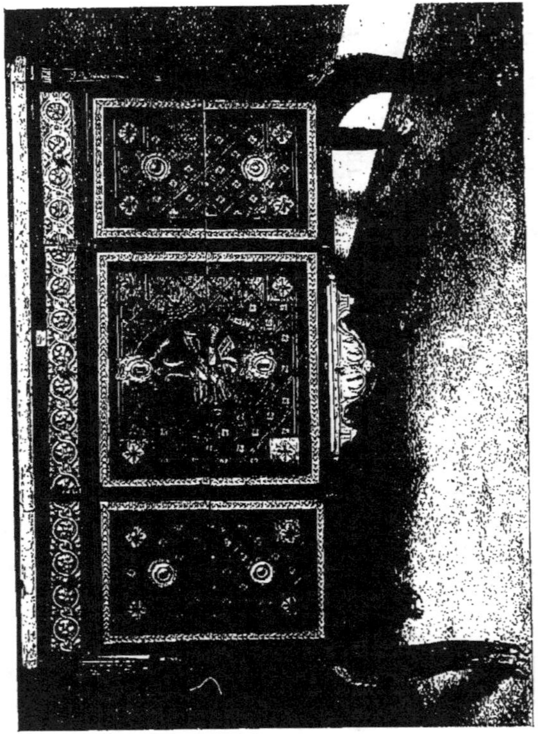

Fig. 164. — *Commode Louis XVI* (collection Arnold Seligmann).

monter aux lignes précédentes où nous appelions l'attention du lecteur sur l'intérêt non négligeable de l'ornementation sous Louis-Philippe — l'outillage donc, a varié à travers les âges au point de différencier toujours quelque peu ses expressions. « Les anges à bandeaux fixés par une ferronnière, que les *moyenageux* du règne de Louis-Philippe ont prodigués un peu partout, écrit M. H. Havard dans *Les Styles*, portent aussi bien la livrée de leur temps que les troubadours à mantelets, à taille courte, à toquet emplumé, chers à la reine Hortense... »

Aussi bien, la palmette antique desséchée de l'Empire premier, s'est-elle rapetissée sous la Restauration, un peu arrondie et les éléments d'une rocaille pointue, de rinceaux à peine feuillus, lui font cortège avec des rosaces assez caractéristiques.

D'autre part, on remarque dans l'ornementation en général, une profusion de détails qui vise à davantage de richesse. Les nymphes et les victoires élancées sous l'Empire, les génies grêles, engraissent alors, et des fleurettes prennent place entre les oves et les rais de cœur. A ces derniers ornements antiques, vers la fin du règne de Charles X se substitueront les ornements du moyen âge, tout comme à la couronne impériale de Napoléon Ier avait succédé la couronne royale de Louis XVIII qui s'était assis, en arrivant au pouvoir, sur le trône du « petit Caporal » dont on avait simplement changé les emblèmes (*fig.* 183).

Le fauteuil d'acajou à joues pleines, à dossier arrondi, « en gondole » (*fig.* 197), recouvert de soie cerise et accompagné, en sa forme, d'une bordure de guirlandes et de palmettes, centré en son dossier et son siège par une ronde couronne de couleur jaune, demeure typique.

Pareillement, le fauteuil à peine courbé au sommet de son dossier et même tout droit, toujours en acajou, dont les accoudoirs s'enroulent en spirale à leur base seulement marquée d'un brin d'acanthe, comme à la ceinture ou au départ des pieds.

Non moins « de style » est cette sorte de méridienne

ou de lit-canapé dont il n'existe que le dossier de droite qu'un traversin bien rond et rigide accompagne. Et ce dossier en forme de corne d'abondance renversée,

FIG. 165. — *Commode Louis XVI* (collection Arnold Seligmann).

est décoré, par exemple, de gras rinceaux, petits et grands, juxtaposés, selon l'espace à couvrir, en cuivre doré.

Sur la ceinture large de ce lit en bois de citronnier dont les garnitures sont bordées de filets d'acajou, des étoiles s'encadrent, aux extrémités, de petits rinceaux accouplés, et le meuble porte sur des pieds plats et

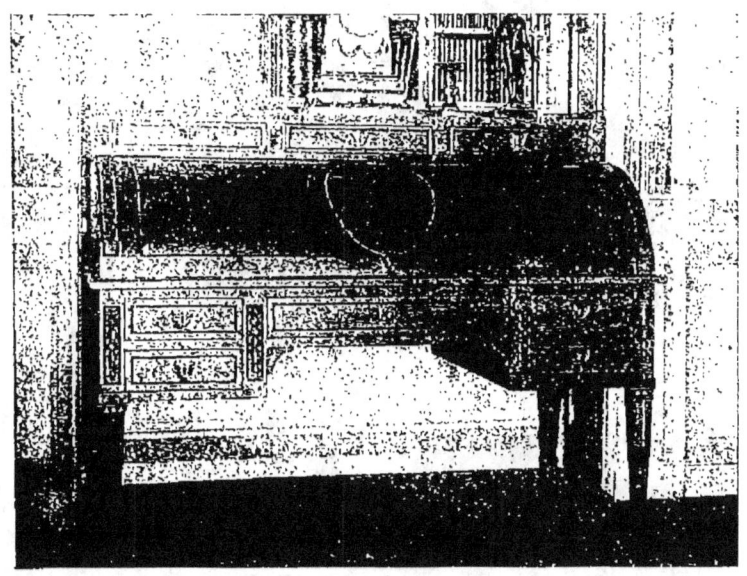

Fig. 166. — *Bureau à cylindre Louis XVI* (musée des Arts Décoratifs).

pleins, épanouis en forme de lyre, où s'étale une large palmette au bout de deux rinceaux.

Mais, à côté de ce lit, une table de nuit circulaire coiffée d'un marbre noir, s'évoque massive et déplaisante. Elle est en acajou sombre, sans ornements ni moulures.

Voici une boîte à ouvrage volante. Ses dehors sont peu séduisants. Sur les côtés de cette véritable boîte oblongue, en citronnier, en érable ou en thuya, une grecque en marqueterie profile ses méandres. Au-dessus, une étoile à plusieurs branches. Si la boîte est en

Fig. 167. — *Lit Louis XVI* (musée des Arts Décoratifs).

thuya, par exemple, cette étoile se modèle en citronnier pour le clair et en acajou pour l'ombre.

Le dessin, naturellement exprimé par les veines et nodosités du bois dont on oppose symétriquement les panneaux, suffit souvent à la décoration d'une commode, d'un bas d'armoire.

Pour en revenir à notre boîte, elle est à compartiments, et un miroir fixé au fond, bordé d'une chenille, reflète son contenu — ou le visage de celle qui travaille.

Voici une coiffeuse — volante également. On la pose sur une table, et son miroir oblong pivote en avant ou en arrière, à la manière d'une psyché réduite. Une simple bordure claire en marqueterie égaie son acajou.

Voici la toilette. Celle-ci massive, cubique, sans presque d'agréments de silhouette. Elle est, ainsi, fermée.

Le couvercle levé, un couvercle à charnières découvre un pot-à-eau et une cuvette minuscules reposant sur un marbre. Au fond du couvercle : un miroir bordé de petites perles en acajou. Des tiroirs spacieux accompagnent ce meuble morne avec ses ustensiles de toilette réduits dont le symbole d'austérité et de mesquinerie correspond si harmonieusement à l'étroitesse des idées du jour...

C'est l'heure où le tub anglais causa scandale dans la bourgeoisie française...

Songez qu'alors la chanson sentimentale de quelque Desbordes-Valmore fait couler de douces larmes et vous nous en voudriez d'effaroucher le regard de biche de cette jolie femme au front couronné de boucles et de bandeaux, au long col, dont la robe, à manches *à gigot*, en percale, présente si curieusement la grâce dans un grand cadre doré, ovale, à vitre légèrement bombée.

Aussi bien nous garderons-nous de troubler cette estampe idyllique, « à l'eau de rose », emprisonnée sous son cadre plat, clair, avec incrustations sombres, en bois des Iles. Et ce serait blasphémer encore que de sourire devant cette autre scène reproduite *avec des cheveux*

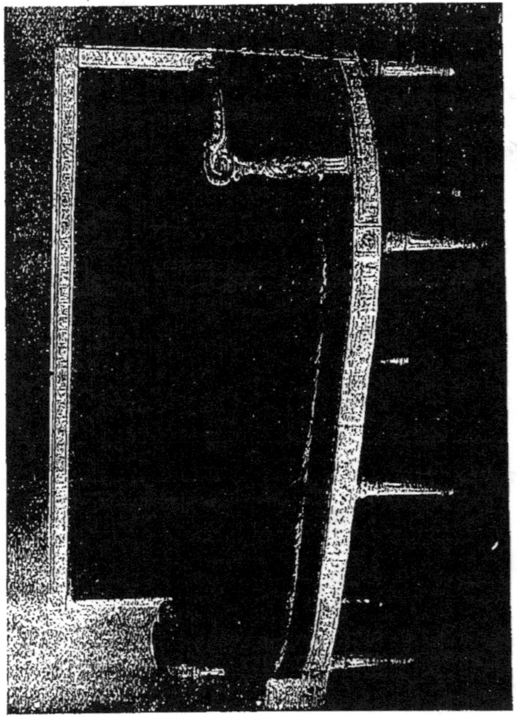

FIG. 168. — *Canapé Louis XVI* (collection Arnold Seligmann).

— au goût du jour — qui représente la solitude d'une tombe ombragée par un vaste saule pleureur.

Ce saule pleureur accompagne la tombe aussi idéalement que, prosaïquement, les pantoufles en tapisserie sont inséparables du pied de lit, voisines de la table de nuit ronde, avec son bougeoir à éteignoir auxquels la robe de chambre et le bonnet grec font cortège.

Pareillement, vous ne sauriez évoquer la table de toilette d'une « mystérieuse », sans son flacon de bergamote ou son pot de pommade à la rose. Cette dernière réalisait avec l'huile antique, autre ingrédient indispensable, la coiffure luisante et cirée que nous savons.

Si les tricoteuses avaient escorté, sous la Convention, le char de la Raison, un placide métier à canevas, maintenant, hante la maison bourgeoise de la Restauration. On l'aperçoit partout ce métier à canevas qui prétend nous restituer la fileuse du moyen âge...

Et la scène s'éclaire avec une lampe carcel coiffée d'un abat-jour vert — dont les mouchettes sont à proximité — tandis que chante une bouillotte sur le poêle en faïence, digne accompagnement à la romance qui chavire le cœur de notre travailleuse, dans la paix du foyer bourgeois.

Nous allions oublier le tic-tac berceur d'une pendule — une pendule ressemblant à quelque sarcophage avec sa forme massive et sa couleur triste, que ne parvient guère à faire sourire une marqueterie claire avec bordures de cuivre doré, si mesurées — pour ajouter à l'atmosphère de la scène paisible.

Mais, pour en revenir au mobilier Louis-Philippe, nous constaterons que celui-ci, en somme, s'équilibre bien, tout autant ces secrétaires que ces buffets et bas d'armoires bordurés simplement en leurs panneaux d'un filet tordu aux coins pour aboutir à une palmette pointue. Même dessus de marbre que sous le premier Empire.

Malheureusement, le Louis-Philippe compte parmi ses méfaits le tabouret de piano, le casier à musique, l'étagère et tant d'autres apports inesthétiquement compris que la boîte à musique couronne...

Les franges de laine, de couleur unie ou multicolore, ne tarderont pas à reparaître avec leurs clous d'or mesquins et ces franges de laine caresseront le tabouret de

Fig. 169. — *Commode Premier Empire* (musée des Arts Décoratifs).

pieds, en tapisserie, ou le simple rond protecteur du parquet trop ciré, presque.

La cheminée de la Restauration chantera tout un poème de banalité avec sa garniture de cuivre, son soufflet et son coffre à bois recouvert de velours... Avec son dessus « de cheminée » : une pendule ou une statuette flanquée de candélabres, le tout en zinc verni, moulé et surmoulé.

A moins que cette pièce médiane n'emprunte à des matériaux agglutinés et comprimés, genre » granit », lorsque les lambris de marbre de l'escalier de ce « bourgeois » abâtardi, après l'exemple encore majestueux du fils de Philippe-Égalité, ne seront plus que du plâtre peint.

Mais notre Louis-Philippe n'est responsable que de la plus réelle décadence qu'il engendra. La solidité de son mobilier a résisté à l'orage des temps et, quant à son goût, il est flatté seulement par les « revenez-y » de la mode. On le recherche de temps en temps à cause de son air « amusant ». C'est quelque chose aussi que cette solidité, preuve d'une construction excellente qui assure, sinon la beauté, du moins sa persistance, à la longue attendrissante.

Le type Louis-Philippe existe — non plus à l'état symbolique de « poire » — mais comme genre de mobilier reconnaissable et palpable. Ses succédanés, impuissants et désemparés, ne pourraient point en dire autant.

De même que la dorure chimique n'illusionnera pas sur la richesse de l'or, la fonte deviendra, sans que nous nous y trompions, la plate représentation de l'admirable ferronnerie d'autrefois.

Décadence, banalité, lourdeur, économie indiquées dans les aises bourgeoises, sous un ciel bas, vous avez quand même ordonné votre unité et... après, en attendant la rénovation moderne, fort attractive, on va céder à la vanité populaire. L'égalité par en bas exigera des mobiliers de style à tout prix et à tous prix sans s'apercevoir que les beaux meubles de style demeureront aux gens de goût — non point fatalement aux gens riches — qui discerneront la valeur de la vraie beauté du passé et la mettront chez eux à l'abri, tandis que le commun se débarrassera de ces « antiquités » au profit des gens de goût, en faveur des tapageuses reproductions neuves et à bon marché, des marchands du faubourg Saint-Antoine...

Ainsi la beauté se vengera-t-elle de la hideur et de l'ignorance, mais en revanche paralyse-t-elle l'essor de nos artisans modernes dont les créations sont sans cesse opposées désavantageusement à celles du passé, par force de tradition, préjugé, entêtement, habitude.

Fig. 170. — *Lit de repos Premier Empire* (musée des Arts Décoratifs)

On estime que ces créations, au surplus, feraient double emploi. Chacun garde naturellement ses meubles anciens, d'ailleurs inusables. Ils ont l'avantage d'évoquer des souvenirs lointains, et il faut, au goût, le temps de se faire à la nouveauté.

Et puis, les meubles anciens, très beaux au surplus, seraient harmoniquement jaloux, dans leur patine, du nouvel arrivant. Il importe de moderniser tout entier le cadre favorable à l'inédit... C'est coûteux ou inutile.

Autant de raisons bonnes ou mauvaises et, en résumé, fâcheuses pour l'art de notre temps, bien qu'elles ne soient pas inconciables.

On n'improvise point un style, il s'infiltre. Nous en reparlerons à la fin de notre travail, mais auparavant, nous nous rallierons à la distinction nettement établie par MM. Sandoz et Guiffrey entre un style officiel « Louis-Philippe » « qui tend au classique et marque comme une évolution, une suite logique du style Empire ; et l'autre, le « romantique », inauguré à la fin de la Restauration, qui entraîne les esprits vers l'art national du moyen âge, puis vers la Renaissance. »

Après Louis-Philippe, on revient à tous les styles à la fois. C'est trop. La lourdeur de Napoléon Ier et des Restaurations fait place à un besoin de légèreté. On dorera des gracilités capitonnées, cannées.

On cumulera des ensembles de styles, au choix. L'impératrice Eugénie, par exemple, sous le second Empire, aura une prédilection pour le Louis XIV, malgré que le Louis XV et le Boulle séduisirent Napoléon III. Il est vrai que la royale époque de Louis-Philippe, auparavant, avait préféré les atours de la Régence et que — sous la troisième République — M. Jules Grévy inclinera plutôt à un style Renaissance.

Ainsi donc la Régence daignait s'harmoniser sans rire avec la cour austère et familiale du mari de la reine Marie-Amélie, et la pimpante Renaissance, non moins gravement, présidera aux carambolages du beau-père de M. Wilson ! On saisit le contre-sens des styles mal acclimatés aux mœurs, alors que nous les avons toujours vu se modeler sur elles, en résulter.

La Restauration d'ailleurs, non plus que le gouvernement de Louis-Philippe, n'avaient entrepris de constructions nouvelles. On acheva seulement celles de l'Empire et, dans ces conditions, un style ne pouvait s'élaborer. Cependant, en 1843, Henri Labrouste édifiait la bibliothèque Sainte-Geneviève à Paris, inaugurant la charpente de fer.

Avec Napoléon III, le chaos continue. Si Viollet-le-Duc s'impose en architecture, avec ses savantes restaurations moyenageuses, si Duban, avec l'Ecole

Nationale des Beaux-Arts de Paris, revient au goût de la Renaissance, on ne peut guère citer que Charles Garnier, auteur du Grand Opéra de Paris, parmi les constructeurs originaux, avec Ernest-Georges Coquart,

Fig. 171. — *Commode Premier Empire* (musée des Arts Décoratifs).

auteur de l'intéressant tombeau de Clément-Thomas et J.-A.-E. Vaudremer, entre autres.

Et le meuble ne prend aucune part à cette originalité.

Les tapissiers lancent des « poufs », des fauteuils « crapaud », des « confortables » et autres capitonnages sans caractère, non plus que leurs draperies, tentures et baldaquins conventionnels et apprêtés.

Les tapis d'Orient viendront compléter la tour de Babel des importations chinoises et japonaises et nuire à l'effort de nos artistes dont l'essor de personnalité n'est point encouragé. C'est aujourd'hui la pleine décadence du mobilier, le capharnaüm des styles.

On s'est fait une conception singulière de la demeure. Elle est devenue le *home* hétéroclite. On y entasse les bibelots et meubles de famille. N'était le pieux souvenir qu'ils perpétuent, ils sont le plus souvent laids et encombrants ces bibelots et ces meubles, mais notre génération considèrerait comme un sacrilège de ce débarrasser de ses apports Louis-Philippe...

Il est vrai que les musées n'en voudraient peut-être pas où que leur heure de consécration est prématurée, et cependant, leur intérêt à ces meubles tend à augmenter de jour en jour dans la rareté. Peut-on préjuger du musée de l'avenir, enfin, et ne rendrait-on pas à nos artistes modernes un fier service en désencombrant nos appartements d'un passé qui, utilitairement déjà, leur porte un si réel préjudice?

En poursuivant les avatars du mobilier, on se heurte, d'autre part, à la convention bourgeoise qui a assigné un style ancien à la convenance de chacune des pièces de l'appartement. Depuis Louis-Philippe, dont les meubles sont encore reconnaissables et en somme parfaitement adaptés à leur époque guindée, compassée et sans grâce, nous n'avons vécu que dans l'admiration des meubles du passé.

Avec un sentiment singulier de la physionomie de ces meubles, on a décrété par exemple (car cette ordonnance varie au goût du tapissier et du client) que le Louis XVI convenait à la chambre à coucher, en raison de sa correction; que la gaîté riche du Louis XV était inséparable du salon; que la Renaissance, peut-être à cause de ses buffets monumentaux, était toute désignée pour orner la salle à manger; que le Louis XIII, enfin, par sa gravité, s'imposait dans le cabinet de travail. La mode, au surplus, conseilla tour à tour des variations sur ce thème. On revint soudainement à l'Empire premier, sans savoir pourquoi — souvent pour obéir aux décrets du couturier — et, non moins curieuse-

FIG. 172. — *Commode Premier Empire* (musée des Arts Décoratifs).

ment, le Louis-Philippe connut quelque temps les faveurs de notre xxe siècle !

L'industrie du meuble à bon marché s'est empressée de suivre et d'appuyer ce programme d'illusion « artistique » et de « bon goût » ; elle a flatté avec empressement cette convention et ce caprice qui lui permettaient d'écouler ses styles de pacotille mais d'une avantageuse « beauté », en série, et ce fut le triomphe du faubourg Saint-Antoine et la plate satisfaction du commerce.

La consécration par l'usage devait endormir tout idéal réactif auquel les architectes, dans leurs pâtisseries de maisons à loyers, ne contredirent pas. Le plafond du salon s'affuble d'une rosace Louis XV, la chambre à coucher d'une rosace Louis XVI, etc., avec des moulures et lambris assortis...

On fabriqua jusqu'à des « salamandres » Renaissance, Louis XVI ! Et l'on subit ainsi le ridicule.

En ce qui concerne le meuble, l'incohérence, néanmoins, ne « perdit jamais le nord » de l'économie, sans quoi ses élucubrations n'eussent point eu de raison d'être.

C'est ainsi qu'au placage de luxe, première offense au plein bois, succéda le placage en simili : bois teints aux couleurs acajou ; ébène représentée par du poirier noirci ! Aussi bien on économisa le bois, qui, mesuré dans sa force, contredit à la solidité. La technique poursuivit ses altérations dans une ornementation aussi sommaire, pour conclure à la juste « beauté » que nous savons...

L'important était l'effet et le bon marché. On vend des chambres à coucher, des salons de *style*, pour une somme ronde. Mais répétons que le Louis XIV, riche, monumental, n'est point « conseillé » par le faubourg Saint-Antoine, dernier rempart du commun. Il nécessite trop de bois, trop de dorure aussi...

Il faut reconnaître que, depuis le second Empire, l'architecture, grande sœur du meuble, a singulièrement progressé dans l'édification de la maison bourgeoise.

Du moins, la conception de l'immeuble à loyers s'est-elle embellie à travers le progrès. Ascenseurs, monte-charges, applications de l'électricité, lois de l'hygiène, systèmes de chauffage nouveaux, etc., ont

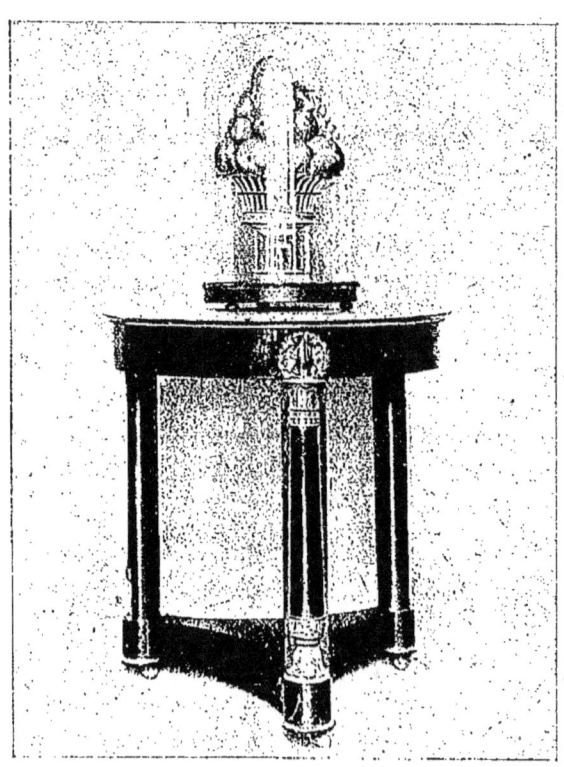

Fig. 173. — *Table-guéridon Premier Empire*
(musée des Arts Décoratifs).

développé le confort et installé la société de la troisième République dans une maison nouvelle.

C'est dans le bien-être que l'architecture s'est modernisée d'abord, avant que d'en arriver à renouveler ses forme et formule esthétiques, ainsi qu'il apparaît aujourd'hui.

Mais nous ne parlerons du style moderne qu'au chapitre suivant. Pour l'instant, avant que quelque idéal n'apparaisse à l'horizon, nous constaterons que le ressassage des styles du mobilier, son abâtardissement dans le vil prix, ne nous ont valu que banalité et assujettissement créateur.

La bourgeoisie riche s'est plutôt contentée de bien entretenir les meubles du passé, dans un ordre convenu, et ses acquisitions nouvelles ne sont que copies ou démarquages solides se profilant, dépaysés, sur un fond de draperies correctement alignées par un tapissier.

C'est là le style « cossu » dont des meubles sans caractère mais « coûtant cher », bien conditionnés et copieusement ornementés, constituent le fond.

La suspension en cuivre ne se balance plus guère au-dessus de la table de la salle à manger bourgeoise depuis que l'éclairage électrique l'a supplantée. Cette hideuse suspension à contrepoids nous venait du second Empire...

Elle est inséparable de ces moulures « au mètre » qui accompagnent, dans les lambris, marrons pour la salle à manger, blancs pour le salon — c'est la convention sotte — les « pâtisseries »...

On n'a jamais pu savoir non plus, pourquoi l'usage voulait imposer à nos salles à manger, salon et chambre à coucher, etc., une tenture spéciale !

Mais ne fallait-il pas que MM. les propriétaires allassent au-devant des goûts de la masse des locataires dont les appartements sont à l'avance « ornés de glaces » ?

Chez les artistes et les gens de goût, en revanche, les meubles anciens authentiques, mêlent leur style. Là on rassemble des bibelots anciens ; on les présente d'une manière pittoresque, dans une jolie lumière. L'originalité du « home » ne vaut que par l'ensemble plus ou moins spirituel et délicat des expressions d'un passé, qu'on a choisies et arrangées.

Voici notre mentalité, en matière de mobilier, jusque vers 1889, où une école purement française de décora-

Fig. 174. — *Petite table à ouvrage Directoire* (collection R. Roger).

leurs commença à nous dessiller les yeux. Et de cette ère de renouveau nous parlerons plus loin, en tâchant de dégager la logique et la nécessité de sortir de l'ornière classique qui est l'abîme de notre originalité.

Lorsque nous aurons cessé de nous installer dans le nid des autres, nous aurons quelque chance au moins, de nous asseoir dans le fauteuil que nos héritiers nous attribueront en propre.

CHAPITRE XII

Le Meuble provençal. — Les Meubles breton, normand, etc. — Le Meuble anglais. Quelques mots sur le Meuble moderne.

Notre travail sur les styles du mobilier ancien pourrait à la rigueur s'arrêter ici, mais il nous apparaît que deux mots restent à dire sur le meuble rustique.

Nous avons vu les prétentions d'une géographie du meuble au-delà de quelques stricts éléments d'une appréciation générale. L'influence régionale d'un artiste souvent se fit sentir, imprimant son genre à toute une école. D'où un style dans un style, sans toutefois sortir des grandes lignes de l'expression d'une époque.

Bornons-nous donc, par exemple, à discerner l'empreinte probable d'un Jean Goujon, d'un Du Cerceau — aussi nette que celle d'un Boulle — dans l'accord des meilleures hypothèses et, pour le reste, attribuons avec circonspection.

La source provinciale est suspecte et l'étiquette ne consacre pas la beauté. La signature seule constitue une preuve... et encore !

Mais, en dehors du meuble essentiellement de style, le meuble paysan doit retenir notre attention. Celui-là suit les styles avec une désinvolture d'un pittoresque fort attrayant. Il respecte, comme toujours, les grandes lignes ; toutefois, son décor naïf, sa sculpture gauche, lui prêtent un caractère, une saveur non plus imputables à une école, mais à un sol. On découvre aussi cette sorte de meuble associée à des usages locaux, traditionnelle. Exemple : le coffre à sel, sur lequel on peut s'asseoir, et la boîte à sel qui s'append, le vaisselier, l'égouttoir, l'étagère à verrerie, la table à pâtisserie, etc., plus sûrement édifiants sur leur emploi rustique que sur leur pays d'origine et moins exactement encore que les ustensiles de chauffage, chaufferettes et tout le luminaire, ces derniers ingrédients variant selon le combustible ou le mode d'éclairage usité; suivant les coutumes aussi (voyez plutôt le brasier connu sous le nom de *couvé* auquel, dans notre Nord, les fumeurs allument leur pipe). Exemple, mais, cette fois, avec un caractère déterminé, la panetière bretonne ou provençale, la maie normande du XVIIIe siècle, en bois de noyer, si séduisante ! Point de doute ici, des détails d'ornementation que nous donnerons plus loin distinguent l'expression bretonne de celle de la Provence malgré que, répétons-le, la conjecture sur la source demeure limitée.

La même saveur rustique apparaîtra, non moins dubitative, dans telle cannelure où des épis de blé, par exemple, s'insèreront, sur tel fronton représentant des fleurs champêtres. Voici un Louis XVI tout au moins campagnard, et d'ailleurs non moins charmant que le Louis XVI le plus aristocrate et citadin.

Ces nuances d'appréciation, de dégustation, renouvelleront la joie de l'amateur. Voici une pendule à gaine dont l'ornementation ingénue trahit son essence rurale non moins que ce buffet. Au-dessus du cadran de cette pendule, bordé d'un lourd guillochis, des grappes de raisin, des colombes se becquetant — du moins c'est ce que l'on devine dans la sculpture primitive —; au couronnement de ce buffet : des personnages indiqués d'une manière enfantine, voilà les signes d'une origine campagnarde dont la fantaisie qui change du style pur, garde néanmoins sa saveur. On peut supposer que ces meubles, moins somptueux, appartinrent à la classe moyenne, à la plèbe même, il n'empêche que, pour leur séduisant pittoresque et grâce à la déli-

Fig. 175. — *Chaise Directoire* (musée des Arts Décoratifs).

catesse de leur construction comme de leur décor,

ces meubles font excellente figure dans nos salons.

On ignorait la camelote, aux temps passés ; la preuve en est que les meubles ont résisté aux siècles, matériellement autant qu'esthétiquement. Et — fort heureusement! — qu'adviendra-t-il, en revanche, de nos plates copies, aux panneaux branlants, aux moulures collées, prétentieusement dédiées au salon ou à la cuisine? Demandez à Vatel s'il eût toléré deux sortes de beurre, l'un pour la table, l'autre pour la cuisine...

Comme suite, non à la géographie du meuble mais à ses distinctions locales, nous examinerons le meuble provençal.

Naturellement, les bois d'olivier, de murier, d'amandier, de citronnier et d'oranger trahissent l'expression méridionale. Toutefois, au xviiie siècle on employa exclusivement en Provence le noyer et surtout à Arles où cet arbre est particulièrement cultivé, sans compter que l'ébène était aussi en faveur avec le sorbier.

Mais l'usage de l'ébène va brouiller la carte d'identité du meuble jusqu'à son style même, puisque nous y rencontrerons des incrustations d'écaille de tortue à la façon de Boulle, avant Boulle même!

Au surplus, à côté de cabinets, de miroirs en ébène, des bureaux et commodes en cerisier, en poirier... sont originaires du Midi.

La confusion se poursuit dans l'imitation étrangère et particulièrement italienne ; mais le cuir — doré surtout — la corde, au xviie siècle, recouvrent les chaises provençales de préférence aux étoffes. Particularité à retenir.

On ne pourrait affirmer que tous les meubles du Cambrésis furent en chêne pour la seule raison d'une forêt proche, où cet arbre, d'ailleurs, ne domine pas. L'emploi du bois de sapin ne nous renseigne pas davantage, malgré qu'il soit intéressant de retenir que la vogue du sapin prit fin avec la Renaissance, aussi bien dans le nord que dans le sud de la France.

En revanche, la Provence nous a doté de meubles

spéciaux, comme le tambour à chauffer le linge ou chauffe-chemise, sorte de caisse en forme de tambour munie d'un couvercle au bas de laquelle un réchaud,

FIG. 176. — *Commode Directoire* (musée du Louvre).

disposé sous un tamis où l'on plaçait le linge de corps, entretenait de la chaleur.

La chaise dite *perspective*, au dossier représentant quelque colonnade ou arcade fuyante, n'est pas moins typique que la chaise *à la Marseillaise*, garnie de paille. Une chaise *lorraine* offre aussi quelque originalité, de même que certaine chaise champenoise, aux pieds curieux, sans oublier la chaise (comme le lit) de l'enfant, assez différente dans les diverses régions paysannes. Malheureusement pour notre édification, les bureaux... *à l'anglaise* sont fréquents aussi, en Provence, mais nous nous rattraperons sur la particularité du fauteuil à pieds de crapaud.

Il ne faut pas confondre ce fauteuil essentiellement provençal d'avant la Révolution, avec le hideux siège du XIXe siècle.

Le siège du fauteuil à pieds de crapaud est seulement bas; il n'est point capitonné comme notre *crapaud* moderne.

Et puis, la Provence affectionne les chaises et fauteuils *à la capucine* qui ne sont point détestés dans les autres provinces, mais les *inquiétudes*, fauteuils sur lesquels on se balance, lui appartenaient en propre vers la fin du XVIIIe siècle, de même que la Provence a donné l'exemple de l'emploi du rotin pour la garniture des sièges, au début du XVIIIe siècle.

Autres caractéristiques méridionales : le meuble en fer, consoles, tables, horloges, principalement exécuté à Avignon aux XVIIe et XVIIIe siècles; les meubles en verre, appliques, bustes, bénitiers, petites commodes (en verre de Bohême), au XVIIIe siècle, sans oublier des crèches en corail, en ivoire, disposées dans des niches vitrées.

On note encore des sièges de noyer et de saule recouverts de paille ou de rotin, des buffets, tables, etc., en bois blanc peint, mais, arrachés à leur ciel vibrant, ces meubles échappent à une nette identification; on les rencontre aussi par ailleurs...

Fig. 177. — *Fauteuil Directoire* (collection R. Roger).

Nous préférons nous en tenir à cette brève vérification des panneaux de nos crédences et armoires, d'origine provençale, si ceux-ci sont unis à l'intérieur, c'est-à-dire seulement sculptés tout autour. Car c'est la règle à peu près générale. Aussi bien à l'épi de blé déjà noté précédemment, nous ajouterons le cœur percé d'une flèche, motifs qui se réclament particulièrement de la Provence. On les remarque mêlés à des fleurs, à des grappes de raisin et autres fruits, au xviii° siècle. Et ce sont des pétrins, des panetières, non des « bibelots » fastidieux, mais des meubles ayant servi, qui recourent à cette ornementation végétale. Et ces meubles de ferme, d'office, sont des meubles d'art !

Examinez la finesse de leurs sculptures en plein bois, la modération de leur décor ponctuant seulement une ligne, accompagnant la grâce d'une moulure.

Pour terminer cette rapide notation du meuble provençal, nous donnerons les noms de quelques célèbres menuisiers d'art comme Jean Guiramand, de Toulon, auteur des portes de Saint-Sauveur, à Aix (xv° siècle), comme Bernard Toro, de Toulon également, comme le Marseillais Jacques Paulo (xvi° siècle) et Lange Maucord.

Malheureusement, les ouvrages de ces artistes du meuble ne sauraient être garantis, mieux vaut les confondre dans ce brillant anonymat que nous saluons à chaque pas dans le Midi et... ailleurs.

Mais le meuble breton offre des caractéristiques autrement édifiantes. C'est-à-dire que le meuble breton ne saurait donner le change ; il va sans dire que nous ne parlons ici que du meuble breton ancien. Car les amalgames modernes de mauvaises sculptures et de bois quelconques en dépit des styles, que « bretonnise » pour l'honneur régional, l'impitoyable galerie de fuseaux tournés à la mécanique, sur fond andrinople, ne sauraient nous émouvoir.

Aussi bien ces fuseaux en ivoire, ces bordures en marqueterie claire qui accompagnent les tracés linéaires d'esprit celtique sur le bois gravé, ont une qualité de richesse et d'esprit où l'initiative fruste ne saurait atteindre. Et l'on ne peut confondre la paco-

Fig. 178. — *Table-guéridon Directoire* (musée du Louvre).

tille destinée au touriste, bâclée à l'intention d'une masse, avec ces lit ou armoire, lit-armoire, escabeau, gaine d'horloge marqués d'ornements précieusement fouillés où la fleur locale hante parmi la géométrie des roses et rosaces, exécutés par quelque menuisier de bourg, en Finistère ou en Morbihan. Panetière provençale ou bretonne, votre silhouette délicate, l'ajour de vos colonnettes, la caresse à la main de votre bois comme la caresse aux yeux de vos sculptures ne mentent point, non plus que les solides charnières de vos portes grêles, ces charnières ornementales hors de proportion avec leur but, de même que les serrures.

Alphonse Daudet remarquait un jour devant nous, en passant la main entre les colonnes d'une panetière provençale : « Un accès facile, une serrure formidable, tout mon Midi est là ! »

Il nous manquait le meuble symbolique — nous vîmes pourtant celui de la Révolution — et la disproportion de la charnière d'une gracieuse panetière s'amende dans la juste proportion de cette même charnière sur une vaste armoire bretonne ou normande où son éclat métallique seconde les lourds battants de la porte, du haut en bas.

L'entrée de la serrure s'agrémente encore, harmonieusement, d'un motif vertical. Un souvenir de la penture médiévale demeure là.

Mais l'armoire bretonne ne renonce point volontiers à ses ornements celtiques, à ses fuseaux ; elle n'a point la rondeur normande. Les meubles de Caen ont chacun leur rouerie, leur patois. Il faut méditer sur leur « physique », et l'art breton, plutôt rude, à l'ombre du dolmen, du menhir où il fleurit, possède un caractère plus affirmatif, tandis que les créations normandes, auvergnates, provençales, par certains signes indubitables, ne relèvent souvent que de vagues attributions.

A l'étranger, en Allemagne, un style Bidermeyer achève de dénaturer notre Louis XVI. Nos modernes

Fig. 179. — *Commode-vitrine Directoire* (collection R. Roger).

Germains en soutireront l'*alt deutsch*, autant de pauvretés décadentes, indifférentes à notre étude parce qu'on ne les recherche pas. En revanche, le meuble anglais offre un passé fort captivant où nous nous arrêterons.

Les noms des Chippendale et des Adam sont soudés aux styles d'art.

Successivement, trois membres de la célèbre famille des ébénistes Chippendale portèrent, de père en fils, le prénom de Thomas, et ce fut surtout le second, mort en 1779, qui s'imposa dans le mobilier anglais original.

A vrai dire, cette originalité relève plutôt d'une ingénieuse adaptation, car le style Louis XV français, après les influences ogivales et de l'art chinois, servit de base à l'expression créatrice de Thomas II Chippendale. En mélangeant les styles chinois et rocaille, le fameux ébéniste trouva néanmoins quelque personnalité dans l'élégance un peu grêle, dans la richesse un peu morne de ses stalles, de ses guéridons d'une impeccable réalisation de matière. Aussi bien les modèles de chaises françaises « french chairs » publiés en 1754 gardent la saveur de notre Louis XV, différencié toujours par cette timidité précieuse qui appartient en propre à Chippendale. Mais c'est dans le retour aux formes ogivales que l'ébéniste anglais a surtout excellé. Il fut un précurseur de cette rénovation, à vrai dire singulière, mais qui prend de la valeur lorsqu'on l'oppose, par exemple, aux fâcheux essais du même genre, nés sous Louis-Philippe.

Chez Chippendale, l'adaptation demeure toujours originale tandis que sous Louis-Philippe il ne s'agissait guère que d'un morne placage d'ornements, sans souci de la forme. Ce style « troubadour », dont nous parlâmes, n'était qu'un anachronisme, tandis que le maître anglais, dans ses commodes ogivales, entre autres, où curieusement figurent des ornements empruntés à notre Louis XV, a réellement obtenu un

Fig. 180. — *Lit Directoire* (collection R. Roger).

effet personnel, sans grande harmonie peut-être, mais d'une recherche savoureuse en sa richesse et sa grâce assouplies à la forme.

Dans ses inspirations de l'art chinois, même constatation, la forme européenne régit le meuble, et le décor asiatique dont nous fûmes si friands en France,

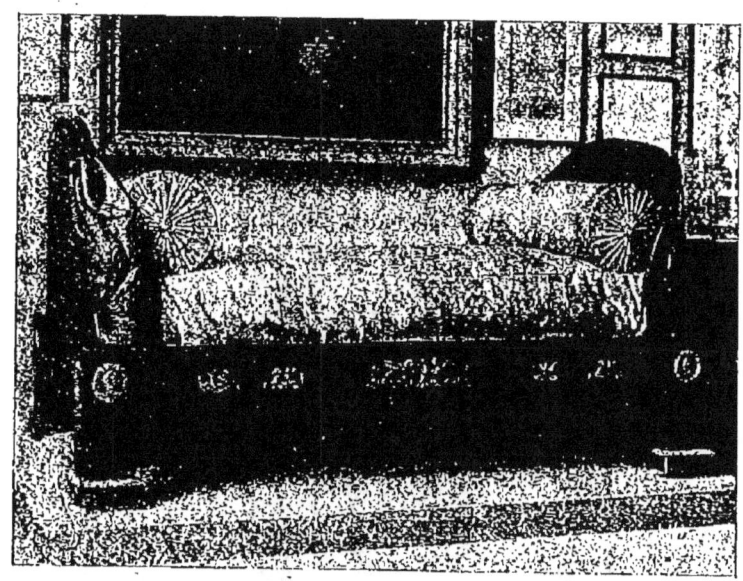

Fig. 181. — *Lit Premier Empire* (musée des Arts Décoratifs).

au point de le reproduire tel quel, ne suggère à la ligne de Chippendale que ses arabesques.

De telle sorte que cet art chinois transposé nous offre tout l'agrément d'une nouveauté.

On retrouvera également, dans une autre expression de Chippendale, le souvenir du Directoire et aussi de Louis-Philippe, nous voulons dire ses élégantes chaises en bois découpé, à jour, à croisillons, dont le dossier, au sommet, s'enroule ou s'élargit en « pelle ».

Le mobilier moderne anglais se souvient surtout de ce dernier genre. Il s'imprègne de cette sécheresse du bâti inauguré par Chippendale, en bois mince et nu, d'une construction sobre et pratique.

L'influence classique qui, à la fin du xviiie siècle, domina dans le monde, ne devait pas moins s'exercer sur le génie anglais. Et si Chippendale avait sacrifié

Fig. 182. — *Table de nuit Premier Empire*
(musée des Arts Décoratifs).

au gothique, les Adam, autres célèbres architectes-décorateurs et ébénistes anglais, ne manquèrent pas de revenir à l'antiquité.

Robert Adam (1728 à 1792) et son frère James (mort en 1794) au retour d'un voyage en Italie, construisirent à Londres la terrasse dite d'*Adelphi* (les Frères) et contribuèrent encore comme architectes, à l'édification de nombreux hôtels et maisons particulières. Il n'empêche que si l'unité de vue des deux frères nous a valu, dans la prédominance constante cependant du style Louis XVI français, une collaboration étroite, il nous faudra séparer ici Robert Adam, spécialement décorateur d'appartements, de James plutôt architecte.

C'est à Robert Adam qu'il appartient d'attribuer cet amalgame ingénieux de modèles romains et italiens, résumé par ces commodes aux lignes plus allongées, plus grêles que celles de Louis XVI, au décor très caractéristique de vases dits étrusques, et tous ces meubles enfin, d'une grande distinction, mais auxquels on pourrait reprocher l'abus du stuc et l'importance de la peinture sur le travail du bois.

« Nous osons nous flatter, ont écrit les Adam, d'avoir saisi avec quelque succès l'esprit de la belle antiquité et de l'avoir fait régner d'une manière nouvelle dans tous nos ouvrages. »

Toutefois, en tant qu'ébéniste, Chippendale a réalisé des formes plus robustes et plus solides qui le classent au-dessus des Adam. Il affirme une préoccupation initiale de la matière, de la construction, auxquelles les Adam ne pensèrent que secondairement.

D'ailleurs, ces derniers artistes s'apparentent directement à nos modernes « ensembliers ». Leur sollicitude s'étendit au moindre accessoire du mobilier, jusqu'aux plus infimes objets, et l'extrême raffinement qu'ils apportèrent dans le plus minutieux détail, caractérise la maison anglaise du xviiie siècle, tout comme les architectes d'aujourd'hui tendent à donner à la maison française du xxe siècle sa marque propre.

Nous avons un souvenir de l'influence des Adam sur les arts domestiques anglais depuis 1775 environ jusque vers le début de 1815, dans les efforts généralisés au foyer français, de nos jours, par les architectes Bonnier, Sorel, Plumet, notamment.

C'est la réalisation de l'ambiance adaptée aux mœurs

Fig. 183. — *Trône de Napoléon Ier*, restauré aux armes de Louis XVIII (musée des Arts Décoratifs).

différentes des époques. C'est la soif de nouveauté poussant à l'essor d'un cadre nouveau. C'est l'histoire sans fin des styles dont nous avons tâché dans ce dernier chapitre, de distinguer les particularités provinciales, en France, et les manifestations originales les plus nettes à l'étranger.

Mais ce n'est point notre faute si l'Angleterre nous fournit seule l'occasion d'examiner à l'époque, un meuble personnel. Cependant, nous vîmes combien ces styles Chippendale et Adam s'inspiraient des nôtres, malgré que cette influence se défende de la plate copie dans une certaine beauté typique, tandis qu'en Allemagne, en Espagne (le style *plateresque* appartient plutôt à l'architecture), en Flandre, partout ailleurs, on ne sert que pastiche et démarquage accommodés, transfigurés au goût national.

Nous en arrivons au mobilier moderne français. Nous lui devons de saluer son expression, son aurore, après avoir béatifié le passé. Car ce serait une erreur autant qu'un fâcheux anachronisme que de s'endormir dans le fauteuil ancestral.

Et d'ailleurs, nous marquons déjà notre passage, à notre insu; il ne s'agit donc plus que de soigner la qualité de ce passage, en encourageant les recherches de nos artistes, en dirigeant enfin le goût du public vers une beauté nouvelle.

Certes, on n'improvise point un style, et Louis XIV ne baptisa point immédiatement, de son nom, le siège où son auguste personne prit place, mais il encouragea l'art de son temps, d'où un essor personnel à la marque de l'effort créateur, une empreinte reconnaissable.

Nous n'insisterons pas sur le non-sens de nos foyers modernes où nos costumes fatalement détonnent, où notre geste même est inharmonieux parmi les grâces d'autrefois que nous avons accumulées mais non apprivoisées. Détournons-nous pour sourire, du monsieur en habit noir assis gravement dans un fauteuil ... assyrien et gardons de même notre sérieux en présence

Fig. 184. — *Armoire à bijoux* de l'Impératrice Marie-Louise, par Jacob Desmalter.

de cette élégante du xxe siècle offrant le thé dans un salon Renaissance...

L'eau convient essentiellement au poisson comme l'air à l'oiseau. Il n'y a que nos intérieurs d'aujourd'hui qui résistent au rythme de la logique et de l'adéquat, du moins dans l'évolution consciente.

Mais on y viendra, on y vient, à condition que le snobisme des vieux meubles ne tombe point dans le snobisme des meubles modernes, auréolés de rareté, tous les deux, alors que le meuble moderne doit entrer dans le foyer par la porte du peuple.

Si le meuble moderne devient un bibelot, il ne se répandra pas. Le bibelot pour le bibelot est la plaie du jour : il agonise comme curiosité au musée, dans une vitrine où s'accuse son inutilité. Il faut au meuble moderne non la curiosité, mais la diffusion par l'usage et la commodité.

Pour réaliser le mobilier de notre temps, les artistes ont sagement agi en faisant machine en arrière. Ils sont retournés boire à la source de la tradition, le dos au passé, face à la Nature. Et il convient de rappeler qu'en cela ils eurent des précurseurs assez imprévus : Percier et Fontaine, dont l'inspiration florale curieusement amalgamée, n'est point indifférente, souvent. Au surplus il faudrait que le décor, même des nouveaux immeubles à loyers, au lieu de continuer à servir le cadre suranné des styles, s'attache à créer l'atmosphère favorable au meuble réactionnaire. Tant de peintures ultra-modernes n'ont pu s'affranchir encore, du cadre... Louis XIII. Mais le propriétaire, naturellement, a tout intérêt à servir la banalité des locataires successifs.

Il serait souhaitable, d'autre part, que le préjugé munichois ne fût point à la base de toute expression moderne, pour la desservir, d'autorité. N'est point fatalement munichois tout ce qui étonne la vision non instruite. Et, malheureusement on confond trop souvent, dans ce malentendu, la beauté avec la laideur.

Fig. 185. — *Fauteuil Premier Empire* (musée des Arts Décoratifs).

Une autre erreur est celle qui attribue aux meubles auxquels notre goût n'est point fait, indépendamment de leur aspect rébarbatif, une technique et une commodité inférieures à celles des styles classiques. Comme si les styles classiques étaient impeccables! Que de non-sens n'avons-nous pas relevés au cours de notre travail! Et d'ailleurs ce reproche est faux. Les Maurice Dufrène, les E. Gaillard, les Jaulmes, les Gallerey, les Jallot, notamment, ont démontré qu'ils n'attachaient d'importance à l'esthétique de leurs meubles qu'autant que les besoins étaient confortablement servis et la matière constructive judicieusement employée. Et ces artistes ont le plus souvent réalisé cette harmonie dans des œuvres dignes de celles de leurs devanciers

CHAPITRE XIII

Quelques conseils pour démasquer les faux Meubles.

Ce chapitre apparaît nécessairement complémentaire des précédents. Il achève une documentation générale en remontant aux sources de l'artifice qui implique une connaissance ingénieuse et souvent savante de la part des fraudeurs.

La nature des styles, la qualité du goût affiné, le raisonnement aidé de l'expérience, viendront s'ajouter aux éléments matériels d'investigation du façonnage, de la couleur et autres éléments de réalité que la vue et le toucher déterminent au bout de l'habitude.

Les fraudeurs, en accusant la beauté ou les tares des meubles dont ils veulent faire illusion, démontrent donc empiriquement, au mieux de l'intérêt du lecteur inexpérimenté, ce qu'il cherche à savoir. C'est en grossissant l'exemple qu'il apparaît mieux et, malgré le talent, la science, l'art même apporté dans la supercherie, à moins de dépasser le but qui est de gagner de l'argent avec peu — sans quoi l'artifice, le risque n'en vaudraient pas la peine — c'est dans l'économie des matériaux, du façonnage, de la sculpture, dans l'esprit plus ou moins persuasif apporté à l'illusion, etc., que le fraudeur se trahit. Aussi bien, pour démasquer le coupable, ne faut-il pas être aussi malin que lui?

C'est à cet effet que nous avons emprunté, en le

condensant, en l'adaptant étroitement à notre sujet, en l'augmentant aussi, à un des chapitres de notre ouvrage sur l'*Art de Reconnaître les Fraudes* (1).

Les vieux bois et même les bois neufs vieillis, mais non les bois délabrés — à cause des difficultés de la sculpture qui les ferait s'effriter — servent à la confection des fausses statuettes des xive, xve, xvie, et ... xviie siècles, pour le moins...

Les sculptures et les moulures sont adroites ou maladroites selon l'âge visé. Elles s'exécutent dans des madriers (les bois les plus durs sont les meilleurs, et nous verrons les bois provenant des démolitions utilisés d'autre manière par la fraude), ou bien, quand il s'agit de volumineuses pièces, on assemble, avant de les travailler, plusieurs morceaux de bois, au moyen de vieux clous ou de chevilles.

Comme, très souvent, les sculptures anciennes étaient peintes, pour rendre vraisemblables les statuettes truquées, on les recouvre pareillement de couleurs que l'on enlève, aussitôt sèches, à l'aide de potasse. Les traces de couleur demeurées dans les veines du bois ou dans les creux, suffisent à l'illusion d'une parure disparue, plus ou moins somptueuse, d'autant que, çà et là, on aperçoit des restes d'or (en simili, alors que le précieux métal ignorait jadis le mensonge) habilement ménagé. Cette pratique de la potasse est commune à tout le meuble.

Si le bois est présenté nature, c'est-à-dire sans traces de couleurs, l'apparence vermoulue est réalisée artificiellement, soit à l'aide de macérations dans l'acide qui enfoncent les parties molles et font saillir les fibres, soit en imitant les piqûres de vers, conformément à la décrépitude véritable.

Lorsqu'il s'agit d'une sculpture, attention aux traces de l'outil employé! Les gouges, râpes et rifloirs modernes laissent leur marque reconnaissable. La

---

(1) Même éditeur, même collection.

FIG. 186. — *Secrétaire Premier Empire* (musée des Arts Décoratifs).

régularité du « tour » cher à nos jours, n'est pas moins édifiante lorsqu'on la relève sur un ornement.

Mais nous aurons l'occasion de revenir sur ces observations, au fur et à mesure que se développera notre excursion à travers le truquage qui va, pour l'instant, se présenter à nous sous les auspices d'un coffre, d'un *vieux* coffre.

Comme il est convenu que les époques romane et ogivale sont d'expression naïve, notre coffre veut être gauche pour ressembler, par exemple, à du « roman ».

La Renaissance est une ère de grâce et de richesse décorative, notre coffre « roman » se borne donc à une stricte curiosité lourde et touffue. N'oublions pas que les bons truqueurs connaissent à fond leurs styles et qu'ils n'ignorent pas non plus la qualité non portative des meubles romans, en l'occurrence.

Voici pourquoi notre coffre pèse un bon poids, lequel pourrait aussi bien être exprimé par un placage de sculptures sur des vieux bois de démolition, mais nous n'en sommes point encore là.

Pour en revenir à notre coffre, il a reçu, après sa parure de piqûres de vers (opération que nous expliquons plus loin), une toilette harmonieuse faite de brou de noix et d'encaustique. La teinte du brou de noix est plus ou moins chaude, plus ou moins sombre, selon qu'elle doit noircir les bois ou seulement les dorer, et l'encaustique, appliquée en dernier, ajoute au mystère de l'ensemble qu'il emprisonne sous le sourire d'un brillant obtenu au chiffon ou à la brosse douce.

Nota bene : les statues non peintes sont pareillement traitées, et les meubles vrais ou faux comme toutes les sculptures authentiques ou non, partagent le même traitement conservateur ou restaurateur du brou de noix et de l'encaustique. D'où une initiale confusion d'aspect.

Bref, la patine de notre coffre est radieuse sur le délabrement général (dont nous donnons plus loin

Fig. 187. — *Commode Premier Empire* (musée des Arts Décoratifs).

l'artifice) que de la poussière savamment ménagée dans les creux et rainures, que de grossiers rafistolages, très apparents (pour masquer le raffinement des autres), que des pièces vermoulues, défaillantes, authentiquent à qui mieux mieux. L'harmonie du vieux est donc parfaite et vous voilà déroutés !

Tournez maintenant autour du coffre, ouvrez-le, cherchez, en un mot, le défaut de la cuirasse. Vous ne manquerez pas de le trouver si vous êtes bien curieux. Nous ne reviendrons pas sur l'analyse initiale du caractère des sculptures, de la facture, etc., mais en revanche, voici un geste révélateur : passez légèrement les mains sur les sculptures et les moulures du coffre. Caressez-les et voyez si elles vous rendent votre caresse.

L'usure du temps, à travers les phases de l'entretien, de l'astiquage, donne un velours aux aspérités du bois, inimitable.

Observation qui concerne les statues en bois, de même que les pratiques de la potasse, si ingénieuses, s'adressent aussi bien aux meubles qu'aux statues.

Les meubles potassés sont déjà suspects, et malheureusement les bons meubles paient pour les mauvais, car la potasse n'est point toujours artificieuse. Elle sert fréquemment l'honnête cause. Voir plutôt les applications du brou de noix et de l'encaustique pareillement ambiguës.

On conçoit, d'ailleurs, cette ambiguité si favorable à la fraude, friande de pêcher en eau trouble, plus préoccupée de vraisemblance que de vérité et côtoyant, à dessein, la route de la loyauté pour mieux tromper.

C'est ainsi que le souci d'art qui consiste à retrouver la finesse des sculptures, moulures, etc., sous la couche de peinture qui les épaissit — les statues comme les meubles anciens étant souvent peints, et la sottise campagnarde ou bourgeoise suppléant ce soin, souvent, *pour faire propre !* — profite fatalement à nos modernes chineurs.

Si nous en revenons à la sensation de « velours » très

probante chez le vieux meuble authentique (et toutes boiseries), nous nous trouvons d'accord, naturellement, avec les fraudeurs, qui n'ignorent pas cette particularité et s'efforcent d'en donner l'illusion.

Ils battent leurs meubles, particulièrement ceux en chêne, à grands coups de matraque, des heures entières, afin d'émousser les arêtes, d'arrondir les angles, de taler et de cabosser les surfaces planes, de serrer les fibres du bois. Ils s'efforcent, en somme, d'exprimer l'astiquage séculaire, l'usure et les heurts du temps.

Fig. 188. — *Motif Premier Empire.*

Pourtant ils n'y arrivent guère, aux yeux du connaisseur. Et ce ne sont pas les fins limages, ni les patients polissages au papier de verre, non plus que les applications réitérées de cire et d'encaustique, qui donneront aux jeunes reliefs la douceur des anciens.

De même il s'est formé sur les bois anciens une croûte adhérente, une sorte de crasse inimitable. Si vous écaillez un vieux meuble, il semble que vous attentez à ses molécules. Il n'est pas jusqu'au cristal de sa surface polie ou embue qui n'ait sa personnalité.

Toutes ses poussières, encore, sont séculaires, et le toucher ne se méprend pas, non plus que la vue, sur ces différentes particularités.

L'économie du bois, d'autre part — nous ne nous lasserons pas de le répéter — n'était pas la préoccupation de nos ancêtres, et un meuble imité dont le coût dépasserait — sous prétexte d'imitation — celui d'un meuble authentique, serait un non-sens démontré par un mauvais calcul. D'où un nouvel élément d'investigation : comment le bois a-t-il été dispensé ?

Nous trouvons-nous réellement en présence d'un plein bois ? A cet effet, examinons l'épaisseur du bois employé et principalement à fleur des reliefs.

Les bois anciens, flottés ou non, étaient mal équarris. On ignorait la scie pour les découper; du moins la hache était-elle particulièrement en faveur, et les stries propres à la scie mécanique, source d'un débitage automatique, en planches, en voliges, d'épaisseur et de largeur régulières, trahissent-elles l'industrie moderne.

Observons donc soigneusement la physionomie de ces bois qui doivent être, en dehors de leur aspect, primitivement menuisés, aux plus anciennes époques, c'est-à-dire gauchement réunis aux angles (rarement assemblés) avec des clous ou des plaques de fer (pentures) souvent d'un travail remarquable. Car la ferronnerie, au début, l'emporta sur l'art du bois : d'où une décoration cloutaire presque exclusive.

A partir des xie et xiie siècles, les huchiers se substituèrent aux charpentiers primitifs, et les bois furent taillés et assemblés à tenons et à mortaises, chevillés en bois ou en fer. Autre particularité : la sculpture du bois prend son essor décoratif au xive siècle, en dehors de l'église, qui jusqu'alors se réservait ce privilège. Et nous noterons que les panneaux, à partir de cette dernière époque, reposaient dans un châssis qui, permettant l'emploi de plusieurs morceaux, les préservait du gauchissement et de la fissure des précédentes planches, d'une seule pièce.

Vérifions la solidité du bâti, des tenons et mortaises; l'esprit robuste et l'ajustage soigneux des pièces; le poids de l'ensemble. Les joints relâchés, les gondo-

Fig. 189. — *Console Premier Empire* (musée des Arts Décoratifs).

lages, les fissures, sont suspects. Ne perdons jamais de

vue que les meubles anciens étaient extrêmement bien faits et que le jeu du bois n'est plus de leur âge. Gare à la colle! Les meubles collés datent de l'époque de l'ébénisterie qui, dès la Renaissance seulement, recourut à la grâce des bois rares parés, richement plaqués et contournés. Le moyen âge ignora la colle — d'où la chute du masque dont s'affublent tant de huches, bahuts, chayères, etc. Aussi bien nous avons vu que la riche ébénisterie usa de la colle avec art et non par indigence. Et puis, il reste à examiner la qualité de cette colle souvent révélatrice, mal employée ou trop abondante. Que de bavures éloquentes! Que de colle dépensée en place d'ajustages, alors que les ajustages, sobrement collés, relèvent d'une construction belle et logique, révèlent un temps passé judicieux. Quelle différence donc entre le meuble « saboté » et le meuble « soigneusement exécuté »! Quel abîme entre les deux! Et puis le bois blanc avait été rejeté par les anciens à cause de sa fragilité, et ce n'est pas une trompeuse patine de brou de noix qui peut nous illusionner! Jadis le chêne et le noyer étaient presque exclusivement employés à la construction du meuble, et nous avons vu avec quel tact l'ébénisterie de la Renaissance usait encore de ces bois unis à des essences précieuses, à des plaques de marbre, jusqu'à l'emploi de l'acajou, de l'if, du bois de rose, de l'érable, au xviiie siècle!

Rappelons-nous encore, pour notre vérification d'authenticité, que l'emploi du bois de sapin prend fin avec la Renaissance.

Bref, après le bois de notre meuble et de son façonnage, l'étude de ses sculptures ne nous guidera pas moins.

Passe pour la naïveté de leur conception (la naïveté a deux sources : l'attendrissante expression primitive du passé ou bien... la mauvaise exécution), mais encore faut-il que la facture de ces sculptures ait une certaine valeur technique.

La main-d'œuvre chez les anciens était aussi peu

coûteuse que la sincérité de leurs artistes était grande,

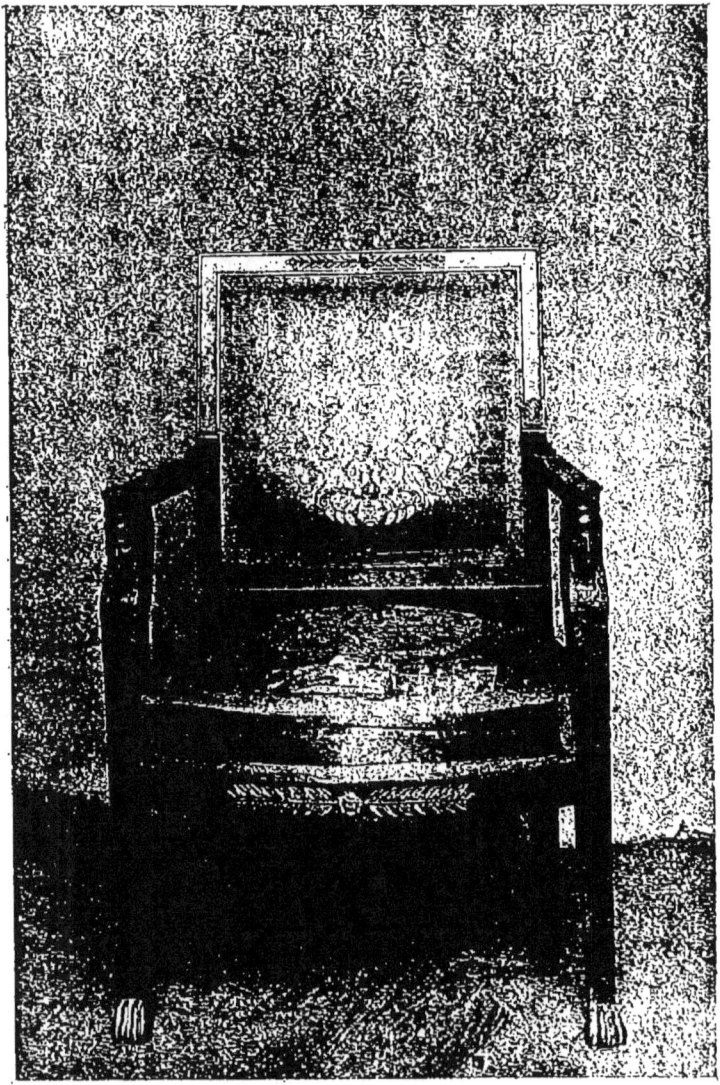

Fig. 190. — *Fauteuil Empire* (musée des Arts Décoratifs).

tandis que nos truqueurs — toujours pour les raisons

d'intérêt économique inséparables d'un truquage logique — ne se souciaient guère d'y être de leur poche. Tant vaut le travail, tant vaut néanmoins l'illusion. Mais les temps sont durs et la sculpture « en gros » risque fort d'être démasquée.

Aussi, l'examen attentif des sculptures et moulures — ces dernières souvent trahies par la vulgarité des calibres commerciaux employés à leur confection, de même que les colonnes, colonnettes et balustres, portent fréquemment les traces indélébiles du tour — s'impose.

Sont-elles taillées en plein bois, largement dans la matière, selon la pratique ancienne ?

Efforcez-vous donc de découvrir le frauduleux placage sous la patine. Retenez que le placage frauduleux consiste ici en une petite couche de relief en bois cher collée sur un bois épais commun. L'économie de la matière explique cette sorte de placage qu'il ne faut pas confondre avec l'application des matières coûteuses (nacre, ivoire, étain, marbre, sans oublier les bois précieux) incrustées.

Les fraudeurs veulent simplement donner l'illusion d'un plein bois riche et ils se rencontrent sur ce terrain du « toc » avec les ébénistes du meuble courant, qui, eux, débitent des pièces en série, aussi modernes qu'à bon marché, d'après l'ancien.

Ne confondons pas l'imitation avouée avec l'authenticité fallacieuse. Il faut reconnaître, d'ailleurs, que l'imitation avouée est toujours inesthétique et de mauvais goût, tandis que l'authenticité fallacieuse, basée sur une recherche plus ou moins talentueuse, donne souvent le change à la beauté véritable. De telle sorte que le vol ne réside guère qu'en le prix excessif versé pour une acquisition trompeuse. Mais c'est à vous de vous y connaître et, si en vous y connaissant, vous n'hésitez pas vis-à-vis du non-connaisseur, à « faire une bonne affaire », la réciproque peut être admise.

Reste la qualité de l'acheteur. Celui qui s'offre tout

CONSEILS POUR DÉMASQUER LES FAUX MEUBLES 347

le go une salle à manger Henri II, née au faubourg Saint-Antoine, n'est point le même que celui qui cherche depuis longtemps la console Louis XV de ses

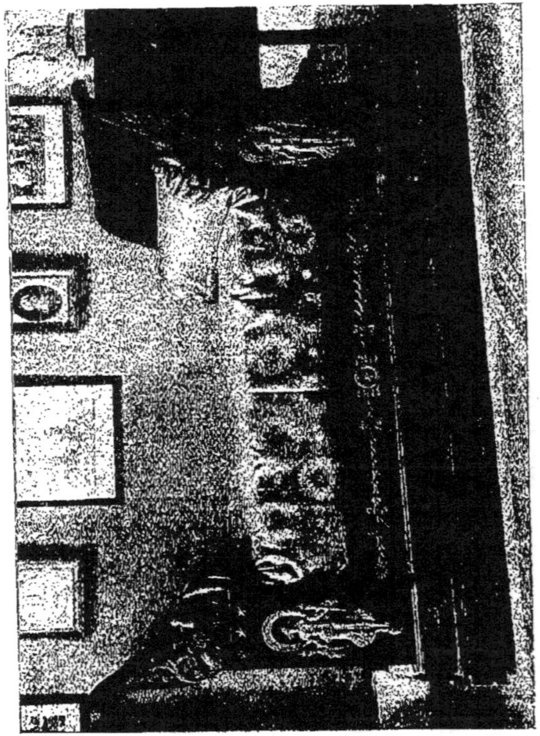

FIG. 191. — *Lit Premier Empire* (musée des Arts Décoratifs).

rêves. Point de délicatesse ici — bon goût là, ou tout au moins les apparences ; différence d'intellect et de bourse ; contentement et prétention divers. Clientèle autre, au surplus, pour les marchands. Et l'antiquaire n'est guère un coquin que si vous êtes un sot. Et l'antiquaire est toujours jugé un honnête marchand par le client qui l'a refait...

Bref, pour en revenir au meuble à éventer, un doigt exercé dénonce aisément le relief d'une colle hâtivement prodiguée ou le creux de ses joints mal dissimulés ; autant de preuves d'une fabrication non soignée qui est la négation même du travail consciencieux de jadis.

Quant à la facture des sculptures, vérifiez-en l'esprit, le style, ainsi que la qualité des instruments dont il relève.

Concevez-vous un doute sur la représentation du sujet ? Ne vous semble-t-il pas avoir vu quelque part, déjà, ce sujet ? Courez au musée et parcourez les frises, chapiteaux et autres motifs visibles sur nos chefs-d'œuvre, pour vous faire une idée de l'époque dont notre meuble douteux se réclame, ou pour confondre le démarquage plus ou moins habile d'un sujet connu.

Les sculpteurs en faux ne se mettent pas souvent en frais d'imagination, et leurs modèles sont généralement banalement copiés. Cependant il y a des exceptions qui concernent essentiellement la riche clientèle, le prix de revient étant fatalement proportionné au prix de vente. La supercherie en vue du riche amateur ne saurait logiquement s'abaisser à l'enfance de l'art du truquage, et si elle emprunte souvent aux expédients élémentaires que nous examinons actuellement, nous lui réservons, dans la suite, une étude proportionnée à la qualité supérieure de ses artifices.

Abordons maintenant le chapitre des bois truqués. On raconte communément que certains « antiquaires » criblent leurs meubles de petits grains de plomb, à coups de fusil chargé avec de la cendrée, pour imiter les trous de vers.

Or, nous ne croyons guère à cette fusillade. Néanmoins tout est possible malgré l'excentricité du procédé, peu discret au surplus, et que des grains de plomb demeurés dans la matière s'empresseraient de trahir, alors qu'il est si facile d'imiter les trous de vers avec des coups d'épingle et autres outils pointus.

Mais là n'est pas, d'ailleurs, le procédé le plus « distingué » employé par nos faussaires. Lorsque leurs meubles sont bâtis avec du bois vieilli sinon neuf, pour la facilité du travail de sculpture, ils fixent sur chacune de leurs parties des vieux bois réellement piqués des vers, et encore habités par eux, lesquels vers prolongeant au bout de peu de temps leurs galeries, viennent ruiner à ravir le bois intact, selon le rite antique,

Fig. 192. — *Détail d'une aile du lit précédent.*

D'aucuns préconisent, à cet effet, l'exposition en plein jour, les parasites étant attirés plutôt vers la lumière; d'autres préfèrent le séjour dans une cave.

On prétend aussi que l'on pourrit le bois en l'enterrant. L'humidité et un soigneux arrosage d'acide imprégnant la terre arriveraient rapidement à corroder la matière ligneuse ainsi traitée. Mais un tel procédé, en vérité, apparaît malaisé lorsqu'il s'agit de grandes pièces et il conviendrait plutôt à des objets de petite dimension.

Voici maintenant le moyen amusant de chercher chicane aux piqûres de vers douteuses.

Les piqûres de vers véritables ou obtenues facticement, par contact, de la manière que nous avons précédemment expliquée, ont fatalement un sens de pénétration générale. Du moins cette pénétration ne se contrarie-t-elle pas, de bas en haut, de droite à gauche ou de gauche à droite. Et nos truqueurs pressés et ceux dont les meubles sont façonnés avec des bois piqués à l'avance, ne se préoccupent pas de cette particularité harmonieuse. Ils taillent dans un madrier, ajustant sans y prendre garde deux pièces piquées de vers *dans deux sens opposés* et, même, il arrive souvent qu'une pièce coupée par le milieu, nous montre sans transition la grande tanière du parasite, avant le petit trou par lequel il s'introduisit.

La démonstration du truquage est dès lors bientôt faite. On ne saurait penser à tout !

Aussi bien, si vous êtes « très malin », si vous dénoncez vous-même dans un meuble, un placage récent, le marchand vous en fera constater d'autres, non moins récents, à dessein, pour accuser généreusement les parties *réellement* anciennes dudit meuble... qu'il vient de fabriquer. C'est un meuble *restauré*, voilà tout et, puisqu'il a été restauré, c'est donc qu'il est véritablement vénérable !

Autres moyens de « vieillissement » : c'est le temps qui s'en charge mais point, naturellement, à la faveur des siècles. Le meuble est livré au grand air où son bois joue, où ses lignes subissent de *précieuses* altérations, où ses creux recueillent de subtiles poussières, tandis que ses reliefs collectionnent les « gnons » profitables à leur douceur, concurremment avec des coups de matraque.

Au bout de deux ou trois années, il semble que le souvenir de la fraude s'estompe au contact des véritables intempéries. Des dégradations imprévues surgissent, des moisissures, et si le bois provient de vieux

CONSEILS POUR DÉMASQUER LES FAUX MEUBLES 351

matériaux (défavorables nous le savons, pour les sculptures, mais excellents pour les moulures simples, les dos et autres garnitures intérieures, fonds de tiroirs, tablettes, rayons, etc.), l'aspect de meuble antique (car

Fig. 193. — *Table de nuit Premier Empire* (musée des Arts Décoratifs).

il a été inspiré d'un style du passé) n'en est que mieux servi. Ici c'est un pied qui tombe en poussière; là, un panneau dont un morceau saute, au hasard, comme si cela résultait de la décrépitude réelle. Et c'est alors à l'artifice de la restauration que l'on a recours...

Nous en arrivons aux maculations. L'usage d'un meuble entraîne de naturelles salissures — mais on peut aussi y aider.

Lorsque l'on n'est pas pressé, les meubles truqués sont traités, voire utilisés sans ménagement, afin de leur donner précocement de l'âge et de la pratique. Voyez-les pourrir dans des cours ou bien garnir des mansardes avant d'aboutir à la boutique de l'antiquaire où ils attendent malicieusement le client.

Qui dira les ressources inépuisables de certains greniers ! Et combien la fumée qui s'échappe de la hotte pittoresque des logis paysans, combien la générosité des chiures de mouches, sont fertiles en patines miséricordieuses ! Sans compter que l'urine des bestiaux à l'étable a souvent embelli maint bahut, grâce aux effluves ammoniacales.

Et puis il y a le moyen plus expéditif qui consiste à simuler la détérioration à grand renfort de sable mouillé, énergiquement appliqué, frotté, avec une brosse dure. Il y a des vieillissements pour tous connaisseurs — et à tous prix. En employant une teinture d'écorce de noyer bouilli (en place de brou de noix), on vieillit encore le bois. Et puis, ses pores peuvent être resserrées à l'aide du brunissoir ; et puis l'acide nitrique se chargera aussi d'altérer consciencieusement sa surface. N'imite-t-on point encore, les trous de vers, à la machine !

Pareillement, de la boue passée à la brosse dure dans les reliefs de la sculpture qu'elle risque d'adoucir, simule la poussière et la crasse, et le permanganate de potasse a la propriété de colorer dans le goût ancien.

N'oublions point, enfin, que nos ancêtres ignoraient l'usage de la vis dont nos meubles de pacotille raffolent.

Gare maintenant aux encrassements exagérés à l'entrée des battants de l'armoire, sous les tiroirs : ils peuvent résulter intentionnellement de l'apposition répétée des mains sales. Attention à la qualité des fêlures du bois et de ses éclats, mais ne vous fiez pas trop complaisamment à l'éloquence des clous anciens, il est si facile d'assembler de jeunes matériaux avec des vieux !

Observons attentivement, en revanche, le fonctionnement des tiroirs. Dans les véritables meubles anciens,

CONSEILS POUR DÉMASQUER LES FAUX MEUBLES 353

le fonctionnement des tiroirs — des battants, même — est d'une douceur parfaite.

Si maintenant vous puisez dans votre collection de vieilles ferrures — moins coûteuses que les neuves —

FIG. 194. — *Salon Premier Empire* (collection Alavoine).

20*

vous trouverez aisément une entrée de serrure, des gonds, etc. dont vous parerez votre meuble en achevant ainsi l'apparence d'une authenticité relative.

Nota bene : les ferrures et les cuivres d'un meuble ne prouvent ni n'infirment, à coup sûr, sa véracité.

Il se peut que de vrais meubles aient été maltraités, de propriétaire en propriétaires. De grossières erreurs de style — des poignées de tiroirs Louis XIV sur une armoire Louis XVI, par exemple, ne sauraient sûrement nous déconcerter. Il est rare, pourtant, que les fraudeurs se donnent la peine de garnir de cuivres authentiques des faux bois et réciproquement.

Ces cuivres, d'autre part, de même que les ferrures, subissent, lorsqu'ils ne sont pas anciens, des sophistications curieuses. On les oxyde, on les rouille et, au surplus, pour masquer les traces de lime et les bavures du métal imparfaitement moulé et dégrossi à la lime, on les frictionne avec du sable qui raye la matière, sous les dehors d'un nettoyage exclusif.

Des restes de vert-de-gris, des traces de rouille, suffisent encore à l'illusion du passé, à condition toutefois que la forme des ferrures ne sente point trop l'emporte-pièce moderne ou la fonte, en place des procédés anciens de la forge, du repoussé à l'outil, etc. Et puis l'or chimique sur les bronzes dorés serait une hérésie !

Une autre hérésie consiste à nous présenter comme meubles véritablement anciens des meubles en bois naturel, comme si nos aïeux avaient méconnu les moyens de teindre leurs meubles !

N'avaient-ils pas l'habitude, encore, de « velouter » leur mobilier avec des vernis et des frictions d'huile de lin ?

Mais nous venons de conter l'enfance de l'art du fraudeur, tandis que le futur amateur faisait ses premières armes. Nous allons poursuivre maintenant son éducation en abordant le truquage du meuble de choix.

Nous avons vu les placages communs (à l'aide de moulures banales débitées à la scie, parfois même es-

CONSEILS POUR DÉMASQUER LES FAUX MEUBLES

tampées à chaud), au tour maintenant, des riches contre-placages. Il ne s'agit point encore des placages frauduleux, mais ceux-ci les préparent.

On appelle contre-placages des applications de bois précieux (palissandre, ébène, acajou) sur une feuille de

FIG. 195. — *Chaise Restauration* (musée des Arts Décoratifs).

bois de choix préalablement déposée sur un bâti. C'est en somme une sorte de marqueterie, sinon l'opération même de la marqueterie (à ne pas confondre avec sa similitude représentée par des dessins peints à la couleur de bois différents cernés d'un trait de pyrogravure).

Nous savons qu'après la Renaissance, la marqueterie

fut très en faveur, et nous allons assister à un renouveau de ce genre luxueux d'ébénisterie, mais cette fois, dans le domaine du truquage de prix.

Plus nous avançons en matière de meuble, plus l'intention de tromper coûteusement et... respectueusement, s'accuse. La qualité de l'amateur éclairé justifie ce respect du savoir supposé qu'il faut d'autant déjouer habilement.

Voici que nos fraudeurs vont mettre maintenant à contribution leurs ruines. C'est-à-dire que les vieux chiffonniers en bois de rose et de violette, chers aux époques Louis XV et Louis XVI, c'est-à-dire que les débris d'horloges et de commodes genre Boulle, que les marqueteries endommagées, achetées à vil prix, serviront à des résurrections de pur style.

C'est l'art d'accommoder les restes. Il ne s'agit plus, n'est-ce pas, de faire exactement du faux; la manœuvre est plus subtile. Le tour mieux joué se paie davantage, et le marchand risque de ne plus être tout à fait un filou puisqu'il n'a point tout à fait volé...

Le travail, d'ailleurs, est fort délicat; il faut recueillir soigneusement, lame par lame, les précieuses marqueteries et les coller, ensuite, sur des carcasses ou bâtis neufs. L'incorporation de la matière rare au support réclame tout un art qui renchérit encore le choix de l'habillage métallique.

Chutes, rinceaux, galeries, entrées de serrures, poignées de tiroirs, sabots, frises, etc. sont réquisitionnés dans l'amas des bronzes et cuivres anciens précieusement recueillis. Ainsi parés, nos secrétaires, nos bonheurs-du-jour, recevront une tablette de marbre découpée sur mesure dans une vieille plaque de marbre authentique ou soigneusement jaunie et, lorsqu'une légère couche de crasse et de poussière aura harmonisé le tout, calmé à l'unisson l'éclat des cuivres, embué les marqueteries, nos meubles « de style » seront prêts à être vendus.

Ce sont ces mêmes truqueurs qui feront sculpter à

grand renfort de motifs et de moulures, les panneaux simples d'une armoire ancienne, afin de pouvoir la vendre plus cher. Une couche de peinture sur l'ensemble pour unifier le tout, un nettoyage général à la potasse, et les sculptures neuves, d'ailleurs finement exécutées, feront partie intégrante de l'armoire ancienne.

Retenir ce genre d'embellissement qui s'adresse aux fauteuils, chaises, tables, etc.

Comment, maintenant, démasquer la fraude ?

En ce qui concerne le placage, on devra s'efforcer d'apercevoir, sous la marqueterie, la couleur et la qualité du bois sur lequel il repose. Le plus souvent, les bâtis anciens, en bois blanc et plutôt en sapin, tombent en poussière aux endroits où les vers les ruinent. Ils sont généralement ravagés par ces rongeurs qui aiment les épaisseurs et peuvent davantage « travailler » à l'ombre des placages. Observez sur ces derniers la trace des galeries correspondantes. Si, sous eux, les placages ne portent aucune marque du sillon indiqué par les vers sur le bâti, il y a de grandes chances pour que ces placages n'aient pas vieilli avec le bâti et, du coup, votre meuble crie sa fausseté.

Les bavures de colle relativement fraîche, les encrassements factices aux joints des bois appliqués, peuvent encore trahir la fraude ; il est vrai que les rafistolages trop visibles de la soi-disant restauration sont là pour faire valoir les parties d'apparence ancienne, ainsi que nous l'avons déjà démontré.

Il y a cependant un critérium : l'intérieur du meuble. Tiroirs dont les assemblages sont fraîchement coupés ; bois excessivement passés au brou de noix, dessus, dessous, bords et rebords ; clous neufs ou de rouille récente, traces de mastic dans les fentes de bois, etc. Malheureusement, si vous relevez ces indices troublants, le marchand peut très bien ne vous garantir que l'extérieur du meuble...

D'autre part, comment dévoiler l'artifice de l'embellissement rajouté aux véritables meubles anciens?

Cette fois, votre flair peut être mis en éveil par votre goût. Les marchands de « toc » n'ont pas toujours réfléchi que la grande simplicité des meubles est certaines fois leur beauté la plus sereine. Ils ignorent le mérite de la sobriété, aux lignes majestueuses.

Comptons donc sur le mauvais goût des complications décoratives qui trahissent souvent autant de fautes de style. Et ce ne sont pas les cachets en cire rouge, voire des signatures que l'on vous aidera à déchiffrer, qui vous feront revenir sur l'harmonie faussée d'un meuble par les fioritures rapportées.

Ces cachets, à vrai dire, jouent le dernier atout du marchand en détresse, de même que ces signatures effacées, genre Riesener. Qui veut trop prouver ne prouve rien.

Mais où se borne l'artifice? Il a inventé l'*arrachement*, qui donne aux boiseries un aspect de frappante vraisemblance. Derrière une cheminée en bois, derrière un lambris, on a laissé intentionnellement des traces de clous et de plâtre mêlées à quelque lambeau de la feuillure dans laquelle ils s'encadraient.

Notez que cet arrachement peut être authentique, mais n'oubliez pas qu'il serait dangereux de s'y fier excessivement. La cheminée et le lambris eussent parlé éloquemment que l'on se fût passé de ce témoignage...

Or, cet arrachement concerne aussi la tapisserie des fauteuils, canapés, bergères et chaises. Pour authentiquer le faux bois d'un siège, on le recouvre ni plus ni moins d'une étoffe d'apprêt que l'on déchire ensuite, au ras de la carcasse. La trace des clous et la tenture rase inspirent dès lors une confiance illimitée.

La tenture de ces sièges était tellement détériorée par les ans, déclarera le marchand, que l'on dut l'arracher et, d'ailleurs, on n'acheta que les bois qui ont — voyez plutôt — souffert de recouvrages successifs.

Fig. 196. — *Canapé Restauration* (collection R. Roger).

Aussi bien le boniment de l'antiquaire est suspect et, tant vaut le galbe du fauteuil, du canapé, la finesse de ses sculptures, la qualité de son bois, tant importe seulement la préparation sincère ou fausse. Croyez-vous d'autre part que les étiquettes de chemin de fer apposées sur des bâtis de meubles anciens... ou truqués, prouvent grand'chose ? Et cependant notre marchand prétend influencer votre jugement grâce à ce fauteuil, grâce à ce buffet, très usagés sinon détériorés, pourvus d'un brevet de voyage. On les a découverts dans un obscur village, là-bas... c'est une aubaine, alors que, souvent, ces pièces rares ont été simplement fabriquées... à côté.

Notez que l'antiquaire malhonnête — il y en a — n'est jamais à bout de ressources. Il lui suffit de posséder un pied authentique sur trois pour confectionner un trépied *ancien* et, avec une console de style, il construira, par exemple, deux consoles...

Dès lors, il n'a point tout à fait tort de vous garantir son truquage. Il y a toujours quelque chose de vrai dans son mensonge. Avec un panneau d'armoire, il édifie une armoire entière. Avec un vieux bras de fauteuil et un bout de moulure non moins vieille, il construit tout un fauteuil et vous n'auriez point tout à fait raison de crier au voleur !

Goûtez l'art encore avec lequel on dédouble une armoire ! Dieu sait combien ces armoires, au xviie siècle, étaient vastes, et ne faut-il pas rentrer dans le cadre des appartements modernes ? Alors on coupe tout simplement une armoire en deux et voici deux armoires avantageusement présentées, naturellement avec une partie fausse, chacune. Mais si vous éventez le « truc », le marchand vous répondra simplement que vous vous trouvez en présence d'une restauration et... vous n'aurez point encore tout à fait raison ni lui complètement tort.

C'est ainsi que l'on peut dédoubler aussi les fauteuils, les tables, etc., et, quant aux bergères et fau-

CONSEILS POUR DÉMASQUER LES FAUX MEUBLES 361

Fig. 197. — *Fauteuil Restauration* (musée des Arts Décoratifs).

teuils, rien n'est plus simple que de les transformer en canapé si, les ayant sectionnés au milieu, vous placez entre leurs bras un corps qui les éloigne, en les raccordant à chacune des extrémités. Soigneusement sculpté dans le style des côtés de votre bergère, bien réassorti au bois de ces côtés, passé ensuite au brou de noix, l'ensemble de notre canapé n'est plus équivoque, et vous n'ignorez pas qu'un canapé « de style » coûte plus cher qu'une bergère...

Allez donc suspecter pareille fraude! L'achat est alors une question de confiance... et de goût, à moins que la lésinerie des sculptures rapportées, à moins que le bois trop neuf ou les raccords mal finis ne servent le hasard de vos doutes.

Si le canapé est doré, cependant, il vous reste un sérieux espoir. On n'a point encore réussi à vieillir les dorures genre xviiie siècle. Celles-ci, en or fin passé à la feuille, étaient épaisses et leur titre était inhérent à cette épaisseur qu'il faudrait alors reconstituer. Nos ors économiques, nos mixtures chimiques de cuivre reproduisent à la rigueur les vieilles dorures de la Renaissance, mais la patine des ors du xviiie siècle échappe au brigandage moderne.

Rejetons-nous donc sur la qualité de l'or employé; du moins sur le peu qu'il en reste, car, toujours malins, nos contrefacteurs ont plutôt recours à des couches d'apprêt de couleur blanche fortement écaillée, au point qu'il ne reste guère d'éléments d'analyse. Si même un vestige de dorure subsiste sur le bois, il risque fort d'être un faux témoin. Et puis, on vous vend le meuble *tel quel*. Il a été abîmé par son précédent propriétaire qui l'a passé « au chimique » !

« N'avouez jamais », telle est la devise des faux meubles; le doute doit profiter à l'accusé. C'est à l'acheteur de faire la preuve du mensonge.

Au fond, la beauté esthétique et celle de la façon guident seules vers la vérité. Les marchands veulent trop gagner et les clients désirent débourser le moins

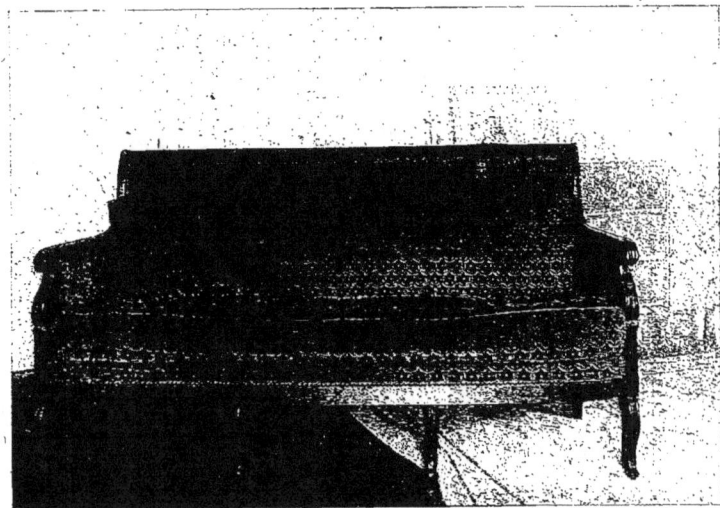

Fig. 198. — *Canapé Louis-Philippe* (collection R. Roger).

possible. Aussi bien il leur faut « du vieux » quand même et... on leur en fait. Ils sont servis.

Un connaisseur n'achètera jamais pour un chef-d'œuvre de Boulle une quelconque pendule où l'écaille et le cuivre s'assemblent au petit bonheur. Non, l'exécution véritable de Boulle est méticuleuse et somptueuse. Si vous saviez la provenance hétéroclite de cette pendule, de Boulle soi-disant, dont le cadran marqué d'un nom superbe, n'est qu'une menteuse façade accolée à un vieux mouvement acheté d'occasion au marché à la ferraille, dont la boîte n'est qu'un rafistolage d'éléments anciens et neufs sur lequel une petite main a laborieusement collé des arabesques de cuivre découpées à l'emporte-pièce sur du celluloïd!

Vous en doutez ? Jetez plutôt une goutte d'eau sur cette simili-écaille rouge, sur cette écaille... en gélatine; et elle gondolera, alors que l'écaille véritable fût restée impassible.

Voyez, au surplus, si, selon la manière de Boulle, cette écaille repose bien sur un fond de cuivre. Attention toujours au sabotage économique ! Contrôlez la variété et l'originalité des dessins pour voir s'ils ne sont point de simples copies empruntées à des recueils connus.

Sachez que le bois de houx joue avaricieusement l'ivoire, comme le poirier noirci l'ébène, et que la nacre, la corne et l'ivoire doivent être véritables s'ils veulent sincèrement nous sourire. Ne perdons pas de vue que les bons pastiches coûtent fort cher — plus cher que les originaux, même, en raison du renchérissement de la main-d'œuvre — et que le travail de l'ébénisterie moderne, s'il peut atteindre aux chefs-d'œuvre du passé, n'a point toujours retrouvé la pratique de certaines expressions de son art.

C'est dans la faillite du beau et de la riche matière que se trahissent les imitateurs, et cela est fatal si l'on veut « gagner sa vie » sur ce que l'on vend. Une pièce luxueusement truquée doit logiquement rapporter en conséquence et, nous ajouterons alors, que souvent un truquage précieux offre tout autant d'attrait que la vérité même, si tant est que nul snobisme ne nous hante et que nous cherchons simplement à nous contenter d'une certaine somme de beauté.

Lorsque la copie d'un tableau est si parfaite que l'original et la copie se confondent, pourquoi la copie ne vaudrait-elle point l'original ?

Bref, l'Italie, l'Allemagne et l'Espagne, grands pourvoyeurs de l'excentrique Amérique qui achète à tout prix les antiquités... souvent pour mieux authentiquer aussi nos propres vieilleries de contrebande qu'elle nous retourne — car nous travaillons aussi dans le faux et pour l'exportation — continuent à nous inonder de leurs spécialités séculaires, concédant toujours à la camelote pour répondre à la soif de bon marché.

Si l'on veut du pittoresque provincial, on invente les meubles « bretons » qui n'ont de breton que le décor baroque dans une construction simplement rustique. Ces meubles n'appartiennent à aucun style. Ils sont gauches comme leurs sculptures et il ne faut pas les confondre avec les vrais, les anciens, que nous avons vus franchement nous séduire. Vous désiriez une étiquette sur une élucubration « originale » ? En voilà une ! Et vous paierez assez cher ces meubles « bretons » parce que vous prendrez pour de l'originalité leur malfaçon.

Gardons-nous surtout de l'originalité intempestive qui, en matière de connaissance, serait plutôt sa négation. Certes, il est original de ne rien savoir, comme il est très subtil de ne rien apprécier à la manière de tout le monde, mais il est préférable, au fond, d'apprendre à s'y connaître pour avoir un jugement sain qui permette une judicieuse jouissance de la beauté. Entre être trompé en beauté ou sottement, il y a toute la nuance de la délicatesse. Au résumé, si quelque beau meuble déclaré inauthentique ne vous désenchante point de ce fait, esthétiquement, vous n'aurez jamais fait un marché de dupe. A chacun la beauté dont il est digne, après tout, et, si vous ne vous attachez qu'au prix déboursé, l'argument manque d'intérêt. Il y a tant de laideurs qui coûtent cher et tant de beautés pour rien !

Aussi bien nous nous sommes efforcé, dans ce travail, d'éclairer le lecteur, qui ne devra jamais s'égarer, par principe, hors l'élémentaire prudence dictée par la sobriété et la simplicité, bases initiales de la beauté. L'expérience personnelle de la vue, du toucher, l'étude comparative au hasard des flâneries, fortifieront d'autre part son jugement, sans jamais qu'un vain amour-propre n'ajoute à son erreur sous prétexte de la pallier.

Reconnaître que l'on s'est trompé c'est déjà s'y connaître, puisque l'ignorance est toujours satisfaite.

CHAPITRE XIV

Répertoire des menuisiers-ébénistes les plus renommés des XVIIe et XVIIIe siècles

Nous ne pouvons mieux terminer ce travail d'identification esthétique qu'en fournissant au lecteur le complément pratique de son renseignement. A défaut de la signature des créateurs d'un meuble, nous donnerons les noms des menuisiers-ébénistes anciens les plus renommés. Outre que les signatures sont plutôt rares, et, partant, leur répertoire des plus difficultueux à réunir, ces signatures, en dehors de l'intérêt précieux qu'elles offrent, ne présentent qu'une authenticité relative et, pour l'heureux possesseur d'un meuble signé, nous estimons que des références sur l'auteur du meuble valent davantage ou du moins tout autant que l'indice matériel d'une griffe.

D'ailleurs, si les règlements de la corporation imposaient l'estampille aux artistes du meuble, les étrangers comme Oëben, Roëntgen, etc. n'y étaient pas tenus, et que de marchands s'empressèrent de gratter la signature de leurs fournisseurs !

Qui dira les déprédations de la mode, encore, mutilant, à un moment, les œuvres de Boulle, pour faire place au vernis Martin. Et voici une nouvelle occasion de rappeler le connaisseur à la prudence, d'autant qu'un David Roëntgen ne se fit pas faute de signer quelques-unes de ses pièces du monogramme R (?)

accompagné d'un chiffre non moins singulier : $+ \frac{4}{R}$ n° IZ. David !

Nous nous sommes donc borné, dans le répertoire des menuisiers-ébénistes qui va suivre, à classer alphabétiquement les noms les plus connus, les plus susceptibles d'être rencontrés. Sans ajouter à la beauté d'un meuble, ils appuieront cependant cette beauté en rendant hommage à son auteur qui en rêva jusqu'à nous attacher à la poursuite de son rêve, non seulement dans l'admiration d'hier, mais dans celle d'aujourd'hui.

A

ABEL (Philippe), menuisier-ébéniste, Paris (xviiie siècle.) Reçu maître en 1778.

ADAM (Jean), menuisier-ébéniste de la maison du roi (1657).

ADAM (Jean), menuisier-ébéniste (xviiie siècle).

ADELMANN (Jean-Christophe-Georges), ébéniste, Paris (xviiie siècle). Reçu maître en 1788.

AIMONET (Jean-Claude-Isidore), menuisier-ébéniste, Paris (xviiie siècle). Reçu maître en 1777.

ALARD (Jean-Louis), menuisier-ébéniste, Paris (xviiie siècle).

ALAVOINE (Pierre), menuisier-ébéniste, Paris (1757-1806).

ALEXANDRE (Jean-Alexis), ébéniste, Paris (xviiie siècle). Reçu maître en 1753, il travailla pour Louis David, en 1790.

ALLÈGRE (G.), ébéniste du règne de Louis XV.

ALLUINE (Louis-Nicolas), ébéniste, Paris (xviiie siècle). Reçu maître en 1782.

ANCELET ou ANCELLET (Denis-Louis), ébéniste, Paris (xviiie siècle). Reçu maître en 1766.

AUBRY (Louis), ébéniste, Paris (xviiie siècle). Reçu maître en 1774.

AUFRÈRE, ébéniste sous Louis XV.

AVRIL (Étienne), maître ébéniste (1748-1791) des maisons royales. On lui doit des meubles avec applications de porcelaine.

B

BACH (Michel), menuisier-ébéniste, Paris (xviiie siècle). Reçu maître en 1785.

BAPST, voir PAPST.

BARRÉ, ébéniste-marqueteur. Habitait vers 1789, la cour des Fontaines, au Palais-Royal.

BARTHÉLEMY (Charles), ébéniste sous Louis XVI. Reçu maître en 1777.

BAUDON-GOUBAUD, ébéniste du premier Empire. Ses meubles en orme noueux étaient réputés.

BAVANT (Jean-Jacques), menuisier ébéniste. Habitait vers 1789, 48, rue Saint-Roch, à Paris.

BAYER (François), ébéniste et marqueteur (xviiie siècle). Reçu maître en 1764, il habitait rue du Vieux-Colombier, à Paris.

BEAUCAINES (Romain), menuisier-ébéniste, Paris (XVIIIe et XIXe siècles). Reçu maître en 1773. Il habitait rue du Faubourg-Saint-Martin en 1788.

BEAUCLAIR (Pierre-François BUTTE dit), menuisier-ébéniste. Habitait rue Coquillière à Paris, en 1785.

BENEMAN (Guillaume), célèbre ébéniste allemand du XVIIIe siècle. Reçu maître en 1785, il fut fournisseur de la Couronne et travailla surtout pour la reine Marie-Antoinette dont il décora le palais de Saint-Cloud. Il habitait rue Forest, à Paris.

BERNARD [Jacques ou Pierre (?)], ébéniste, Paris (XVIIIe siècle). Reçu maître en 1760, il donna des meubles ornés de marqueteries, de porcelaines de Saxe, de bronzes dorés. Artiste d'une certaine célébrité.

BESSON (Charles), ébéniste, établi vers 1758, rue Neuve-Saint-Martin, vers 1758.

BIENNAIS, tabletier-ébéniste du premier Empire.

BIRCKLÉ (Jacques), ébéniste sous Louis XVI ; reçu maître en 1764. Habitait au faubourg Saint-Antoine, rue Saint-Nicolas.

BLAY ou BLAYE, menuisier-ébéniste (XVIIIe siècle). Habitait 51, rue aux Ours, à Paris, vers 1789.

BLU (Pierre), ébéniste, Paris (XVIIIe siècle). Reçu maître en 1782.

BOIZOT, ébéniste sous Louis XVI. Travailla pour le Garde-Meuble.

BOUDIN (L.), ébéniste de Louis XV, travailla avec Evalde (voir ce nom).

BOUDRILLET (Philippe), menuisier-ébéniste de la maison royale (de 1636 à 1638).

BOULANGER, ébéniste sous Louis XVI. Travailla pour le Garde-Meuble.

BOULARD (Jean-Baptiste), sculpteur-ébéniste, Paris (XVIIe et XVIIIe siècles). Fournisseur du mobilier de la Couronne, on lui doit des canapés, fauteuils et marquises en bois peint ou doré. Reçu maître en 1755.

BOULLE (Jean), ébéniste (première moitié du XVIIe siècle), père d'André-Charles Boulle.

BOULLE (André-Charles), célèbre ébéniste-marqueteur, doreur et ciseleur. Né à Paris en 1642, mort à Paris en 1732. En 1672, il prit au Louvre le logement qu'occupait feu Jean Macé, menuisier-ébéniste.

BOULLE (Charles-Joseph), fils du précédent, ébéniste-marqueteur, né et mort à Paris (1688-1754). Comme son père, il fut ébéniste du roi et habita les galeries du Louvre.

BOULLE (Pierre), tourneur et menuisier du roi en cabinets d'ébène (1631). Mort à Paris vers 1685.

BOUVET-MIGEON, ébéniste de Mme de Pompadour qui le pensionna. Il habitait à Paris, rue du Faubourg-Saint-Antoine.

BRIZARD (Sulpice), sculpteur-ébéniste. Établi rue de Cléry vers 1762.

BRIZART (Pierre), ébéniste-sculpteur. Né en 1737, mort à Paris en 1777. Il avait été reçu maître en 1772. Il fournit au mobilier de la Couronne, des fauteuils, chaises, canapés, etc.

BRUNS (Jean-Antoine), ébéniste de la fin du XVIIIe siècle, reçu maître en 1782. Habitait rue du Faubourg-Saint-Antoine.

BUCHETTE (François-Henry), menuisier-ébéniste. Reçu maître en

1770, il habitait rue des Orties-Saint-Roch, à Paris, en 1785.

BURETTE, excellent ébéniste sous le premier Empire. Habitait au Marais, 22, rue Chapon.

BURGEVIN (Jean-Claude), menuisier-ébéniste renommé. Il habitait rue des Petits-Champs, à Paris, et mourut en 1743.

BURY (Ferdinand dit FERDINAND), ébéniste renommé (xviiie siècle). Reçu maître en 1774. On cite de lui une commode en collaboration avec J.-H. Riesener.

C

CAFFIERI (Philippe), célèbre sculpteur-ébéniste, né à Rome en 1634, naturalisé Français en 1665, mort à Paris en 1716. Il travailla aux Gobelins et fournit un grand nombre de meubles de la Couronne sous Mazarin qui l'avait appelé en France en 1660, et sous Colbert.

CANABAS (Joseph) dit GENGENBACH. Reçu maître en 1766, il habitait rue Saint-Antoine, à Paris. On lui doit des jardinières, des meubles d'appui en acajou, des tables mécaniques, des meubles de commodité, etc.

CAREL, ébéniste sous Louis XV.

CARLIN (Martin), célèbre ébéniste du xviiie siècle. Il travailla pour le roi et les Menus Plaisirs dans le style de la Reine. Ses meubles ornés de laques de Chine et de porcelaine de Sèvres sont renommés. Reçu maître en 1766, il mourut en 1785.

CARPENTIER (Louis-Charles), sculpteur-ébéniste du xviiie siècle. Il habitait rue de Cléry, à Paris, vers 1752.

CAUMONT (Jean), ébéniste du xviiie siècle. Reçu maître en 1774. Auteur de consoles en bois doré et marqueté, de bureaux à cylindre, de tables de jeux, etc. Il habitait à Paris rue Traversière-Saint-Antoine, n° 4.

CHARDIN, menuisier-ébéniste du xviiie siècle. On lui doit des billards.

CHARNY, ébéniste sous Louis XVI. Travailla pour le Garde-Meuble.

CHARTIER (Étienne-Louis), ébéniste sous Louis XVI. Habitait vers 1781 la rue Neuve-des-Petits-Champs.

CHÉRI (Benoît) ou CHERÉ, ébéniste du ministère des Affaires étrangères (milieu du xviiie siècle). On lui doit des médailliers, des meubles en bois d'application, des commodes, etc.

CHEVILLON (Jean), menuisier en ébène de la Grande Mademoiselle, fille du duc d'Orléans, de 1652 à 1661.

COCHET (Claude), fut ébéniste de Louis XIV et du Régent.

COCHOIS (Jean-Baptiste), ébéniste. Reçu maître en 1770. Fabriqua des meubles à transformations, des chiffonniers devenant tables de nuit, des tables devenant pupitres, etc. Il habitait rue Saint-Honoré, près de l'Oratoire, à Paris.

COLSON (Guillaume), menuisier-ébéniste. Reçu maître en 1777, il habitait encore, vers la fin du xviiie siècle, faubourg Saint-Honoré, à Paris.

COSSON (Jacques-Laurent), marqueteur, établi rue de Charenton, vers 1765.

COUET (Louis-Jacques), ébéniste-marqueteur. Reçu maître en 1774, il habitait à Paris, rue de Bussy.

COULERN (Georges-David), ébéniste, originaire de Montbéliard (1761-1845). Fils de l'ébéniste Marc-David Coulern, élève et collaborateur de son oncle Abraham-Nicolas Coulern, il fut reçu maître en 1793.

COULON, ébéniste de Louis XV; habitait au Fort Bureau de l'Isle, rue Plâtrière, à Paris, en 1751.

CRAMER (Guillaume), ébéniste-marqueteur du xviii° siècle. Reçu maître en 1771. Produisit notamment de beaux meubles en bois d'amarante pour les maisons royales.

CRESSENT (Charles), célèbre sculpteur-ébéniste des xvii° et xviii° siècles. Il fut l'ébéniste du Régent (S. A. R. le duc d'Orléans) et habitait à Paris, rue Notre-Dame-des-Victoires, à l'angle de la rue Joquelet. Cressent, qui personnifie le style gracieusement contourné de la Régence, mourut en 1749.

CRIARD (Antoine-Mathieu dit CHEVALIER). Fils de l'ébéniste Mathieu Criard. Reçu maître en 1747, il mourut en 1787. Il demeurait rue du Bac, à Paris, en 1786.

CUCCI (Domenico), ébéniste-sculpteur, né à Todi, près Rome, il vint en France vers 1662 et, logé aux Gobelins, il travailla pour Louis XIV et les maisons royales. Ses cabinets d'ébène sont réputés ainsi que ses bronzes ciselés et ses incrustations de pierres de couleurs. On lui doit aussi des imitations du genre de Boulle.

CUISINIER (Nicolas), menuisier-ébéniste du xviii° siècle. Né à Paris, en 1782, il habitait à Paris n° 18, rue d'Aligres.

D

DAGUERÉ ou DAGUERRE, menuisier-ébéniste. Il travailla pour le château de Versailles et habitait 95, rue Saint-Honoré, à Paris.

DAIX (Pierre), menuisier-ébéniste. Reçu maître en 1759. Il habitait à Paris, rue de Sèvres, vers 1788.

DALINVAL, menuisier-ébéniste (xviii° siècle). Habitait à Paris, rue Saint-Honoré, 453, vers 1789.

DAUTRICHE ou D'AUTRICHE (Jacques VAN OOSTUNRIYCK dit), ébéniste-marqueteur du xviii° siècle. Travailla pour le mobilier de la Couronne vers 1771. Ses commodes en marqueterie de bois de placage, en acajou, notamment, sont réputées. Il habitait faubourg Saint-Antoine, et sa femme, après sa mort, continua sa maison. Le fils de Jacques d'Autriche, Thomas-Jacques, fut également ébéniste. On le signale vers 1776.

DEJARDINS (Jean-Baptiste), menuisier-ébéniste du xviii° siècle. Reçu maître en 1783, il habitait en dernier lieu rue des Deux-Hermites, à Paris.

DELANOIS (Louis) ou DELANOY dit LANOIX, menuisier-ébéniste du xviii° siècle. Reçu maître en 1761, il habitait en dernier lieu rue des Petits-Carreaux, à Paris. Il jouissait d'une certaine vogue et la comtesse du Barry, les ducs d'Enghien et de Praslin, le comte d'Artois, notamment, comptèrent parmi ses clients.

DELAROUE (Claude), menuisier-ébéniste du xviii° siècle. Travailla pour la maison royale vers 1746.

DELION (Louis-Hyacinthe), sculpteur-ébéniste, établi rue Saint-Sauveur, vers 1766.

DELOOSE (Daniel), marqueteur du

XVIIIe siècle, établi vers 1767, rue Saint-Nicolas, à Paris.

DELORME (Adrien?), ébéniste du temps de Louis XV. Travailla aussi dans le goût de la Régence. Ses tables à ouvrage marquetées sont réputées.

DEMOULIN, ébéniste du prince de Condé. Habitait Dijon.

DENIZOT (Pierre), menuisier-ébéniste. Reçu maître en 1740, il mourut à Paris en 1782. Travailla pour le comte d'Artois.

DESIER, menuisier-ébéniste du XVIIIe siècle. Produisit des meubles légers et des vitrines renommés vers 1776.

DESTER (Godefroy), menuisier-ébéniste, travailla pour Voltaire. Il était établi au faubourg Saint-Antoine, vers 1774.

DUBOIS, fameux ébéniste sous Louis XV. Faisait précéder son nom d'un I (Ignace?) Il habitait rue de Charenton vers 1770.

DUFAUX (Martin), menuisier-doreur du XVIIe siècle. Travailla au Palais de Versailles.

DUHAMEL (Martin). Donna des boîtes d'horloges, rehaussées de bronzes, réputées. Il habitait rue de la Calandre, à Paris, vers 1743.

DUPAIN (Adrien-Pierre), menuisier-ébéniste-sculpteur des XVIIIe et XIXe siècles. Reçu maître en 1772. Ses chaises et fauteuils sculptés en bois sont à retenir. Il habitait à Paris, 40, rue de Charonne.

DUPERRON, menuisier-ébéniste du XVIIIe siècle. Fournisseur des Menus-Plaisirs, vers 1772.

E

ELLAUME (Jean-Charles), menuisier-ébéniste. Reçu maître en 1774. Ses bureaux et commodes en marqueterie sont surtout réputés. Il habitait rue Traversière à Paris. Un autre ébéniste de ce nom, Elleaume (ou Ellaume), reçu maître en 1755, habitait encore rue Traversière en 1775.

EQUEMAN ou EGGMANN (Jean), ébéniste. Il travailla pour le roi et appartint à l'Académie. On lui doit des miniatures finement peintes qui ornaient des cabinets. Il fut un des créateurs du genre.

ERSTER (Jean), menuisier-ébéniste, établi rue des Jardins, vers 1774.

EVALDE (M.-B.), menuisier-ébéniste du XVIIIe siècle. Reçu maître en 1766, il est surtout connu par le coffre à bijoux qu'il exécuta vers 1770 pour la Dauphine (Marie-Antoinette). Il habita rue Saint-Dominique et rue du Bac, à Paris, jusque vers 1778. Un autre ébéniste de ce nom habitait également rue du Bac.

F

FABRY, menuisier-ébéniste (XVIIIe siècle). Produisit notamment des servantes et des tables.

FAUH (Bellangé), ébéniste sous Louis XVI. Travailla dans le goût de Molitor. Habitait 41, rue Saint-Martin, à Paris.

FAVILLOT, menuisier-ébéniste. Il fut fournisseur du Garde-Meuble vers 1777.

FERME, menuisier-ébéniste. Reçu maître en 1754, il habitait rue de Seine-Saint-Germain, à Paris. Il vendit l'un des premiers des meubles en acajou.

FOLIOT, menuisier-sculpteur. Travailla pour le Garde-Meuble et les palais royaux entre 1765 et 1778. Il fut recteur de l'Académie de Saint-Luc en 1757, et habitait rue Meslay, à Paris.

FORCE (Joseph), menuisier-ébéniste. Reçu maître en 1764. Habitait en dernier lieu rue de Bondy, à Paris, avant 1788.

FOULET (Jean-Baptiste), ébéniste du début du règne de Louis XVI.

FOULON (Les), famille d'ébénistes du xviie siècle, qui travaillèrent pour le Grand Dauphin.

FOUREAU (Louis). Établi faubourg Saint-Denis, vers 1755, il signait : Foureau Jeune.

FRANCK (François), menuisier-ébéniste. Travailla vers 1784 et habitait rue de Charenton, à Paris.

FROMAGEAU (Jacques-André), menuisier-ébéniste de la rue Bergère, à Paris, vers 1765.

FROST (Jean-Gottlieb), ébéniste-marqueteur. Reçu maître en 1785, il succéda à David Roentgen dont il employa sans doute les ouvriers. Il travailla pour les Menus-Plaisirs. La vicomtesse de Talleyrand, le baron de Staël notamment comptèrent parmi ses clients. Il habitait 102, rue Croix-des-Petits-Champs, à Paris.

G

GARBARD, ébéniste-marqueteur du xviiie siècle. Fournisseur des Menus-Plaisirs vers 1779, il habitait rue Dauphine.

GARNIER (Pierre), menuisier-ébéniste du xviiie siècle. Reçu maître en 1742, il travailla notamment pour le marquis de Ménars, en 1778. Il s'opposa à la levée des scellés de la duchesse de Mazarin, en 1784. Il habitait rue Neuve-des-Petits-Champs, 102, à Paris.

GAUDERON (Auburtin), menuisier-ébéniste du xviie siècle. Fut chargé de l'estimation des meubles d'Henriette d'Angleterre, duchesse d'Orléans, en 1670. Il donna des œuvres aux Menus-Plaisirs et demeurait à Paris, rue Saint-Honoré.

GAUDREAU (François-Antoine), menuisier-ébéniste du Roi (xviiie siècle). Son frère Robert exerça la même profession et travailla aussi pour le roi. Tous deux produisirent pour les Menus-Plaisirs et le Garde-Meuble, pour les châteaux de Choisy, de Versailles, de Marly et de Fontainebleau. Le premier de ces ébénistes renommés habitait rue Saint-Paul, à Paris, l'autre rue de Reuilly, même ville.

GENTIL (D.), délicat ébéniste de la deuxième moitié du xviiie siècle.

GILBERT (André-Louis), ébéniste-marqueteur en ivoire. Habitait vers 1744, la rue Traversière-Saint-Antoine, à Paris.

GILLET (Louis), menuisier-ébéniste du xviiie siècle. Reçu maître en 1766, il habitait à Paris, rue Guérin-Boisseau. Ses commodes ornées de bronzes dorés sont surtout connues.

GOLLE (Pierre), menuisier-ébéniste, originaire de Hollande. Louis XIV lui commanda deux cabinets enrichis de marqueterie et de bronzes pour lesquels il reçut 28.500 livres. Il se joignit à Gauderon lors de l'estimation des meubles d'Henriette d'Angleterre, et mourut à Paris en 1684.

GOURDIN ou GOURDAIN (Michel), menuisier-ébéniste du xviiie siècle. Reçu maître en 1752, il fut fournisseur des meubles de la Couronne et habitait à Paris, rue de Cléry.

Goyer [François ou J]. (?), menuisier-ébéniste du xviiie siècle. Il habitait rue de Charonne, à Paris, vers 1768.

Grenevich ou Grenevigh (Nicolas), menuisier-ébéniste des xviiie et xixe siècles. Reçu maître en 1768, il résidait en dernier lieu, 3, rue Monceau-Saint-Gervais. Tables-bureaux, commodes réputés.

Guérin, ébéniste sous Louis XVI. Travailla pour le Garde-Meuble.

Guesnon (Jean-François), ébéniste et fabricant de cadres sculptés. Travailla pour le roi de 1718 à 1779, pour le Dauphin et la marquise de Pompadour, à Fontainebleau. Il mourut à Paris en 1784.

Guiart (Adrien-Antoine), ébéniste sous Louis XVI. Admis à la maîtrise en 1777. Habitait rue des Lavandières-Sainte-Opportune.

Guignard (Pierre-François), menuisier-ébéniste du xviiie siècle. Reçu maître en 1767, il habitait à Paris, rue de la Roquette, 68.

Guillemard (François), menuisier-ébéniste du xviie siècle. Travailla pour les châteaux de Chantilly (1690) et de Marly (1708).

Guircoffe ou Kerkhoven ou Kirchhoff, menuisier-ébéniste de la maison royale, vers 1617.

H

Hache, ébéniste du duc d'Orléans (xviiie siècle). Habitait Grenoble.

Harmant (Jean), ébéniste de Louis XIV. Travailla pour les palais royaux et mourut en 1670.

Hedouin (Jean-Baptiste), ébéniste-marqueteur du xviiie siècle. Reçu maître en 1738, il habitait rue Traversière-Saint-Antoine, à Paris.

Héricourt (Antoine), menuisier-ébéniste du xviiie siècle. Reçu maître en 1773, il fut député de la corporation. Il habitait rue du Faubourg-Saint-Honoré, à Paris, vers 1785. Un autre Héricourt (Nicolas) fit travailler Oëben, ce dernier était domicilié rue du Faubourg-Saint-Antoine.

Hermessant, menuisier-ébéniste du xviiie siècle. Fournisseur des Menus-Plaisirs, il habitait rue Poissonnière, à Paris.

Hertel (Georges), menuisier-ébéniste des xviiie et xixe siècles. Reçu maître en 1779, il habitait à Paris, faubourg Saint-Antoine, 205.

Hoffmann (Abraham), menuisier-ébéniste. Reçu maître en 1776, il travailla pour les Menus-Plaisirs et habitait en dernier lieu, à Paris, faubourg Saint-Jacques, vers 1788.

Huffele ou Hüffel (Lambert), collabora aux travaux de Ch.-A. Boulle.

J

Jabodot, menuisier-ébéniste du xviiie siècle. Fournisseur du duc de Bourgogne, il travailla aussi pour Louis XV et les Menus-Plaisirs, à Paris.

Jacob dit Jacob-Desmalter (François-Honoré-Georges), né et mort à Paris (1770-1841). L'un des plus célèbres techniciens du meuble de la fin du xviiie siècle. Il signa : *Jacob-D. rue Meslée, Jacob frères, rue Meslée, Jacob frères.* Il compta parmi les syndics de la Communauté en 1785, et habita rue Bourbon-Villeneuve, puis rue Meslée (Meslay), à Paris. Il était le fils de

Georges Jacob, excellent sculpteur de meubles sous Louis XVI.

JADOT (Jean-François), menuisier-ébéniste du xviiie siècle. Reçu maître en 1747, il habitait rue du Pot-de-Fer et rue de Vaugirard, à Paris, vers 1791.

JANSEN (Georges), marqueteur. Produisit vers 1747.

JEAN (Nicolas), menuisier-ébéniste du xviie siècle. Travailla pour la maison royale vers 1647.

JEAN (Armand), menuisier-ébéniste-marqueteur du xviie siècle. Travailla pour le roi à Versailles, à Fontainebleau (vers 1664) et au palais du Louvre.

JOSEPH, menuisier-ébéniste du xviiie siècle. Il travailla entre les règnes de Louis XV et de Louis XVI. Ses commodes, imitées de Boulle et celles ornées de panneaux en vernis dans le goût de la Chine, sont remarquables.

JOUBERT (Gilles), menuisier-ébéniste du xviiie siècle. Reçu maître en 1749, il mourut en 1775. Il travailla pour le roi et habitait rue Sainte-Anne.

JOUBERT, menuisier-ébéniste « réputé, dit M. Havard (*Dictionnaire de l'Ameublement*), pour ses petits meubles, tables et secrétaires ornés de fleurs, unis, incrustés de bois naturel ». Il habitait à Paris, rue des Frondeurs, carrefour des Quatre-Chemins.

K

KAMBLY (Melchior), marqueteur-ébéniste, établi à Postdam, au xviiie siècle.

KEMP (Guillaume), marqueteur habile du xviiie siècle. Il travailla avec Beneman pour le roi et habitait rue de la Roquette, vers 1764.

KRIER (Charles), menuisier-ébéniste des xviiie et xixe siècles. Reçu maître en 1774, il habitait rue du Bac, 109, à Paris, vers 1786.

KÜRBEL, menuisier-ébéniste du xviiie siècle.

L

LACROIX (P.), menuisier-ébéniste du xviiie siècle. Fournisseur du mobilier de la Couronne, en 1786, il travailla pour le château de Versailles.

LAINÉE (Nicolas), menuisier-ébéniste, produisit vers 1768, rue Geoffroy-Lasnier.

LANCINE (Nicolas), menuisier-ébéniste du xviie siècle. Travailla pour le roi vers 1647.

LAPIE (Nicolas-Alexandre), menuisier-ébéniste du xviiie siècle. Il habitait à Paris, rue de Charenton, où il mourut en 1775.

LARDIN (Louis-François), menuisier-ébéniste du xviiie siècle, fils d'André-Antoine Lardin, également ébéniste. Il habitait à Paris, 6, rue Saint-Nicolas.

LATHUILLE (Jean-Pierre), menuisier-ébéniste du xviiie siècle. Reçu maître en 1747, il habitait à Paris, rue Lévêque et travailla pour le mobilier de la Couronne.

LATZ (J.-P.), menuisier-ébéniste du xviiie siècle. Il travailla pour le roi et demeurait au faubourg Saint-Antoine, à Paris, « en la maison du Saint-Esprit ».

LAURENT, ébéniste sous Louis XVI. Travailla pour le Garde-Meuble.

LEBESGUE (Claude-Pierre), menuisier-ébéniste du xviiie siècle. Reçu maître en 1750, il devint député de la corporation. Ses commodes sont réputées. Il habitait à Paris, rue Saint-Nicolas.

LEBÈGUE, ébéniste-marqueteur de la fin du xviii° siècle. Il habitait rue du faubourg Saint-Germain, 17, à Paris, vers 1789.

LEBLANC, ébéniste-sculpteur du xviii° siècle. Produisit vers 1789, au Cloître-Saint-Germain-l'Auxerrois où il habitait.

LEBRUN (Antonin), ébéniste du xvii° siècle, contemporain de Boulle.

LEFEBVRE, dit *Saint-Claude*, ébéniste du xvii° siècle. Travailla au château de Vaux.

LÉGUEN ou LEGNEU, menuisier-ébéniste du xviii° siècle. Il habitait vers 1789, rue Saint-Honoré, à Paris.

LEHMANN (Christian-Frédéric), ébéniste suédois de la deuxième partie du xviii° siècle.

LELARGE (Jean-Baptiste), menuisier-ébéniste du xviii° siècle. Né à Paris en 1744, il fut reçu maître en 1775. Il produisit des fauteuils et des bergères pour le château de Fontainebleau. Il demeurait rue de Cléry.

LELEU (Jean-François), célèbre menuisier-marqueteur-ébéniste du xviii° siècle. Reçu maître en 1764, il fut syndic en 1776. Il rivalisa avec Riesener et sa marqueterie de bois est réputée. Il habitait rue Royale, à Paris. Son nom se retrouve après 1782.

LEMAIRE (Jean), menuisier-ébéniste du xvii° siècle. Travailla pour le roi, vers 1631.

LEMARCHAND (Michel-Charles-Jacques-Urbain), ébéniste reçu maître en 1777.

LENA, ébéniste sous Louis XVI. Travailla pour le Garde-Meuble.

LENOIR, menuisier-ébéniste-marqueteur des xviii° et xix° siècles. Travailla pour le mobilier de la Couronne et demeurait rue de Cléry.

LEPAGE (Guillaume-Joseph), ébéniste habile. Reçu maître en 1777.

LEPAUTRE (Pierre), sculpteur de meubles, fils du célèbre dessinateur-décorateur Antoine Lepautre (1621-1691?), architecte de Louis XIV. Collaborateur de son père dans ses travaux du Palais de Versailles.

LEVASSEUR (Étienne), célèbre menuisier-ébéniste du xviii° siècle. Reçu maître en 1766, il est considéré comme le précurseur du style Empire. Ses meubles, bordés de métal doré, sont d'une belle exécution. Il travailla pour le Petit Trianon et les maisons royales et habitait faubourg Saint-Antoine, à Paris.

LEVAVASSEUR (Nicolas-Louis), ébéniste sous Louis XVI. Vivait encore après 1785.

LIEUTAUD (Balthazar), menuisier-ébéniste du xviii° siècle. Reçu maître en 1748, il habitait rue de La Pelleterie et rue d'Enfer à Paris. Ses coffres de régulateurs et boîtes de montres sont particulièrement réputés.

LOUIS (André-Nicolas), menuisier-ébéniste, domicilié à Paris, rue Neuve-Saint-Laurent, vers 1775.

LOUIS (Jean-Pierre), ébéniste de la fin du xviii° siècle. Reçu maître en 1787.

LUCIEN (Jacques), ébéniste sous Louis XVI, reçu maître en 1774. Habitait rue Traversière-Saint-Antoine.

M

MACÉ (Jean), menuisier-ébéniste

originaire de Blois. Revenu de Hollande en 1641 où il était allé se perfectionner dans son art, il travailla avec ses trois fils Claude, Isaac et Luc, notamment pour Versailles. Il logea au Louvre en 1644, et ce fut A.-C. Boulle qui, en 1672, lui succéda dans son logement.

Magnien (Claude-Mathieu), menuisier-ébéniste du xviiie siècle et du début du xixe. Il habitait à Paris, rue du Faubourg-Saint-Antoine.

Mairet, menuisier-ébéniste du xviiie siècle. Il travailla pour le roi et les Menus-Plaisirs vers 1765.

Marbré, ébéniste du temps de Louis XV. Travailla pour les Menus-Plaisirs vers la fin du xviiie siècle.

Marchand, menuisier-ébéniste du xviiie siècle.

Mansion, menuisier-ébéniste du xviiie siècle. Habitait vers 1780, faubourg Saint-Antoine, à Paris.

Mantel (Pierre), menuisier-ébéniste du xviiie siècle. Produisit, rue de Charenton, vers 1766.

Martin, ébéniste sous Louis XVI. Travailla pour le Garde-Meuble.

Mewesent (Pierre-Mary), menuisier-ébéniste, établi vers 1766, au faubourg Saint-Antoine.

Migeon (P.), menuisier-ébéniste du xviiie siècle. Travailla pour Mme de Pompadour et les Menus-Plaisirs, vers 1740.

Molitor (Bernard), menuisier-ébéniste du xviiie siècle. Admis à la maîtrise en 1787, il habitait rue Bourbon-Saint-Germain, à Paris.

Mondon (François-Adrien), menuisier-ébéniste. Il habitait vers 1757, rue de Charenton, à Paris.

Montigny (Philippe-Claude), menuisier-ébéniste du xviiie siècle. Reçu maître en 1766, il travailla pour la Cour dans le style de Boulle.

Moreau, sculpteur-ébéniste du xviiie siècle. Il habitait rue de l'Échelle, à Paris, vers 1786, et fournissait les Menus-Plaisirs.

Mouchy (de) (Henri), menuisier-ébéniste du xviie siècle. Il travailla pour la maison royale.

N

Nadal (Jean-Henri), ébéniste-sculpteur du xviiie siècle. Il habitait vers 1756, rue de Cléry, à Paris et signait : *Nadal aîné.*

Naupt (G.), ébéniste suédois de la deuxième partie du xviiie siècle. Habitait Stockholm.

Neckel, bon ébéniste du Premier Empire. Habitait au faubourg-Saint-Antoine.

Nocart, menuisier-ébéniste du xviiie siècle, originaire de Paris. Travailla pour les Menus-Plaisirs, vers 1772.

Normand (G.-F.), auteur et inventeur du fauteuil dit Voltaire. Travailla sous Louis XVI.

O

Oëben (Jean-François), célèbre ébéniste-marqueteur français, mort à Paris vers 1766. Élève de Ch.-J. Boulle, il fut le maître de Riesener. Ébéniste du roi, fournisseur de la marquise de Pompadour et des plus hauts personnages de la Cour, il logea aux Gobelins en 1754, puis à l'Arsenal en 1760. Chefs-d'œuvre de Oëben : au Louvre (le bureau-secrétaire de Louis XV, en collaboration avec Riesener), au South Kensington de Londres, etc.

OHNERBERG, menuisier-ébéniste du XVIIIe siècle. Il habitait rue Traversière, à Paris, vers 1789.

OLIVIER, ébéniste de Louis XV.

OPPENORD (Cander-Jean), menuisier-ébéniste, originaire des Pays-Bas, né en 1639. Naturalisé français, il fut nommé ébéniste du roi, et habita au Louvre en 1684. Travaux au palais de Versailles, pour le duc de Bourgogne, etc. Sa technique est très rapprochée de celle de Boulle.

PPENORD (Gilles-Marie) (1672-1742), le plus connu des fils du précédent. Travailla pour le Palais de Versailles et fut le premier architecte du duc d'Orléans.

OSTERMAYER (Hilaire), menuisier-ébéniste du XVIIe siècle. Travailla pour la maison royale vers 1636.

OTHON (Pierre), ébéniste-sculpteur. Habitait vers 1760, rue des Vieux-Augustins.

P

PAFRAT (Jean), menuisier-ébéniste du XVIIIe siècle. Reçu maître en 1785, il habitait rue de Charonne et collabora quelquefois avec Carlin.

PAPST (François-Ignace), ébéniste de la fin du XVIIIe siècle et du début du XIXe. Travailla pour le Garde-Meuble en 1786. Reçu maître en 1785, il habitait rue de Charenton.

PASQUIER (P.-N.), menuisier-ébéniste du XVIIIe siècle. Travailla pour la Du Barry, vers 1760.

PETIT (Gilles), menuisier-ébéniste du XVIIIe siècle. On lui doit des petits bureaux de dames, il habitait rue Princesse, à Paris, vers 1752.

PETIT (Nicolas), menuisier-ébéniste, syndic de la communauté en 1784. Il habitait faubourg Saint-Antoine, à Paris, vers 1761. On lui doit des meubles à panneaux laqués et garnis de cuivres ciselés, des boîtes de régulateurs en marqueterie.

PETIT (Jean), ébéniste-marqueteur du XVIIIe siècle. Exécuta de remarquables commodes en marqueterie de bois des Iles. Il habitait faubourg Saint-Antoine, à Paris, vers 1785.

PIFFETTI (Pietro), ébéniste-marqueteur italien du début du XVIIIe siècle. Reçut le titre de premier ébéniste du roi de Sardaigne.

PIONNIEZ (Pierre), ébéniste-marqueteur du XVIIIe siècle. Il habitait rue Michel-le-Comte, à Paris, en 1765.

PLENAY, menuisier de la Chambre, sous Louis XV.

POIRIER, menuisier-ébéniste parisien, du XVIIIe siècle. Travailla pour les Menus-Plaisirs, vers 1754.

POITOU (Pierre), menuisier-ébéniste-marqueteur du XVIIe siècle. Travailla pour le roi. On voit de lui, à Versailles, dans la chambre de la reine, une estrade en bois de rapport.

PORQUET, menuisier-ébéniste. Domicilié rue de Charenton, à Paris, vers 1785.

PORTIER, menuisier-ébéniste du XVIIIe siècle. Travailla pour le mobilier de la Couronne et habitait rue de Cléry, à Paris, vers 1777.

R

REIZELL (François), menuisier-ébéniste. Il habitait rue du Petit-Lion-Saint-Germain, vers 1764.

REUSE, menuisier-ébéniste du XVIIIe siècle. Travailla pour le mobilier de la Couronne et habitait à Paris, rue de Cléry, vers 1777.

RICHTER (Charles), menuisier-ébéniste, originaire d'Allemagne. Entré dans la corporation en 1784, il fut fournisseur du mobilier de la Couronne et habitait rue Moreau, au faubourg Saint-Antoine.

RIESENER (Jean-Henri), célèbre menuisier-ébéniste de Louis XVI, né à Gladbach, près Cologne, en 1734, mort à Paris en 1806. Élève de Oëben, il exécuta avec son maître le bureau de Louis XV qui est au Louvre. On lui doit aussi un charmant bureau plat (au Petit-Trianon). L'œuvre de Riesener est d'un goût et d'une proportion remarquables dans la richesse des ornementations de bronze et de marqueterie. Les fils du maître ébéniste furent des peintres distingués.

ROËNTGEN (David), dit *David* ou de *Lunéville*, menuisier-ébéniste renommé. Né à Neuwied, près Coblentz. Reçu maître en 1780, il travailla pour Marie-Antoinette avec le titre d' « ébéniste-mécanicien de la Reine ». Il habitait dans sa ville natale, mais un dépôt de ses meubles se tint rues Saint-Martin du Verbois et Croix-des-Petits-Champs, à Paris.

ROUSSELLE (A.), menuisier-ébéniste du XVIIIe siècle. On le cite, vers 1725, comme ayant travaillé à la corbeille et au mobilier de Marie Leczinska.

ROUSSELLE, ébéniste du XVIIIe siècle. Travailla pour les Menus-Plaisirs et habitait vers 1784, rue de Charenton, à Paris.

ROUSSEL, menuisier-ébéniste. Établi vers 1786, à Paris, rue Saint-Honoré.

ROUX, tabletier sous Louis XVI. Travailla pour la Cour.

RUBESTUCK (François), marqueteur du XVIIIe siècle. Il habitait à Paris, rue de Charonne.

S

SAUNIER (Louis-Jacques-Gabriel), menuisier-ébéniste du XVIIIe siècle, domicilié rue des Prêtres-Saint-Germain-l'Auxerrois.

SAUNIER (Claude-Charles), fils du précédent, plus connu que son père, il travailla avec un grand talent, pour les maisons royales et habitait à Paris, rue du Faubourg-Saint-Antoine. Reçu maître en 1752, il vivait encore en 1792.

SCHEY (Fédely), ébéniste sous Louis XVI. Il fut député. Reçu maître en 1777, il habitait Faubourg-Saint-Antoine.

SCHMIDT, ébéniste du XVIIIe siècle, établi à Paris rue Chabanais, 21. Travailla pour les Menus-Plaisirs.

SCHNEIDER (Caspar), menuisier-ébéniste d'origine germanique. Reçu maître en 1786, il habitait au faubourg Saint-Antoine.

SCHWERDFEGER (Jean-Ferdinand), menuisier-ébéniste d'origine allemande. Reçu maître en 1785, il est l'auteur de la belle armoire à bijoux de la reine Marie-Antoinette. Il habitait rue Saint-Sébastien, à Paris.

SERRE (Claude), ébéniste du XVIIIe siècle. Habitait à Paris, rue de Cléry, vers 1769.

SERRURIER (Charles-Joseph), ébéniste sous Louis XVI; reçu maître en 1783.

SEVERIN (Nicolas-Pierre), menuisier-ébéniste du XVIIIe siècle. Il habitait rue Dauphine vers 1757. Comme Montigny et Levasseur, il travailla dans la tradition de Boulle.

SEVRIR, ébéniste et vernisseur de la deuxième partie du XVIII° siècle. Habitait rue Dauphine.

SOMMER (Jacques), ébéniste contemporain de Boulle ; travailla pour Louis XIV. Mort en 1671.

STABRE (Laurent), menuisier-ébéniste du XVII° siècle. Il logea au Louvre en 1608. Les cabinets qu'il exécuta pour le roi sont réputés.

STIENNON (Joseph), menuisier-ébéniste du XVIII° siècle. Produisit rue de Charenton où il était établi, vers 1775. Beneman fut son élève.

STOCKEL (Joseph), ébéniste, reçu maître en 1775. Travailla avec Beneman.

STUMPFF (Jean), ébéniste sous Louis XV. Habitait rue Saint-Nicolas, au Faubourg-Saint-Antoine vers 1766.

SULPICE, ébéniste de Louis XV, travailla pour le château de Choisy. On lui doit notamment des « servantes ».

T

TEUNÉ (François-Gaspard), ébéniste du XVIII° siècle. Il habitait rue de Charonne, à Paris, vers 1766.

THOUVENIN, menuisier-ébéniste du XVIII° siècle. Établi à Paris, rue Saint-Honoré, 304, vers 1789.

TILLARD, menuisier-ébéniste du XVIII° siècle. Travailla pour le mobilier de la Couronne et habitait Paris, rue de Cléry, vers 1777.

TOLOMÉ, ébéniste sous le premier Empire. Travailla vers 1818.

TOPINO (Charles), menuisier-ébéniste du XVIII° siècle, domicilié rue du Faubourg-Saint-Antoine, vers 1773.

TRAMEY (Jacques), ébéniste sous Louis XVI.

TRICOTEL (Alexandre-Roch), menuisier-ébéniste, domicilié vers 1767 au faubourg Saint-Antoine. Il signait M.-W.

TUARD (J.-B.), menuisier-ébéniste du XVIII° siècle.

V

VALLOIS, ébéniste sous Louis XVI. Travailla pour le Garde-Meuble.

VAN OPSTAL (Gilles), sculpteur-ébéniste du XVII° siècle. Ses bas-reliefs sont particulièrement renommés.

VERNIER (Claude-Fortuné), menuisier-ébéniste du XVIII° siècle. Reçu maître en 1775, il habitait rue Saint-Antoine, à Paris.

VOISIN, ébéniste du XVIII° siècle. Travailla pour Versailles, de 1735 à 1751, avec Tabodot (voir ce nom).

W

WESWEILER (Adam), menuisier-ébéniste allemand. Reçu maître en 1778, né sans doute à Neuwied, il collabora avec Roëntgen. Il était établi faubourg Saint-Antoine.

WOLFF (Christophe), menuisier-ébéniste du XVIII° siècle. Établi rue Neuve-Saint-Denis, à Paris, vers 1775.

Z

ZOMER (Jacques), ébéniste-marqueteur du XVII° siècle. Travailla pour la maison royale et notamment aux parquets du palais de Versailles.

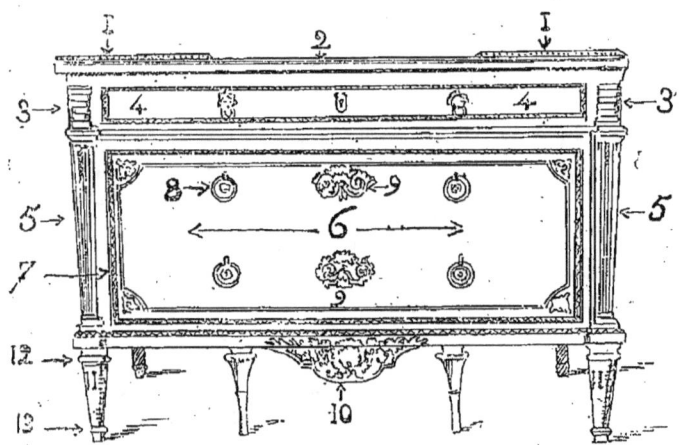

ARCHITECTURE DU MEUBLE

1. *Galerie* (de cuivre ajouré ou en bois).
2. *Plateau*, ou *avant-corps* lorsque la plaque de marbre ou le plateau de bois déborde sur le meuble.
3. *Chute*, rinceau ou tête de pied.
4. *Bandeau* (ou ceinture s'il s'agit d'une table).
5. *Colonnettes à cannelures*, lesquelles sont souvent garnies *d'asperges*.
6. *Tablier*, ou *abattant*, s'il s'agit d'un secrétaire ou d'un bureau.
7. *Baguettes*.
8. *Anneaux*.
9. *Entrée de serrure*, et tête de clé (ornement de la clé).
10. *Fronton* (soit dans le haut, soit dans le bas).
11. *Pieds en fuseau* (ils sont dits à gaine quand ils sont carrés, et en toupie, en carquois, lorsqu'ils ont la forme de ces objets).
12. *Bagues*.
13. *Sabots*.

CHAPITRE XV

Répertoire et Terminologie du Meuble

A

ABATTANT. Partie d'un meuble pouvant être élevée ou abaissée à volonté.

ACCOTOIR. Appui d'un siège sur un côté.

ACCOUDOIR. Appui d'un siège pour s'accouder.

ACHIERE. Synonyme de chaire, au XVIᵉ siècle.

ACLINOUER. Nom donné à un lit de la fin du XVIIᵉ siècle.

AGENOUILLOIR. Petit escabeau de prière ; le tapis ou le coussin sur lequel on s'agenouillait (nom usité encore après le XVIIᵉ siècle).

AIS. Planche de bois.

ANGE (lit d'), voir Lit.

APPUI (Meubles d'). C'est-à-dire destinés à être placés contre un mur.

ARAMIE. Ancien meuble normand où l'on serrait principalement les armes et objets de valeur.

ARCHE. Coffre usité surtout au Moyen âge. Il devait son nom à son couvercle bombé, en forme d'arc. L'arche de mariage équivalait à la corbeille de nos jours. L'arche marine servait pour les voyages lointains.

ARCHEBANC ou ARCHIBANC (XVIᵉ et XVIIᵉ siècles). Banc monté sur une arche (arche à banc).

ARCHELIT. Bois de lit au moyen âge ; sans doute en forme d'arche ou d'armoire.

ARCHIVES. Sorte d'arche destinée, au moyen âge, à abriter les papiers et les titres.

ARMOIRE. L'un des plus anciens meubles. L'armoire renfermait les vêtements, papiers et objets précieux, etc. Elle varia de nom (armairie, aulmoire, armaire, etc.) comme de forme, de beauté et de dimension suivant les époques et ses diverses destinations. L'armoire à un ou deux corps (voir bas d'armoire), fut particulièrement en faveur dès le XVIᵉ siècle.

ASPERGES. Ornements souvent disposés dans la partie inférieure des cannelures.

ATHÉNIENNE. Petit meuble du XVIIIᵉ siècle, servant de cassolette, de console, de vase à fleurs.

B

BAGUE. Petit bracelet métallique qui orne le fût ou pied d'un meuble, soit en haut, soit au milieu, soit vers la base.

BAHUT. Sorte de coffre et de malle

à couvercle arrondi, d'origine très lointaine. On a donné improprement ce nom, de nos jours, à tous buffets, armoires, etc., d'assez grande dimension et d'apparence ancienne.

BAIGNEUSE. Sorte de canapé-chaise-longue aux formes arrondies (XIXe siècle).

BANC. Siège rudimentaire sur lequel peuvent prendre place plusieurs personnes. Mais anciennement, on désignait sous ce nom un meuble souvent garni d'un dossier et ornementé, qui occupait un rang honorable parmi les autres meubles et où s'asseyaient hiérarchiquement de grands personnages, à la Cour même.

BANCELLE, BANLIT. Voir *Banquet*.

BANDEAU. Partie plate et large du front, en haut, d'un meuble.

BANQUET, BANQUETTE. Le banquet découle du banc qui était devenu un meuble fixe. Il désigna au XVe siècle un meuble léger et volant. La banquette en dériva et fut très appréciée dès le XVIIe siècle. La *bancelle* était une sorte de banquette. Le *banlit* cumulait aux XVIIe et XVIIIe siècles, le banc et le lit.

BANDÈGE. Sorte de table à doubles plateaux superposés, le second plus grand que le premier. Le bandège, mis à la mode sous Louis XIV, était aussi sans pieds.

BANQUIERS. Housses pour les bancs et les chaises, utilisées jusqu'au XVIe siècle.

BARSSUEL, BERSOLLIER, Berceau (fin du XIVe siècle). Le mot bersollier date du XVIIe siècle.

BAS (d'armoire). Nom donné aujourd'hui à notre buffet. Armoire coupée en deux, particulièrement répandue au XVIIIe siècle. Le bas d'armoire constituait la base de l'armoire à deux corps.

BASSET. Petite table à jouer, basse, en forme d'escabeau (XVe siècle).

BATEAU, voir *Lit*.

BÂTI. Châssis composant les grandes lignes d'un meuble.

BÉBÉ (fauteuil). Siège capitonné du XIXe siècle.

BERCEAU, BERCELONNETTE ou BARCELONNETTE. Lit d'enfant, composé en principe du lit de l'enfant dit *bers* ou *berseil* et de la *bersouère* qui servait à balancer le lit (dès le XIVe siècle). La bercelonnette est le berceau léger moderne.

BERCEUSE. Fauteuil à bascule du XIXe siècle.

BERGÈRE. Fauteuil confortable et spacieux, à dossier et à joues pleines, dont le siège est recouvert généralement d'un coussin mobile recouvert en même étoffe que le fauteuil. Très apprécié surtout au XVIIIe siècle.

BIBLIOTHÈQUE. Meuble datant en propre de la découverte de l'imprimerie (fin du XVe siècle).

BIDET. Petit meuble intime qui, au XVIIIe siècle, en belle céramique (de Rouen, de Nevers) ou en bois rares joliment sculptés, atteignit à l'œuvre d'art.

BILLARD. Le principe de cette table à jeu remonte à la deuxième moitié du XVe siècle ; il n'a été connu à la Cour que dès le règne de Louis XIV.

BISELLIUM. Siège en bronze revêtu d'ivoire, sans dossier, où pouvaient prendre place deux personnages.

BONHEUR-DU-JOUR. Sorte de bureau-secrétaire pour dame, mis à la mode vers le milieu du XVIIIe siècle.

BORNE. Vaste canapé circulaire pour grandes salles, expositions, etc. (XIXe siècle), voir aussi *pouf*.

BOUDEUSE. Fauteuil moderne dont le dossier est commun, de telle sorte que l'on s'assied dos-à-dos.

BOUGE. Meuble portatif dérivé du coffre, au moyen âge.

BOUT DE PIED. Petit siège bas, complétant facultativement le fauteuil ou la bergère au XVIIIe siècle, pour faire une chaise longue.

BRETTURE (Incrustation à la). Mode d'impression économique du meuble, avec des outils dentés, sous la Renaissance.

BUFFET. Sorte d'armoire (voir bas d'armoire) placée de préférence dans la salle-à-manger et la cuisine. Les buffets à deux corps ainsi que les cabinets (voir ce mot) ont inspiré tous nos meubles modernes.

BUREAU. Le nom de ce meuble provient de l'étoffe de bure ou de bureau qui le recouvrait au début. Finalement, le bureau, meuble où l'on fait des comptes et des écritures, désigne aussi la pièce où ont lieu ces opérations.

C

CABARET. Meuble à pieds ou sans pieds suivant son importance, qui sert à renfermer des liqueurs ou à présenter des porcelaines pour le thé, etc. Les tables de cabaret étaient très estimées au XVIIIe siècle.

CABINET. Bahut à tiroirs qui, au XVIe siècle, servait à renfermer les objets précieux. De petite dimension au début, les cabinets furent placés sur des pieds ou sur des tables et devinrent des meubles importants, compliqués de tiroirs et de casiers. Tous les meubles modernes dérivent de ces cabinets ainsi que des buffets à deux corps.

CABRIOLET. Petit siège léger en usage vers le milieu du XVIIIe siècle.

CADRE. Pièce de menuiserie limitant la superficie d'un meuble, constituant sa structure générale.

CANAPÉ. Siège moelleux et large à dossier et à accoudoirs où peuvent prendre place plusieurs personnes à la fois. Il apparut dans la seconde moitié du XVIIIe siècle.

CANTONNIÈRE. Draperie tombant sur des rideaux ; dissimulant leur départ.

CAPUCINE. Voir *Chaise*.

CAQUETOIRE ou CAQUETEUSE. Siège bas et à dossier élevé, en usage au XVIe siècle. Il a été remplacé par notre *causeuse* moderne.

CARREAU. Coussin de tapisserie pour s'asseoir par terre (Renaissance).

CARTEL. Pendules susceptibles d'être accrochées au mur.

CARTONNIER. Meuble moderne pour ranger des cartons. Son utilité se passe d'intérêt artistique.

CASIER. Meuble moderne où l'on range verticalement des dossiers, la musique, etc. Point d'intérêt artistique.

CATHEDRA. Siège romain à dossier.

CAUSEUSE. Petit canapé où deux personnes peuvent prendre place pour causer (XIXe siècle).

CHAIRE. Siège en marbre, en bois sculpté, où s'asseyait l'évêque pour présider les offices, dès les premiers temps de l'Église. Il y avait aussi des chaires à deux places.

CHAISE, CHAIZE, CHAIÈRE ou

CHAYÈRE avaient la même signification au moyen âge. C'était un siège, à coffre ou sans coffre, avec ou sans accoudoirs, différent du *faudesteuil*, père de notre fauteuil actuel. En bois, au moyen âge, les chaises furent garnies d'étoffe ou de cuir au XVIᵉ siècle. Au XVIIᵉ siècle, leur dossier, très haut jusqu'alors, s'abaisse, le siège et les bras rembourrés deviennent plus amples. Notre chaise actuelle dérive de celle du XVIIIᵉ siècle, époque où l'on distingue des chaises dites *brisées*, à *tenailles* ou *à perroquet*, dont les pieds sont généralement en X plus ou moins ouvert. Les chaises *à barbier* rappellent nos fauteuils de bureau moderne et les chaises à porteurs des XVIIᵉ et XVIIIᵉ siècles, étaient d'élégants véhicules pour l'appartement et pour le dehors. La chaise *curule* était autrefois un siège d'honneur (en forme d'X) placé sur la tribune où les magistrats rendaient la justice et où s'asseyaient aussi les empereurs. Exemple : le *fauteuil de Dagobert*. Au XVIᵉ siècle, on donnait le nom de chaise « *à la Génoise* » à celles qui, en bois précieux, étaient marquetées à la façon génoise ou de Pise. Quant aux chaises *à vertugadins*, elles marquent l'avènement de notre chaise moderne, sans *bras* (vers 1580), qui permettait aux femmes, dont les jupes étaient gonflées de vertugadins, de pouvoir s'asseoir. Autres sortes de chaises, celles dites *à la Reine* (XVIIIᵉ siècle), à dossier ovale ; à la *Dauphine* (XVIIIᵉ siècle), pliantes à dossier bas ; *à la capucine*, à cause du mode d'assemblage du bâti ; *gondole* (Empire Iᵉʳ), à dossier concave ; *chauffeuses* (XVIᵉ siècle et début du XIXᵉ siècle), basses à dossier, etc. Sans oublier les chaises de *commodité*, à crémaillère, à charnières (XVIIᵉ siècle) pour les malades ; *duchesse* ou *chaise longue* de nos jours, en *bateau* (XVIIIᵉ siècle) (en trois parties) et les chaises aux dossiers en *raquettes*, *perspectives*, *à dos*. Les chaises *à la vierge*, les *confortables*. Les *fumeuses*, *voyeuses*, ces deux dernières en forme de guitare (quelquefois à double dossier) pour permettre de s'asseoir à califourchon ; les *dos-à-dos*, etc.

CHÂLIT. Bois ou cadre de lit.

CHANFREIN. Arête abattue d'un morceau de bois.

CHAPEAU (dossier à). C'est-à-dire qui, au lieu d'être uniformément rond, s'échancre sur les côtés.

CHEVILLE. Petite pièce de bois que l'on enfonce pour assembler deux pièces de menuiserie.

CHEVILLER. Assembler au moyen de chevilles ou petits morceaux de bois enfoncés au marteau.

CHIFFONNIER ou CHIFFONNIÈRE. Petit meuble de femme pour ranger les chiffons, ouvrages et menus objets (XVIIIᵉ siècle).

CHUTE. Ornement métallique aux angles et en haut d'un meuble en bois.

CLAVECIN. Instrument à touches (XVᵉ au XVIIIᵉ siècle), d'où dérive notre piano moderne.

COIN. Armoire triangulaire (voir *encoignure*).

COIN DE FEU. Sorte de fauteuil à dossier angulaire destiné à être placé dans un coin.

COMMODE. Armoire basse à tiroirs et recouverte d'un marbre (apparue à la fin du XVIIᵉ siècle).

COMMODITÉ. Voir *garde-robe*.

COMPTOIR. Sorte de table à compter du moyen âge. Elle comportait des compartiments pour la monnaie et l'inscription gravée d'une table arithmétique. On a étendu par la suite ce nom à des sortes de secrétaires.

CONFESSIONNAL. Sorte de chaise « haute et couverte avec des accotoirs et une jalousie de chaque côté, contre laquelle le confesseur passe l'oreille pour ouïr les péchés de la personne qui se confesse », qui, de l'ameublement religieux, émigra singulièrement dans l'ameublement profane au xviii° siècle.

CONFIDENT. Petit canapé de salon moderne en forme d's qui rapproche commodément deux personnes assises en sens opposé pour la conversation à voix basse. Il existe des confidents à trois places. On appelle *canapé confident*, un canapé terminé à ses extrémités par deux sièges.

CONFITURIER. Armoire à renfermer les confitures, en usage surtout au xviii° siècle.

CONFORTABLE. Fauteuil moderne très rembourré et capitonné.

CONSOLES (tables). Tables appliquées contre le mur, visibles seulement sur trois faces et dont les pieds se réunissaient en console vers la base. Apparues au xvii° siècle, les tables-consoles furent particulièrement gracieuses au xviii° siècle.

CORBEILLE. Large fauteuil où peuvent prendre place deux personnes.

COUETTES. Matelas, oreillers.

COURTINE. Rideau de lit au moyen âge.

COUVÉ. Sorte de brasier en cuivre.

CRAPAUD. Fauteuil très capitonné du xix° siècle.

CRÉDENCE. Sorte de buffet ou de dressoir qui servait autrefois de garde-manger.

CROISILLON. Pièce de bois disposée en croix ou traverse d'une croix, au bas d'un fauteuil, d'une table.

CUBICULAIRE. Lit romain où l'on dormait. Du nom, sans doute, du coussin dit « cubiculaire » sur lequel on s'accoudait.

CUL-DE-LAMPE. Sorte de console.

D

DAMOISELLE. Voir *Servante*.

DIVAN. Canapé très moelleux, sans dossier ni bras, garni de coussins, qui date du milieu du xviii° siècle mais dont l'usage fut particulièrement répandu dès le xix° siècle.

DOUILLETTE. Fauteuil bourgeois très confortable, épousant les formes du corps (xix° siècle).

DRESSOIR. Sorte de buffet datant du moyen âge, où l'on déposait les plats avant de les servir. A partir du xvi° siècle le dressoir, le buffet, la crédence, sont synonymes.

DUCHESSE, voir *chaise* et *lit*.

E

ÉCOINÇON. Étagère, buffet, fauteuil (xviii° siècle), c'est-à-dire meubles s'adaptant, de par leur forme, à un angle de l'appartement.

ÉCRAN. Meuble volant pour protéger contre la chaleur du feu.

ÉCRIN. Petit meuble portatif du moyen âge dérivé du coffre.

ÉCRITOIRE (table). Petite table légère avec allonges pour écrire (fin du xviii° siècle).

ÉCUELLIER. Sorte de dressoir (xv⁰ siècle) plutôt réservé aux ustensiles en étain.

EMBREVER. Action d'assembler deux morceaux de bois qui se rencontrent obliquement, offrant une cavité de pénétration de forme prismatique triangulaire.

ENCOIGNURE (meubles d'). Construits de manière à s'emboîter dans un coin d'appartement. Ce nom donné d'abord à des tablettes, à des chaises, à des coins (voir ce mot), s'étendit aux beaux cabinets, commodes et armoires du xviii⁰ siècle faits en encoignure.

ENTRETOISE. Pièce de bois réunissant les pieds d'un meuble sous le siège.

ÉPINETTE. Instrument de musique (du xv⁰ au xvii⁰ siècle) qui se rattache au clavecin devenu notre piano moderne.

ESCABEAU ou ESCABELLE. Siège léger, sans bras, souvent à trois pieds, et à dossier artistiquement sculpté au xvi⁰ siècle ; rustique de nos jours.

ESPAGNOLETTES. Nom donné aux bustes de femmes dites de Watteau, dans les meubles de Cressent.

ÉTAGÈRE. Petit meuble moderne, à gradins ou étages superposés, qui s'accroche ou repose à la manière d'une table, sur quatre pieds.

ÉTRUSQUE (Chaise). Chaise de l'époque de la Révolution.

ÉTUDIOLE. Petit meuble à tiroirs placé généralement sur un autre et où l'on range des papiers.

F

FAUTEUIL. Grand siège large et rembourré, avec dos et bras, en usage dès l'antiquité.

FAUDESTEUIL. Nom donné au siège précurseur de notre fauteuil moderne. Les épithètes caractérisant certains fauteuils, se retrouvent aux canapés et aux chaises.

FLANEUSE. Sorte de chaise longue de jardin (xix⁰ siècle).

FLOTTÉ (bois). Bois véhiculé par la voie des eaux.

FONTAINE-LAVABO. Tablette en bois sculpté, pourvue d'un haut dossier sur lequel on accrochait une fontaine en faïence, en cuivre, en étain, tandis que reposait sur la tablette une cuvette de même matière pour les ablutions des mains (usitée à partir du xv⁰ siècle).

FORME ou FOURME. Sorte de banquette très usitée au moyen âge et sous la Renaissance.

FRISE. Ornement au bandeau du meuble.

FUMEUSE. Chaise moderne au dossier pourvu d'une boîte contenant ce qui est nécessaire au fumeur et sur laquelle on s'assoit à califourchon. Il y a des fumeuses à double dossier.

G

GAINE. Fourreau ou gaine formant harmonieusement piédestal à une pendule, à une statue. Exemple : les horloges à gaine en marqueterie, de Boulle (xvii⁰ siècle).

GALERIE. Petite balustrade en cuivre et à jour représentant des petits balustres, des arcades, etc.

GARDE-ROBE ou CHAISE PERCÉE. Fauteuil ou chaise de commodité sont d'un usage analogue. Ils remontent aux lointaines époques et durèrent jusqu'à la fin du

XVIIIe siècle. Il y eut des garde-robes dites *Marseillaise*, *Voyage aux Pays-Bas*, *Mystères de Paris*, (imitant des volumes superposés). *Montauban*, etc. On appelait aussi garde-robe, au XVIe siècle, une sorte d'armoire à deux corps.

GAUCHISSEMENT. Action d'un bois qui perd sa forme plane.

GIGOGNE (table). Table du XIXe siècle dans laquelle sont renfermées et coulissées plusieurs autres que l'on tire et rentre à volonté, de manière à n'offrir que l'aspect d'une seule table ou de plusieurs.

GONDOLE. Siège dont le dossier était arrondi. XVIIIe siècle.

GUÉRIDON. Petite table légère, le plus souvent ronde et à dessus de marbre, reposant généralement sur une colonne centrale munie de pieds à son extrémité. Le guéridon, né au XVIIe siècle, sert à supporter des vases, des objets d'ornement.

H

HARICOT. Voir *rognon*.

HUCHE. Grand coffre de bois où l'on mettait le pain (sorte de pétrin, voir ce mot) au XVIIe siècle, mais, au moyen âge, la huche servait à renfermer les objets précieux.

I

IMPÉRIALE. Dais de lit, en forme de dôme ou de couronne impériale.

INQUIÉTUDE. Sorte de fauteuil provençal sur lequel on se balance.

J

JARDINIÈRE. Table à fleurs, originaire du XVIIIe siècle.

JOUE. Partie latérale située entre le bras ou accoudoir d'un fauteuil ou d'un canapé et le siège. Le fauteuil ou le canapé est dit à joue ouverte, s'il est à claire-voie, à joue fermée ou à joue pleine s'il est garni d'étoffe.

L

LANGUETTE (assemblage à). C'est-à-dire réalisé au moyen d'un morceau de bois rapporté.

LAVABO. Petit meuble de toilette en acajou, inauguré au début du XIXe siècle.

LAYETTE. Petit meuble portatif du moyen âge, dérivé du coffre. On désignait aussi, de la sorte, les tiroirs des meubles où l'on enfermait les vêtements et le linge ainsi que les planchettes des cabinets et bureaux que l'on tirait à volonté.

LECTRIN ou LUTRIN. Sorte de pupitre, de dimension plus ou moins importante, sur lequel reposaient autrefois les lourds et peu maniables volumes manuscrits, à l'église et chez les particuliers. Les chantres, de nos jours, ont conservé le lutrin pour y placer les livres lorsqu'ils chantent l'office.

LIT. Meuble servant au coucher, dont le confort, la forme et l'esprit ont varié à toutes époques, à travers le caprice des civilisations et du goût.

LIT « *à la duchesse* » ou lit de milieu, surmonté d'un dais orné de pentes et rideaux (XVIIe et XVIIIe siècles) ; lit à « impériale », c'est-à-dire couronné d'un dôme ; lit à « l'anglaise », ressemblant à un sopha (XVIIIe siècle) ; lit « d'ange », lit sans colonnes et avec dais dont les rideaux sont retroussés sur les côtés (milieu du xvii⁰ siècle et milieu du xviii⁰); lit « en bateau », dont le bois avait la forme incurvée d'un bateau (Empire et Restauration), etc.

M

Maie. Sorte de huche à pain comportant deux parties, l'une réservée au pétrin, l'autre formant armoire. Toutefois, la maie normande, si typique, du xviii⁰ siècle, ne comporte qu'un pétrin masqué par un couvercle.

Malle. Sorte de bahut (voir ce mot) d'origine très ancienne.

Manchette. Partie rembourrée du bras d'un siège.

Marchepied. Sorte d'estrade à un ou plusieurs degrés, formant escabeau lorsque le marchepied est fermé.

Marquise. Nom donné à un fauteuil du xviii⁰ siècle, spacieux, plus large que haut.

Médaillier. Sorte d'armoire ou de cabinet où l'on classait et enfermait les médailles, dès le xvi⁰ siècle.

Mekinette. Voir *Servante*.

Meneau. Montant et traverse de la croisée, sous la Renaissance.

Méridienne. Sorte de canapé à la mode sous le Premier Empire, dont le dossier sur un seul côté est plus élevé à la tête qu'aux pieds où il aboutit en mourant.

Miséricorde. Petite console fixée sous le siège d'une stalle et qui, lorsque celui-ci est relevé, permet de s'asseoir légèrement sans quitter en apparence la position verticale.

Moresque (incrustation à la). Sorte de damasquinage avec un mastic d'ivoire, employé sous la Renaissance.

Mortaise. Ouverture dans une pièce de bois destinée à recevoir le tenon.

O

Oratoire. Nom donné à un meuble moderne comportant un prie-Dieu et un autel renfermés dans sa menuiserie. Un meuble de ce genre appartenait à l'impératrice Eugénie.

Oreille. Pièce fixe ou mobile permettant, dans un fauteuil, d'appuyer la tête, à droite et à gauche du dossier.

Orphée (table). Petite table bourgeoise du milieu du xix⁰ siècle, garnie d'étoffe et de franges et comportant trois abattants et une tablette dans sa partie inférieure, entre ses trois pieds.

Otio. Sorte de chaise longue à la mode sous le Premier Empire.

Ottomane. Sorte de divan ou de lit de repos du xviii⁰ siècle.

Ouvrage (table à). Petite table où les femmes rangent leurs travaux de broderie, de tapisserie. Les tables de ce genre ont été particulièrement élégantes et gracieuses sous Louis XVI.

P

Panetière. Sorte d'armoire à claire-voie s'accrochant au mur et où l'on conservait le pain. Ce petit meuble fut très répandu en Bretagne et dans le midi de la France jusqu'à la fin du xviii⁰ siècle.

Paphos. Sorte de grand canapé étroit aux formes rigides, de la fin du xviii⁰ siècle et du Premier Empire.

Paravent. Petit meuble portatif

à un ou plusieurs châssis mobiles tendus d'étoffe, de papier, etc., se déployant à gré, pour protéger contre l'air. Il date de la fin du XVIe siècle.

Pelle-a-cul. Chaise rustique dont le siège est en forme de pelle.

Pente. Bande d'étoffe tombant autour d'un ciel de lit.

Penture. Ferrure sous couvert d'ornement, qui sert à soutenir et à relier au gond une porte, un couvercle, etc.

Perroquets. Sièges dits aussi à *selle brisée*, pliants ou non, avec dossier et sans bras, en usage au XVIIe siècle.

Petit-pied. Petit trépied porte-bouquets du XVIIIe siècle.

Piano (bureau). Secrétaire moderne en forme de piano lorsqu'il est fermé.

Pied-de-biche. Pied de meuble formant cariatides ou gaines, terminé à son extrémité par un pied-de-biche.

Pied de jésuite. Petit guéridon reposant sur une longue tige aux extrémités pourvues d'ergots de dindon (XVIIIe siècle).

Piédestal. Meuble servant de support.

Piédouche. Petit piédestal.

Piétement. Ensemble des croisillons qui terminent décorativement, à la base, les pieds d'un meuble, table, console.

Piquet. Table à jeu moderne.

Placage. Opération d'ébénisterie qui consiste à appliquer des feuilles très minces de bois précieux sur du bois commun.

Placet. Sorte de banc, de tabouret en bois sculpté et souvent aussi recouvert de précieuses étoffes, qui, aux XVIe et XVIIIe siècles fut très répandu.

Plateau. Dessus plane d'un meuble.

Pliant. Siège sans bras ni dossier, se pliant en deux. Au XVe siècle, la plupart des faudesteuils étaient pliants, surtout au XVIIe et jusqu'au XVIIIe siècle; ces sièges, très nombreux, atteignirent au plus grand luxe.

Pomme (de lits, de chenets, d'escalier, etc.). Motif décoratif terminant à son extrémité, un lit, un chevet, etc., marquant le départ d'une rampe d'escalier, etc.

Pompadour (fauteuil). Siège moderne, bas, très capitonné, dit aussi « confortable ». Sans goût ni art.

Ponteuse (ou chaise à ponte). Chaise moderne sur laquelle on s'assied à califourchon et dont le dossier est muni d'une boîte pour mettre des ustensiles de jeu.

Portantine. Sorte de chaise à porteurs découverte, pour l'appartement (XVIIIe siècle).

Porte-bijoux. Meuble moderne terminé par une sorte de corbeille dans laquelle on dépose des bijoux.

Poudreuse. Petite table à coiffer et renfermant les ustensiles de toilette (XVIIIe siècle).

Pouf. Siège moderne capitonné, tout rond, sans dossier ni bras.

Prie-Dieu. Chaise à siège bas, pour s'agenouiller, datant du XVIe siècle.

Psyché. Grande glace enchâssée et pivotante, qui permet de se voir de la tête aux pieds. La psyché fut en faveur dès le XVIIIe siècle, mais eut sa plus grande vogue sous l'Empire et sous la Restauration.

Pupitre. Sorte de lutrin pour écrire, portatif ou fixe, datant du moyen âge. Au XVIIIe siècle, le pupitre à musique était une table pourvue d'un petit pupitre central encadré de deux porte-bougies. Il y avait aussi à cette époque, de jolies créations d'ébénisterie pour écrire debout.

Q

QUENOUILLES (d'un lit). Colonnes ou piliers tournés qui constituent le lit « à colonnes ».

R

RINCEAU. Ornement saillant et isolé au milieu et au bas du tablier du meuble.

ROGNON (table) ou HARICOT. Petite table affectant cette forme (XVIIIe siècle).

ROTHSCHILD. Fauteuil moderne très confortable, aux formes carrées et trapues, dont le dossier incliné est terminé par une sorte de traversin.

ROUE (d'étude). Sorte de lutrin rotatif permettant l'usage de plusieurs pupitres.

RUELLE. Partie de la chambre à coucher où se trouvait le lit et où prenaient place, aux XVIIe et XVIIIe siècles, les invités de qualité avant le lever de la personne couchée.

S

S. Canapé moderne en forme d'S qui permet à deux personnes assises en sens inverse, de converser l'une à côté de l'autre.

SABOT. Petit ornement métallique qui habille l'extrémité des pieds d'un meuble.

SCABELLE, voir *escabeau*.

SCABELLUM. Tabouret romain, bas, pour supporter les pieds.

SCRIBANNE. Grand meuble flamand et hollandais du XVIIe siècle, cumulant la bibliothèque et le secrétaire.

SCRIPTIONAL. Sorte de tablette mobile adaptée à la chaise du scribe au moyen âge.

SECRÉTAIRE. Meuble fermant, dérivé du précédent, mais allégé, sorte de bureau à abattant, avec casiers et tiroirs intérieurs. Il y eut au XVIIIe siècle des secrétaires-commodes, des secrétaires-bureaux, quelques-uns à cylindre, les secrétaires s'appelèrent aussi : bonheurs-du-jour.

SEDIA GESTATORIA. Sorte de chaise à porteurs romaine dont se servent les Papes.

SELLA. Nom général donné au siège chez les Romains. Sella « curulis », sorte de chaise à porteurs, en ivoire ou en métal, sans dossier, avec pieds en X, qui servait à transporter les magistrats à la Curie ou au Forum. — Sella « cartrensis », chaise à pieds droits.

SERRE-BIJOUX. Coffret riche et gracieux, formant petit cabinet pour recevoir les bijoux.

SERRE-PAPIER (bureau avec). Sorte de casier adjoint au bureau.

SERVANTE. Petite table permettant de suppléer aux domestiques dans le service de table, usitée dès le moyen âge sous le nom de *damoiselle*. On l'appela aussi mekinette. Les servantes furent très goûtées au XVIIIe siècle.

SIGMA. Lit romain semi-circulaire.

SOLIUM ou THRONUS. Trône romain en bronze ou en bois.

SOMNO. Sorte de table de nuit à la mode sous le Premier Empire.

SOMMIER. Coffret, malle, bahut, destinés à être portés par le sommier ou bête *de somme* (chevaux, mulets, etc.), surtout au moyen âge.

SOPHA. Sorte de lit-canapé à trois dossiers, qui remonte au xviiiᵉ siècle.

STALLE. Grand siège d'église sculpté avec dais, accotoirs ; siège se relevant muni d'une « miséricorde » (voir ce mot). Indépendamment de ce siège isolé, il y a dans les églises des stalles par rangées et inséparables, deux généralement, dites hautes et basses (ces dernières au second rang).

T

TABLE. Les destinations, formes et dimensions, de la simplicité à la richesse, de ce meuble à quatre pieds, sont multiples depuis son utilisation des plus lointaines. La table de nuit date du début du xviiiᵉ siècle.

TABLIER. Partie centrale la plus large d'un meuble sur sa face.

TABOURET. Siège carré sans bras ni dossier.

TENON. Extrémité d'un morceau de bois taillé pour entrer dans une mortaise.

TÊTE-A-TÊTE. Petit canapé à deux places (fin du xviiiᵉ siècle).

TRÉPIED. Meuble ou ustensile à trois pieds.

TRICLINIAIRE. Lit romain sur lequel on mangeait.

TRICOTEUSE. Petite table à ouvrage bordée d'une petite galerie.

TRONCHIN (table à la). Table-pupitre à mécanique. On donne aussi ce nom à la chancelière.

TRÔNE. Siège d'honneur du monarque.

TRONOS. Siège romain tout en métal, avec tabouret, coussin ; le tout recouvert d'une housse.

V

VAISSELIER. Buffet avec étagères pour ranger la vaisselle (originaire de la fin du xviᵉ siècle).

VANTAIL. Battant d'une porte.

VEILLEUSE. Petit canapé du xviiiᵉ siècle où s'étendait le garde-malade.

VIDE-POCHE. Petit meuble où l'on déposait les objets précieux ou familiers avant de se coucher (xviiiᵉ siècle).

VIERGE (chaise à la). Imitée de celle que Raphaël a représenté dans sa fameuse vierge dite « à la chaise ».

VIRGINAL. Ancêtre du clavecin (début du xviᵉ siècle), qui devait aboutir au piano moderne.

VITRINE. Meuble composé de vitres ou glaces enchâssées, pour exposer les bibelots (xviiiᵉ siècle).

VOLTAIRE (fauteuil). Siège moderne rembourré, spacieux, au dossier incliné.

X

X. Siège pliant ou non, dont les pieds ont la forme de cette lettre.

TABLE DES MATIÈRES

Chapitres.	Pages
I. — Autour de l'Architecture et du Meuble.......	1
II. — Le Meuble aux temps les plus reculés : en Égypte, en Grèce, à Rome, etc............	15
III. — Le Meuble du Moyen Age..................	35
IV. — Notions d'histoire et d'esthétique relatives au Moyen Age (suite).......................	53
V. — Le Meuble de la Renaissance...............	71
VI. — Le XVIIᵉ Siècle : Le Meuble sous Louis XIII...	113
VII. — Le XVIIᵉ Siècle (suite) : Le Meuble sous Louis XIV.................................	131
VIII. — Le XVIIIᵉ Siècle : Le Meuble sous la Régence et sous Louis XV.........................	155
IX. — Le XVIIIᵉ Siècle (suite) : Le Meuble sous Louis XVI.................................	199
X. — Le Meuble sous la Révolution et sous Napoléon Iᵉʳ.................................	239
XI. — Le Meuble sous les deux Restaurations, sous le second Empire et de nos jours.........	283
XII. — Le Meuble provençal, les Meubles breton, normand, etc. Le Meuble anglais. Quelques mots sur le Meuble moderne...................	313
XIII. — Quelques conseils pour démasquer les faux meubles...............................	335

Chapitres.

XIV. — Répertoire des menuisiers-ébénistes les plus renommés des XVIIe et XVIIIe siècles...... 367
Architecture du Meuble.................... 381
XV. — Répertoire et Terminologie du Meuble....... 382

EXTRAIT DU CATALOGUE DE
R. ROGER et F. CHERNOVIZ, Libraires-Éditeurs
95, BOULEVARD RASPAIL, et 38, RUE DE FLEURUS, PARIS (VIᵉ)

DICTIONNAIRE CRITIQUE ET DOCUMENTAIRE

DES

PEINTRES

DESSINATEURS, GRAVEURS ET SCULPTEURS

de tous les temps et de tous les pays

PAR UN GROUPE D'ÉCRIVAINS SPÉCIALISTES FRANÇAIS & ÉTRANGERS

SOUS LA DIRECTION DE

E. BÉNÉZIT

Trois forts volumes in-8° raisin, formant 3.000 pages sur 2 colonnes,
avec nombreuses illustrations hors texte, *d'après les maîtres.*

PRIX DE SOUSCRIPTION A L'OUVRAGE COMPLET :

Les Tomes I et II ont paru. Le Tome III paraîtra en 1920.

PRIX BROCHÉ : **100 francs** ; — RELIÉ : **136 francs**.

Majoration comprise.

~~~~~~~~~~~~~~~~

DU MÊME AUTEUR :

LES PEINTRES ANCIENS ET MODERNES

Un volume grand in-4° jésus de 328 pages,
orné de 280 reproductions de portraits et de tableaux.

PRIX BROCHÉ : **12 francs** ; — RELIÉ : **16 francs**.

Majoration comprise.

N-B. — IL A ÉTÉ TIRÉ 25 EXEMPLAIRES SUR JAPON.

PRIX BROCHÉ : **50 francs**.

R. ROGER et F. CHERNOVIZ, Libraires-Éditeurs

Le Nouvel Imagier, publié par la Société de la gravure sur bois originale. Publication limitée à trois fascicules de 32 pages chacun, format in-4° carré. *Les deux premiers fascicules sont parus.*

Tirage : 20 exemplaires vieux Japon, numérotés 1 à 20, les 3 fascicules, prix broché.................................... **250 fr.**

200 exemplaires sur vélin à la forme des papeteries d'Arches : les 3 fascicules, prix broché........................ **75 fr.**

N-B. — *L'ouvrage complet est payable en souscrivant.*

Georges Cardon, ancien élève de l'École normale supérieure. — *Les Beaux-Arts*, format 26 × 36, 560 pages, 430 gravures (*majoration comprise*) prix broché............................... **18 fr.**

Figeac, licencié ès lettres. — *L'Étendard du Monde :* « Des rives de la Manche aux terres d'Alsace » — Un volume grand in-8° 32 × 22, avec de nombreuses Reproductions photographiques du front. Prix broché (*majoration comprise*). 8 50 ; relié.............. **13 fr.**

Louis Morin. *Joujoux d'Alsace.* — 50 illustrations en noir et en couleur. Texte et dessins de l'auteur. Dédicace au peintre Hansi. Un album in-4° raisin 33-25, 64 pages, couverture en couleurs, prix relié toile pleine (*majoration comprise*).................. **12 fr.**

A. Raynolt et M. Multzer. *Avec les Poilus !* Maman la Soupe et son chat Ratu. — 45 illustrations en noir et en couleur du peintre Raynolt. Texte de Multzer. Un album in-4° raisin 33 × 25, 64 pages, couverture en couleurs, prix relié toile (*majoration comprise*)... **12 fr.**

N-B. — Il a été tiré de chacun de ces deux albums 24 exemplaires numérotés sur Japon avec suites en noir et aquarelle originale de l'auteur, prix broché............................... **100 fr.**

Camille Siore, architecte, expert près les Tribunaux, — *Tous propriétaires.* Plans. Devis. Habitations à bon marché. Lois et décrets. Statuts-types, etc. 1 vol. in-8° jésus, 27 1/2 × 13 1/2, de 215 pages, abondamment illustré, cartonné (*majoration en sus de 50 o/o*) **12 50**

TOURS. — IMP. DESLIS PÈRE, R. ET P. DESLIS, 6, RUE GAMBETTA.

www.ingramcontent.com/pod-product-compliance
Lightning Source LLC
Chambersburg PA
CBHW071948220426
43662CB00009B/1044